高楠順次郎と近代日本

武蔵野大学高楠順次郎研究会［編］

吉川弘文館

序文

石上和敬

国際的な仏教学者であり、多くの教育機関や団体の設立にもかかわり、また、「大正新脩大蔵経」等の大部な編纂事業を複数主導し、さらには宗教界や政界・実業界にも幅広い人脈と影響力を保持した高楠順次郎（一八六六～一九四五）という巨木を、いくつかの切り口から紐解いてみようというのが本論集の企図である。

近年、近代仏教研究の進展に伴い、随所で高楠への言及を目にするようになってきたが、多くの場合、高楠への言及の依拠資料は、ほぼ左記に限定されてきたと言ってよい。すなわち、

前嶋信次「史話・高楠順次郎」（全四回）（『大法輪』一八巻七～一〇号）（大法輪閣、一九五一年）

鷹谷俊之『高楠順次郎先生伝』（武蔵野女子学院、一九五七年）

武蔵野女子大学仏教文化研究所編『雪頂・高楠順次郎の研究―その生涯と事蹟―』（大東出版社、一九七九年）

『高楠順次郎全集』（全一〇巻）（教育新潮社、一九七七～二〇一一年）

等である。そして、本論集の編者の一人である碧海寿広によって、近年の研究成果を盛り込んだ『高楠順次郎―世界に挑んだ仏教学者―』（吉川弘文館、二〇二四年）が公刊されたので、今後は同書が高楠研究の必読書になっていくことであろう。

しかし、いずれにせよ、高楠という巨木の全体像を鳥瞰することは容易ではなく、これまでの諸研究も、高楠のインド学仏教学を中心とした学術研究の側面、仏教思想家としての側面、教育者の側面、事業家の側面、関係した教育機関や団体との関わりからの検討、さらには幅広い交友関係に基づく多彩な活躍を取り上げたもの等々、限定されたいくつかの視点からのアプローチは見られるが、どこが高楠の関心や活動の中心なのか、という点になると、なかなかに把握し難い印象をぬぐえない。もちろん、それらすべてを包含したのが「高楠順次郎」なのであるが、とにかくその全体像を把握することはその活動の多彩さ故に難しいことも事実である。

このような高楠を取り巻く状況のなかで、本論集は、高楠の諸方面での活躍について、寄稿者それぞれに関連の深い分野から検討を加え、高楠に新たな光を照射することで、その全貌解明の一助に供したい、との思いが結実したものである。この論集が、高楠を創立者と仰ぐ武蔵野大学の、創立一〇〇周年の記念すべき年に出版されることは関係者一同の喜びとするところである。寄稿者の方々にはご多忙のなか玉稿をお寄せいただき、心からの謝意を表したい。

なお、筆者も細々とではあるが、高楠関連資料を収集してきた経験もあるため、一言、高楠についてコメントさせていただくことをお赦しいただきたい。高楠の全貌をわかりやすく提示することは容易ではないが、筆者からは、近々公刊予定の「高楠日記」を是非、ご一読されることをお勧めする。同日記は、大正九年（一九二〇）以降の一三年分の自筆日記であり、大方の記述はメモ程度のものであるが、面会した人物名などがかなり詳しく記されている。大正九年以降ということで、高楠が円熟期を迎え、諸事業において重責を担う時期という限定付きではあるが、高楠の全体像を知るうえで、貴重な示唆を与えるものと考えている。もっとも高楠は、欧州帰国後の三〇代からすでに東京帝大教授や逓信大臣秘書官としての立場を土台に諸方面で活躍しているので、現存日記から若き日の高楠の日常を類推することもあながち的外れではないと考える。

ここでは高楠の主たる関心や活動の中心がどのあたりにあったのかを探る一例として、高楠が東京帝大を定年退官する昭和二年（一九二七）の正月の記述を紹介してみたい。正月一日と二日の欄には、その時点で自身がかかわっていた諸事業について、簡単なメモが記されている。以下の通りである。

1．大正新脩大蔵経は第三十二回の配本を了した　大業は半を過ぎた　一回も遅滞なかりしは自ら驚くのである

2．「現代仏教」も第四号の一月号「闘「争」の世界より平和の世界」を書いた。幸にこれは維持の心配はない

3．「ヤングイースト」は誠に憂の種だ　自ら発行者となったが容易の事業でない　月額二百円以上の不足がある

4．武蔵野女子学院は来学年より高等女学校にする出願中
5．仏教女子青年会は家庭寮を開いて間もない　事業は進みつつある

この他に役職のみの記載であるが、

中央商業学校　校主
帝大仏教青年会　理事
早稲田病院　理事
大宮成均高等女学校　校長
日独文化事業　理事長
聖徳太子奉讃会　理事

など、高楠が責任のある立場でかかわった諸事業が挙げられている。ここに列挙される諸事業は、仏教研究、仏教教育、仏教普及等、いずれも仏教にかかわるものばかりであることは注目されてよい。この点で、中央商業学校、早稲田病院、大宮成均高等女学校については少し補足の必要があるならば、中央商業学校（現在の中央学院大学等の前身）は、高楠を中心に普通教校の出身者七名が設立した学校であり、設立に際し大谷光尊（西本願寺門主）から多額の寄付金が贈られている。また、早稲田病院は本願寺派寺院出身の西島覚了が早稲田鶴巻町に開業した仏教主義病院であり、大宮成均高等女学校（現在の県立大宮高等学校の前身）も仏教主義の学校であった。

また、日記を通覧することで高楠の幅広い人脈が浮かび上がってきて興味が尽きない。たとえば、先

に挙げた昭和二年正月に限っても、松浦文部次官（三日）、大久保子爵（四日〜六日）、大谷光瑞（六日）、九條武子（一一日）、文相官邸（一七日）、関谷宮内次官（一八日）、伊東忠太（二一日）、後藤子爵（三一日）等々、錚々たる人物との面会が続いているが、その面会の目的等について窺えることは、いずれも先に掲げた諸事業やその他仏教や宗教に関わる相談事がテーマであったようである。

また、高楠は功成り名を遂げたと言ってよい東京帝大退官の時点においても、学究に対して弛まぬ関心と敬意を払い続けたようである。同年正月〜二月の日記には、来日していたフランスの碩学シルバン・レヴィと日仏会館において唯識学のテキストに関する読書会を数回開催したことが記されている。このことは、高弟の辻直四郎が高楠への追悼文のなかで「ここに先生の学究としての若さがあり、学問に対する熱意を後進に示す教訓があった」と述べられることにも符合しよう。

ここまで、日記の一部の記述からではあるが、高楠の主たる関心、それに伴う生活圏が奈辺にあったのか、ということのおぼろげではあるが輪郭の一班を浮き上がらせることができたように思う。そして、その浮かび上がった輪郭は、高楠が亡くなる前年の文化勲章受章時に「仏教を研究することが国のためになるという公認を得たことを喜ぶ」という発言とも矛盾するものではないし、この発言こそは高楠の人生の総決算として素直な心情の吐露だったと推察される。高楠の生涯は、仏教を基盤に据えながら西洋文明と東洋文明との融合を試みつつ、また、戦前戦中の日本がおかれた地政学的にも思想的にも困難な状況のなかで、まさに仏教のために捧げられた一生だったと言えるであろう。

以上、高楠の全体像を知るうえで、今後、公刊される「高楠日記」の重要性について、わずかではあるが事例を挙げて指摘した。

そして最後にもう一点、高楠に関連してこれまでほとんど語られることのなかった一面についても紹介したい。それは、高楠が昭和七年（一九三二）にルンビニ幼稚園と称する幼稚園を旧居の新宿千駄ヶ谷に開設し、自ら園長に就任していることである。筆者は現在、大学附属幼稚園長の職にある関係で、この点に少しく興味を懐いている。高楠は、幼稚園を意味する「キンダーガルテン」というドイツ語がそのまま英語に取り入れられていることに少なからず興味を持ったようであり、名称の通り、子どもたちのまさに楽園をイメージし、子どもの個性を伸ばし幸福なる生活の素地を養うことを目的とする幼稚園づくりを目指したようである。そして、当時の幼稚園がキリスト教に基づく施設が多いことに鑑み、「嬰童無為の心を佛心を以て誘発する」ことが肝要であるとして、仏教保育の重要性を強調し、仏教精神に基づく保母の養成、仏教保育の研究、さらには、保護者を対象とした講座（マザース・スクール）開設までをも包含する壮大な構想（ルンビニ仏教学園）も描いていたようである（参照：高楠「佛教と幼児教育」『あかつき』第八巻第三号、一九三二年）。

以上、高楠の関心や活動の射程が幼児教育にまで及んでいたことを最後に紹介することで、高楠という巨木の枝葉の広がりを考える一つの素材として頂ければ幸いである。

目次

第三部　ネットワークからデータベースへ

第一部　言語学者としての実像

第一章　高楠順次郎の海外留学と近代日本

高山秀嗣

はじめに

近代日本において高楠順次郎（一八六六〜一九四五）は、仏教学を学問として確立した人物である[1]。高楠は海外留学を通して、近代仏教学を導入していく。高楠による仏教学の誕生という画期的なできごとは、現在の人文学研究の確かな基盤となっている。高楠は、日本の人文学のパイオニアの一人であるとともに、トップランナーであったといえる。

近代仏教学とは一九世紀のヨーロッパで発生し、比較言語学・比較神話学・比較宗教学などの分野から派生し、インド学を基盤として展開した学問である。高楠はマックス・ミュラー（一八二三〜九〇）との出会いによって、日本に近代仏教学を広めていった。

本章では、一八九〇年（明治二三）から一九〇一年（明治三四）の時期の高楠を主な対象とする。高楠にとってこの時期は、ヨーロッパへの海外留学を経て、東京帝国大学（以下、東大）に新設された梵語講座の初代教授就任に至るまでの飛躍の時となる。

1　将来への布石としての海外留学

高楠が選び取った仏教学は、比較宗教学と言語学を基盤として展開した学問である。高楠は日本での学びの過程でその素養を身につけており、国際的なネットワークの中で仏教学展開のターニングポイントとなった仏教者である。高楠自身も、「自分の過去は総べて、思ひがけない事件の連鎖で出来ている」とふりかえっている（吉村［一九三五］一三八頁）。

宗教学の創始者ともされるミュラーは、宗教について、「一つしか知らない人は、どれ一つも知らないのである（He who knows one, knows none.）」と語っている（ミュラー［一九九〇］一二頁）。宗教学は比較言語学をもとにして出発した学問であった。世界に存在していたさまざまな宗教を視野に入れ、多文化共生の意識をもちながら展開した宗教学は、近代という時代状況が生みだした代表的な学問の一つであり、近代日本において仏教学として花開いていく。

ミュラーの教えを受けつぎつつ、最先端の学問である仏教学を展開させた高楠は、日本の近代仏教学の祖となった。高楠は、近代の国際化の流れの中で海外留学を果たし、留学の成果を日本に還元する。近代日本のパラダイムを開拓する姿勢は、広範な分野に多大な影響をもたらしていった。高楠の活躍は、生涯を通して多方面にわたっており、全ての源流は海外留学期の学びにあったといえる。高楠の留学は時宜にかなったものであった(2)。

高楠の海外留学までの経緯を、本章にかかわる範囲でふりかえっておきたい。高楠は、備後国（広島県）の熱心な真宗門徒であった沢井家の出身であった。高楠が周囲からの勧めで進学したのは、京都の普通教校（以下、教校）である。教校は、本願寺派の近代化の一環として一八八五年（明治一八）四月に開校式を行った学校であり、「教科書は英語の原書を多く使用して……英語教育に力を注い」でいた（『増補改訂　本願寺史三』二七三頁）。高楠自身も、教校は「俗人を主体とする点で仏教界唯一の学堂である。教育方針は極めて新式で、仏教学と国文学を除くほかの新学科はことごとく英語で授ける」と述べている（『高楠順次郎全集』第一〇巻、三一九頁）。高楠は教校内でも頭角を現し、海外宣教会や反省会をはじめとして幅広い分野にわたる活躍をみせる(3)。

高楠の可能性や将来性をみこんだ教校教員の日野義淵や利井明朗らの推薦により、高楠家との縁が結ばれる。高楠は高楠孫三郎の娘霜子（一八六七〜一九三九）と結婚し、海外留学の準備に着手していく。高楠は一八八九年（明治二二）六月に教校を卒業し、翌一八九〇年三月に将来への布石としてイギリスへの海外留学へと出発することとなる。

高楠はイギリスのオックスフォード大学留学に際して、南条文雄（一八四九〜一九二七）からの推薦文を持参する。この間の経緯については、高楠自身が、明治「二二年予は（南条―引用者注）博士の蹟を追うて牛津におもむかんとし博士を浅草の寓居に訪い彼の地への介紹を請う。これを最初の対面とす。予

は博士の書状をたずさえ牛津に向かい、恩師マックス・ミュラー翁に謁す」と述べている。(4)

2　恩師マックス・ミュラーとの出遇いとインド学

オックスフォード大学に到着した高楠は、恩師となるミュラーとの出会いによって、その後の学問の方向性を決定づけていく。(5)

高楠が日本で学んだ浄土真宗は、ヨーロッパ全体の宗教の理念型とも一致していた面がある。(6)ミュラーが比較宗教学および言語学を専門としていたことも、高楠の進路を指し示していくこととなる。一八九〇年九月にオックスフォード大学に入学し、ミュラーの指導を受けることとなる。ミュラーに初めて会った時、ミュラーは高楠につぎのような質問をする。

「君は生活のために学問するか。興味のために学問するか」と問われた。日本人として生活のためにとはいいえなかったので、興味のためであると上品に答えた。「もし興味のためならサンスクリット語くらい面白いものはないからサンスクリット語を学べ」とのことであった（『高楠順次郎全集一〇』二六九頁）。

一九世紀後半のヨーロッパの学界では、仏教がキリスト教に匹敵する世界宗教として認知されはじめ、仏教を研究対象とすることへの評価もしだいに高まってきていた（参考　増澤［二〇〇八］二七四頁）。一九世紀の国際化を通じて、世界の諸宗教がヨーロッパの学界の視野に入ってくるようになり、仏教やイスラームへの注目は近代化の流れとも一致したものであった。多くの史資料の発見も世界各地であいつぎ、比較宗教学や言語学を通したインド学仏教学の成立が、高楠の海外留学とほぼ同時期に起こった世界の学界の最新動向である。

高楠もミュラーにたいして、「博士は当時、言語学が起こり、宗教学が起こり、人類学が起こり、進化学が進み、社会学が進みつつある時代においてことに梵文学が欧州の大学に移入せられたる時代の学界における大立者であった」と述べている（『高楠順次郎全集』第一〇巻、二六八頁）。ミュラーは一八七三年の著書『宗教学概論』において、「世界の諸宗教を比較研究する宗教学を提唱した」とされる（『仏教文化事典』佼成出版社、一九八九年、九六三頁）。ミュラーの「方法論は比較言語学、比較宗教学、比較神話学である。比較によって宗教を客観的・科学的に研究しようとした」（西村［二〇一九］二二頁）。

高楠とミュラーのかかわりを年表形式でみておきたい。

一八七三年　ミュラー『宗教学概論』刊行

一八七六年　ミュラーのもとで南条ら、学問「宗教学」に接する

一八九〇年三月　高楠が海外留学に出発する

（一八九三〜一八九六年頃　高楠の海外留学中に日本国内の宗教的関心が高まる）

一八九四年八月　オックスフォード大学卒業（バチェラー・オブ・アーツの学位取得）

一八九六年九月　オックスフォード大学からマスター・オブ・アーツの学位を受ける

一八九七年一月　高楠、日本に帰国

一八九七年六月　東大文科大学講師（梵語担当）

一八九九年一〇月　東大文科大学教授（博言学〈言語学〉講座担任）
一九〇〇年四月　文学博士の学位を受ける
一九〇一年四月　梵語講座が新設され、初代担任教授となる

高楠はミュラーの勧誘により、最先端のインド学、つまり仏教学への道を開かれたのである。高楠が南条から紹介された人物でもあり、ミュラーは高楠に実学ではなく仏教を学んでほしいと期待していた。この時点で高楠がすぐにサンスクリット語などの新しい語学に取り組むことが可能であったのは、十分な英語力を有していたためであり、教校での英語教育の質の高さもよく示しているであろう。高楠は言語能力が高く、「留学中から意図的にパーリ語を学び、原始仏教に関心を示した」[7]。

「一九世紀のヨーロッパの天才は皆、こぞって東洋学を目指したといわれている」（『雪頂』一二一頁。参考 前嶋［一九八五］一五頁）。世界のその水準に、高楠は伍して十分な成果を積み重ねていったのである。高楠はミュラーの最晩年の弟子であり、言語学を手がかりとして、近代仏教学を成立させていった。一八九四年八月に大学を卒業し、バチェラー・オブ・アーツ（学士）の学位を得る。一八九五年から翌年にかけてドイツやフランスに移動し、広い視野に立った勉学を進めた。一八九六年九月には、オックスフォード大学からマスター・オブ・アーツ（修士）の学位を受ける。

3　海外留学期の業績と成果

高楠はミュラーの指導や方向づけによって、世界的な学者のもとで学んでいく。ミュラーがヨーロッパの学界で主要な人物であったことも、高楠の学びをバックアップする。高楠にとっての利点が、この海外留学において三点、存在していた。第一に、高楠の留学時期がヨーロッパにおける東洋学の急速な発展期であったこと。第二に、師であるミュラーの最晩年の学問的精髄を継承できたこと。第三に、イギリスでの学びを基礎として、ドイツやフランスにおいても、学者から専門性の高い技術を学び取ることができたこと。これらの幸運が重なり、高楠の学問は日進月歩で進展をとげたのである。

日本国内においても、この時期は近代的学問の枠組みがしだいに固まりはじめる頃であり、東大をはじめとした研究機関や近代教育を重視するようになった仏教界においても新たな学問導入への要望は日を追って高まりつつあった。総じて、高楠の獲得した学的成果は帰国を待ち望まれていたのである。

世界の研究動向をみても、「この時期に特徴的なことは、サンスクリット文献の原典研究が行われ、多数のパーリ語のテキストが校訂出版されるようにな（り）……この時期の文献研究の結果として、仏教の開祖釈尊についての歴史的考察が行われることとなった」のである（『仏教文化事典』九五五頁）。ミュラーは、「キリスト教」の刷新の期待を表明している（ミュラー［二〇一四］五六四頁）。高楠が行ったのもまた、近代仏教の刷新の期待としてのミュラーから受けついだ宗教学に立脚した仏教学の日本の学問界への導入であった。

ミュラーの『東方聖典』（長期間にわたって刊行された）には高楠も参加し、仏教学に関する大規模プロジェクトの意義と可能性について実体験として学んだ。高楠はミュラーの指導のもと、着実に成果を積みあげていく。業績の一部をあげてみよう。

一八九四年　『仏説観無量寿経』の英訳（ミュラー監修『東方聖典』シリーズ四九巻）

一八九六年　義浄撰『南海寄帰内法伝』の英訳（オックスフォード大学で出版）

後者の『南海寄帰内法伝』は「笠原研寿師が、その師マクス・ミュラーのすすめで英訳を志したが、はたさずして夭折した後、一八九六年にいたって高楠順次郎博士がついに完訳してオックスフォードから出版し、東洋学界の賞賛の的となったものである」とされる[8]。しっかりとした足跡を研究史に残し、ヨーロッパ学界にも貢献していった（『雪頂』三五頁）。

高楠が留学当初の目的としていたヨーロッパの政治や経済の学びは、インド学によってインドの文化や文明の学びに結実したということもできるかもしれない。一九世紀末のイギリスを学ぶために留学した高楠は、最先端の学問であるインド学にふれた。インド学を通して、これまで学んできた仏教の可能性を強く感じ取ったのではないだろうか。

日本からの留学生に求められていた漢文の力に加えて、サンスクリット語をはじめとして、パーリ語や他の言語も積極的に受容し学んでいったのが高楠である[9]。『南条カタログ』ですでに世界の学界に確固たる地歩を築いていた南条からの推薦も、高楠をヨーロッパ学界の中枢へと短期間に押しあげた。高楠自身も柔軟な姿勢で最先端の学問に取り組み、高楠の対応力の高さが可能性を花開かせていったのである。日本の仏教学者の先達が築きあげてきた東大における仏教研究の蓄積に、高楠の留学における最新の成果が相まって、比較言語学を基礎とした仏教学の成立があったと考えることができる。

明治初期のお雇い外国人時代を経て、東大に新しい学問が流れ込み、卒業生が留学して帰国して母校に着任するという流れもできつつあった。高楠はその中で、海外留学と群を抜く実績によって教授の座に就いたという点で、やや特異な位置に立つ。ただし近代仏教学導入の観点からすれば、南条が大乗経典に立脚していたのに対し、高楠は原始経典へと研究のすそ野を拡大したため、学問成立史的には必然の流れであったともいいうる。

高楠は、「仏教に大切なものは……仏教を全体的に考えることである」（『高楠順次郎全集』第一〇巻、三三八頁）と述べている。この広さが、現在の仏教学のもととなっている。高楠のもった懐の広さが、日本の仏教学を世界的な水準に引きあげていったのである。

4　近代日本へのインド学伝来

ミュラーに学んだ高楠によって日本に本格的なインド学が伝来し、近代仏教学の成立にもつながっていく。近代日本の状況や環境も、高楠の近代仏教学成立を後押ししていた[10]。

高楠が留学していた期間は、明治でいえば二〇年代にあたる。「この時期の仏教の思想運動の特色は、欧米の哲学、理学（科学）によって仏教の新解釈を行い仏教の学問的価値を高めようとすることにあった……教理に対する批判的研究、自由研究の潮流のなかであらたな進展をみた仏教研究としては、マックス・ミュラー……などの学匠たちによって行われたサンスクリット、パーリ語による原典研究の影響によって近代の仏教学研究が緒についた時期であり……高楠順次郎……などの業績にうかがわれる」（『仏教文化事典』四二〇～四二二頁）。

ヨーロッパの最先端の学問を導入することが、当時の日本にとって近代化のために必要であると考えられていた。日本では東大がその流れをリードし、帰国した高楠はその潮流をうまくつかんでいった。日本へのインド学伝来は、すなわち仏教学の伝来である。仏教が伝来して以来、長い期間が経ち、日本国内で仏教の存在感は伝統や歴史と同様に認識されていた。ただし、急速な近代化が仏教の立ち位置をあらためて問い直すこととなった。最も積極的に動いたのは伝統仏教であり、特に東西本願寺は近代化にうまく適応していった教団の代表である。

高楠は、教団から派遣されたかたちではないものの、教校の教育が彼の支えとなった。本願寺の存在も、高楠を東京での学的中心に押しあげていった背景の一つとなった。当時は近代的学問、つまりアカデミズムの成立期であり、高楠のもち帰った学問は古代の仏教伝来にも匹敵するようなインパクトを近代社会に与えていったのである。日本におけるアカデミズムの成立は、多様な学的枠組みや情報・知識および研究対象へのアプローチ方法などを日本にもたらした。高楠は、東大というアカデミズムの頂点にありながら、社会からの視線を常に意識していたといえる。

高楠が海外留学で獲得したものという点にしぼってみておきたい。高楠の研究手法は大きくわければ、言語学と釈尊をはじめとする仏教者の伝記、そしてデータベース作成の三点にある（参考 増谷［一九八二］）。高楠のスタイルは、この三点について、ミュラーから学んだインド学の立場からアプローチし、ヨーロッパで幅広く学んだ最新の知見を導入するかたちで客観的な研究を行うところにある。高楠は、主として言語学と伝記研究によって自らの仏教学を構成していった。高楠は当初は言語学者として東大に着任するが、比較宗教学を視野に入れていた。そのため、のちに仏教の開祖である釈尊や浄土真宗を開いた親鸞の伝記を出版し、仏教の一般化につとめていくのである。

高楠が執筆した釈尊（『釈尊の生涯』［一九三六］）や親鸞の伝記（『親鸞聖人』［一九三三］）は、学者としての客観性を基本的に担保しながらも、読者をひきつける新たな切り口や発見に満ちている。ラジオ放送の原稿（参考 石上［二〇一九］一七九頁）や講演をもとにして著作としているため、文章の読みやすさとあわせて、近代仏教の社会発信の好例であろう[11]。

高楠は後述するように、東大の教授として後進の育成に尽くすとともに、変容する近代社会を強く意識していた。ヨーロッパにおいて、社会に貢献する学問の必要性を感じる機会がしばしばあったからであろう。高楠の学問はすでにヨーロッパでも高い評価を受けていた。

日本で近代の文献学的な方法に基づく仏典研究が行われたのは、高楠が社会的に発信を行っていった時期と重なる。「仏教を自覚的に再評価する過程」（『仏教文化事典』九六四頁）であったといいうる。当時、「第一資料に基づく研究は……皆無といってよかった」（『雪頂』三二頁）研究の世界に、日本への仏教伝来に匹敵するような効果を、高楠は海外留学の成果に基づきつつ、当時の学界に対して与えていったのである。

高楠の利点は、双方向的に発信も可能な実力を長い留学の間に蓄えていたことにもある。高楠は、最新の学問成果に基づき、新しい学問分野の立ち上げに関与しながら、アカデミズムの先頭へさっそうと登場していったのである。高楠は学問体系のグローバルスタンダードを近代日本に導入し、先導した先駆者であった。海外留学の経験は新たな学問の受容でもあったと同時に、形式面からも日本の人文学を世界標準に引きあげる役割を果たしていったのである[12]。

5　海外留学からの帰国と東京帝国大学への着任

高楠は一八九七年（明治三〇）一月の帰国後、間もなく、東大に着任する。同年六月、東大講師となり、サンスクリット語の講義を担当することとなる。ミュラーからの学びが、高楠を日本の学問的中心に押しあげていったのである。ミュラーから受けついだ学問が、高楠に新たな扉を開いていったのともいえる。高楠は、「大学教育の開明期において、広い視野と学問的見識を基に、多くの学者を多方面に亘って育成し、偉大なる影響力を広範な方面に及ぼした人物」（『雪頂』四一頁）とされる。高楠帰国時の東大では、「外国語が重要視され、何れの学科においても（英語・独逸語・仏蘭西語）を二科目修学するよう定められ」ていた（『国立』五二七頁）。博言学科の学科目をみても語学が大きな割合をしめており（『国立』

五三二頁）、高楠の語学力が十分に生かされる環境でもあった。

一八九七年一月、高楠が「欧州留学より帰朝するや、同年六月東京帝国大学文科大学は彼に講師を委嘱し、ここに本学は六年ぶりに梵語学に再び専任の担当者を得るに至った。明治三十一年十一月以来、高楠は博言学科所属となり、翌三十二年十月、上田萬年の推挙によって同学科の教授となったが、同三十四年四月、本学に初めて梵文学講座が創設されるに及び、彼はこれが初代の教授となり、ここに梵語学は初めて専任の教授を得た」[13]。

高楠が東大にスムーズに着任することとなった背景には、上田万年（一八六七〜一九三七）の存在がある。高楠が専攻した言語学は、一八八六年（明治一九）から一九〇〇年（明治三三）までは博言学と称し、上田と高楠が一八九四年（明治二七）から約一〇年間にわたり担当していた[14]。

高楠はミュラーの学系に属し、ヨーロッパでは、比較宗教学ばかりでなく比較言語学も専攻していた。高楠の卓越した語学力が上田に注目され、上田からの推挙につながっていったのである。留学中の一八九六年、ドイツのライプチヒ大学においてインド・ゲルマン博言学などを学んだとされ（参考『雪頂』三一頁）、高楠は上田と同様の道をたどっていた。高楠が「単なる言語学者にとどまらず、学界において将来を嘱望するに足る人物であることを見抜いたのは上田万年である。上田博士の斡旋によって、博言学担当の教授に就任、翌明治三十四年四月より梵語講座を新設し、初代担任教授となるが、爾来昭和二年の定年退職に至る二十七年間、この学を中心として、日本の印度学仏教学を世界的水準にまで発展せしめるまで主導的役割を果すのである」（『雪頂』一五頁）。

一八九四年からすでに、上田が東大の博言学講座を担当していた。上田は留学から帰国した高楠に、言語学の講義を担当するよう依頼する。高楠がヨーロッパの言語である英語、ドイツ語、フランス語に堪能であり、サンスクリット語、パーリ語にも長けていたことは、高楠の留学歴からも明らかである。上田も、高楠の語学力を高く評価していたと考えられる。高楠がミュラーの勧めで多様な言語を学んでいたことは、従来の留学生にはあまりみられない語学の幅広さをもつこととなり、のちの博言学および梵語学講座教授にもつながっていく[15]。

「明治三十四年十月、東大に梵語学講座が開設された。ちょうど三十一年から言語学の講座を受け持っていた高楠教授がこれを担当することになった」（宮本［一九七五］八六頁）。言語学の基礎に裏づけられた近代仏教学誕生の画期となるできごとであった。

仏教学は高楠の手によって大きく発展する。近代仏教学の特色は、「伝統的教学の上に新らしい近代的方法論の接木を得て、わが国の仏教学が誕生した。それは宗学や信仰を越えて仏教を批判的・客観的に研究することを可能ならしめ、厳密な文献研究と歴史研究を発達させた……帝国大学は自由な立場にあり、また入学資格からいっても、ヨーロッパの諸語に通じ、彼地での研究成果の吸収に有利であることから、特にインド仏教の研究においてすぐれた業績をあげるようになった」点にあるといえる（『百年史』五三二〜五三三頁）。

高楠は一九〇〇年（明治三三）に、東大から文学博士の学位を受ける。その後、「明治三十七年（一九〇四）印度哲学が一学科となり、当時梵語学講座担当の高楠順次郎が、三十九年九月「印度哲学宗教史」を開講した。これがわが国における斯学の嚆矢である。これを境に「印度哲学なる名称が仏教を代表した時代」……は終り、インド哲学と仏教学が梵文学と相俟って、日本におけるインド学ないし東洋学の一大部門を形成するに至った」(『百年史』五二八頁)。

高楠は海外留学によって力を蓄え、実力的にも十分であり、近代的学問の確立期に東大に着任した。高楠の仏教学は、ヨーロッパでも最先端かつ流行の学問であり、高楠の着任を通して近代日本に成立したとみることができる。高楠のサンスクリット講座教授就任によって、仏教学の社会的認知が高まり、新しい学問分野として大学内においてもしっかりした地歩を固めるに至ったのである。高楠と仏教学に対する世間からの評価の高まりは、近代への対応を迫られていた仏教界にとっても良い対外的アピールポイントとなった。

高楠の八面六臂の活躍は、人文学において学際的研究を可能とした。高楠の有した総合性は、総合人文学としての仏教学成立につながっていく。宗教が多元的状況になりつつある近代における仏教を基軸とした、伝統への信頼の回復がなされたのである。近代仏教が社会に発信するための学的基盤を構築したのであった。一九世紀後半のヨーロッパ世界におけるキリスト教以外の諸宗教の発見は、近代日本における仏教にとっての諸宗教併存状況への対応に類似している。

高楠はのちに、「大乗仏教は日本では科学として、また信仰としてなお生きている。仏教研究が一番進んでいるのは日本であるから、日本語の助けを借りなければ、非難の余地のない仏教辞典をつくることはできないことを主張した」(前嶋［一九八五］一七〇頁)。多くの言語や文化を知悉した上での、日本の仏教学への期待感を物語るコメントである。しかも、高楠自身が培った成果に対する自信のあらわれとみることもできる。

高楠のもとで学んだ木村泰賢（一八八一～一九三〇）や宇井伯寿（一八八二～一九六三）らの弟子たちもつぎつぎと海外留学を行っていく。高楠が留学で培った人的ネットワークが、弟子たちの留学に際しても役立ったのである。高楠は、東大で一九二七年（昭和二）の停年に至るまで仏教学研究や教育活動に熱意をもって取り組み、後進の育成に尽くしていった(16)。

おわりに

高楠が確立した近代仏教学は、海外留学の成果である。学問の枠をこえて、近代日本にも日本仏教界にも高楠の残した足跡は大きい。高楠は、日本仏教の近代化をリードする存在であり、日本仏教が伝統的に有した豊かな蓄積を世界に発信する能力も兼ねそなえていた。高楠の生涯は、日本が近代を迎え、西洋化や国際化がしだいに進行した中に送られている。高楠は自らが獲得した学問を基盤として、近代日本や仏教学の来るべき時代への対応を試みていったのである。

一九二四年（大正一三）は、高楠自身にとっても発展と飛躍の年となる。武蔵野大学の前身である武蔵野女子学院が創立されるとともに（参考『武蔵野女子学院五十年史』・『武蔵野女子学院八十年史』）、『大正新脩大蔵経』の刊行も開始された。組織者としても能力を発揮した高楠のインド学および仏教学は、師であるミュラーの業績（『東方聖典』など）を継承した面もある。海外留学の経験を生かした『大蔵経』の刊行という組織的かつ大規模なプロジェクトは、日本の学界に現在にもつながる基盤形成に寄与することとなる。

近代日本は、学問による新たな国づくりをめざしていた。東大の教壇に立ち、先頭集団の一員としての自覚をもちつつ、社会との接点を探ったのが高楠である。高楠がイメージした将来像は、具体的な諸成果とともに近代日本社会に多方面にわたる影響を与えた。本章でみてきたように、高楠の学問の基礎は海外留学によって培われ、近代仏教全体の革新にもつながっていったのである。高楠の海外留学の成果は、近代日本の学問をリードしながらも適切に支えるという両面の効果を、仏教界や学界をこえて社会に広くうちだしていく源流となったと考える。

注

（1）日本における仏教学および人文社会学の成立史を描くに際して、高楠は代表的なキーパーソンである。日本において近代仏教学の成立背景の一つとなったのは、高楠が海外留学している期間の国内での宗教状況や大学教育の変化である。

木村清孝は、「仏教界に興った「覚醒」の動き」として「第一は、海外に留学生が派遣され、西欧の近代的なインド学・仏教学が移入された……高楠順次郎……らが相次いで英国に送られ、留学生の中でも目立って大きな功績を挙げた。というのは、かれらによって、インドのサンスクリット語やパーリ語で書かれた仏典が次々に紹介されるとともに、厳密な文献学を柱とする近代的な西欧の仏教研究の方法が日本に導入され、定着されるに至ったからである。この流れを受けた学問的伝統が、現在まで、日本の仏教学の中心的位置を占めてきている」とする（木村［二〇二二］三三三～三三四頁）。参考　嵩ほか［二〇二〇］にも、高楠や南条らにおける西洋からの影響についての論考が載せられている。

（2）高楠が留学したのは、「「宗教史的研究」とは十九世紀中葉以降に起った宗教学の一分科であり、キリスト教が唯一絶対の宗教と考えられてきたヨーロッパにおいて世界の諸宗教一般を比較研究しようとする当時の新しい学問であった……古代インド宗教の研究は言語学の研究にともなって早くから行われた」時期であった（シュヴァイツェル［一九五六］所収、鈴木俊郎「解題」八二頁）。

（3）「海外宣教会というのは、京都西本願寺の普通教校を母体として発展した組織で、仏教の国際化をめざす団体といっていい……（『反省会雑誌』は―引用者注）新時代に仏教者はどう生きなければならないか、を問いかける言論誌」であった（江本［二〇一七］三四～三六頁）。参考『増補改訂　本願寺史三』二七八～二八一頁。
教校は、「お寺の出身の子弟だけではなく、一般の子弟も入ることのできる、非常にレベルの高い英才教育を目的にした学校であり……特に英語の学力を重んじた」とされている（長崎［二〇〇六］一三二頁）。

（4）高楠「序」（南条［一九七九］）。「ミュラー教授のもとへ留学することになった理由は、南条文雄にすすめられたからである……（明治二〇年頃から―引用者注）高楠は欧州留学から帰国した南条文雄らと親交を始め、そして、南条文雄のすすめが高楠順次郎に海外留学への希望を育み、南条の恩師を彼もまた師とすることになったのである」との記述もある（『理念』二四～二五頁）。

（5）ミュラーは、「ホジスンに端を発し、ビュルヌフにおいて大いに興った梵語聖典の研究を、美事（ママ）に大成した学者であった。彼は独逸の生まれで、ライプチッヒとベルリンで梵語を学習し、パリに留学してビュルヌフの門下となり、梨倶吠陀（リグヴェーダ）の研究に専念していたが、やがて英国の東印度会社の依頼を受けて、梨倶吠陀の全集刊行に成功し、それで学者としての名声を得て、オックスフォード大学教授の地位をうることが出来た。オックスフォードの教授になってからは、言語学や宗教学に関する新しい研究を続々と発表して、学界に新機運をもたらしたので、世界の学界はこの明星を仰いで、オックスフォードを新しい学問の中心となすかの観があった。殊に、『東方聖書』Sacred Books of the East 四十九巻の刊行に成功したことは、この分野における無比の業績であった」（増谷［一九八二］七四頁）。なお、下田［二〇一四］・松村［二〇一四］・碧海［二〇二三］も参照のこと。

（6）「明治時代において、宗教という考え方が西洋由来であったように、そうした宗教の理念型はキリスト教であった。このことの影響は大きく、仏教などでも、少し前まで禁制であったキリスト教に対抗しつつ、それをモデルとした自己変革が行われる。そのなかでひときわ大きな存在感を示したのが浄土真宗であった要因として、真宗がキリスト教モデルとの適合性が高かった点を無視することはできない」（山口［二〇二〇］二三一頁）との見方がある。参考 島薗［二〇〇四］。

（7）西村［二〇一九］六三頁。高楠のもとに日本からの留学生が訪問することもあった。真宗誠照寺派の小泉了諦は、ヨーロッパ滞在中の一八九一年二月四日から五日にかけて、「禿（了教）氏と共に牛津大学に高楠氏を訪問したのは愉快の極で有た」と記している。中川正法は、「大学を訪問し高楠と会えたことにより、了諦はヨーロッパにおけるインド学・仏教学研究の最先端に触れ多くを学んだに違いない」と述べている（中川［二〇一四］二五九頁）。

（8）前嶋［一九八五］一三八頁。
　高楠の海外留学の成果については、石上和敬が「留学時代の人脈が高楠の生涯にわたっての貴重な財産となっていく」（石上［二〇一九］一七五頁）。「学内外でのインド学・仏教学発展への貢献こそが、高楠の学者人生の根幹を成す。とりわけ、留学時代の学的成果や育んだ国際性を基に、日本のアカデミズムに欧米流の文献に基づく近代仏教学を導入・定着させた功績は、その後の東京帝大を中心とする日本の仏教学の方向性を決定づけたという意味でも極めて重要である」（同、一七五頁）と位置づけている。参考 石上［二〇二一］四～五頁。

（9）「とりわけパーリ語については宗派からの期待を一身に担って留学した南条、笠原がその学習をあえて拒んだのとは違い、この点で高楠は制約のない自由な立場であった」という見方もある（西村［二〇一九］三〇頁）。

(10) 藤井健志は、「当時の日本人仏教研究者が、仏教圏における他の仏教より日本仏教の方が、西洋に対峙するのにふさわしいと考えていた……ここには日本仏教の仏教としての正統性の主張がこめられている……高楠は明治三十（一八九七）年にヨーロッパから帰国すると、やはり当時の東京帝国大学で、サンスクリット語、パーリ語を教え始める。さらに三十四年には同大に梵語学講座が設立され、高楠は初代の担任教授となる。この二人（南条と高楠）はインド学の一分野としての仏教研究を、日本のアカデミズムの中に確立した」と位置づけている（藤井［二〇一二］一二〇頁）。

菊地大樹は、「日本を含むアジアの仏教諸国の近代化の過程で、西欧からの関心にも巻き込まれながら釈尊は再発見され、改めて仏教の創唱者として特殊に位置づけられていった……科学的たることを標榜したアカデミズム仏教学は、釈尊を創唱者としてインドに起源した仏教を本質として、その地理的展開を歴史に沿って叙述する方法を志向する。それが結局は伝統宗学とは別の研究空間を切り開」いたとする（菊地［二〇二〇］一九一～一九三頁）。

(11) 一九一〇年、高楠はオルデンベルクの『仏陀』を日本語に翻訳して、日本に紹介している（西村［二〇一九］六五～六六頁）。

(12) 高楠登場以前と以降の学問の形式については、「（江戸時代の『政談』は―引用者注）近世の殆んどすべての学者の著書と同様に、思想においても、文章においても、決して体系づけられて居ない。今日我々の著書は序論あり、本論あり、結論あり、知識体系が井然として整理せられて居るのが常型であるが、それは欧米人の著書の構成の影響を受けたものらしく、我国にありては近世においても、中世においても、上代においても、すべて左様な型態がない」（中村［一九四二］二一〇頁）との見方がある。高楠の一連の著作はヨーロッパ学界の形式を適切にふまえており、近代的学問の枠組みを日本にもたらしたと考えることもできる。

(13) 「印度文学」（『百年史』五四五頁）。

宮本正尊は、「明治三十年六月日本国家の大学である「帝国大学」が「東京帝国大学」と改称されたのである。高楠博士が講師となったのは、この年である。この改称はすでに「京都帝国大学」の新設が決定されたことによるのである。いわば、日本の大学教育の拡張と進展がそこに表徴されていたわけである」と述べる（宮本［一九七五］九三頁）。大学教育の新しい広がりは、高楠のような海外留学を経験した新進の学者を求めていたとみることができる。

(14)『百年史』六九〇頁。上田の経歴をみると、一八八八年（明治二一）「帝国大学の和文学科を卒業した後、二十三年から渡欧し、主としてドイツに留学して言語学を修めた。明治二十七年に帰朝して、教授に任ぜられ、博言学講座を担任して、博言学科を主宰した……ヨーロッパに発達した近代言語学は、上田によって初めて本邦にその発達の第一歩を印した」とされる（『百年史』七〇三頁）。参考 吉村［一九三五］一四〇頁。

(15) 一八九七年（明治三〇）六月「オックスフォード大学でマックス・ミュラーに梵語を習い、またキール、ベルリン、ライプチヒの諸大学でパーリ語、チベット語、モンゴル語、印度哲学等を学んできた高楠順次郎が講師となり、梵語、パーリ語を教え始めた。彼は南条文雄が主として大乗経典の研究に没頭したのに対し、より広く、梵文学、印度哲学、言語学等に通じていた。また彼のパーリ語研究は、日本における原始仏教研究の大きな起動力となった」（藤井［一九八二］一五頁）。

(16)「高楠は昭和二年停年申し合わせによってその職を去り、名誉教授の称号を受けたが、在任三十余年の間、教育に専念して多数の人材を育成し、国の内外に研究成果を発表して斯学の発展に貢献し、研究資料の蒐集に意を用いて本学における梵語学梵文学研究の礎を築いた」（『百年史』五四五頁）。「本学（東大―引用者注）における新らしい仏教学研究の歴史は高楠門下の俊秀たちからはじまる」とされる（同、五三三頁）。

高楠には、「弟子の災難は自分のことのように奔走大いに力めて、その災難の除去に尽くされた。また病気をしている弟子のためには下宿を訪問するとか、弟子の子供が高等学校に入学したのを祝ってやるとか、まことに繊細な心づかいをされた」という一面もあった（『高楠順次郎全集』第一〇巻、三四八頁）。

参考文献

石上和敬「高楠順次郎の生涯および本書の企図」（高楠順次郎『釈尊の生涯』筑摩書房、二〇一九年、一七三〜一八五頁）
石上和敬「高楠順次郎における海外—海外体験とその果実—」（『比較思想研究』四七号、二〇二一年、三〜一〇頁）
江本嘉伸『新編　西蔵漂泊』（山と渓谷社、二〇一七年）
碧海寿広「世界宗教と日本文化—近代仏教という辺境—」（『現代思想』五一巻一号、二〇二三年、七八〜八五頁）
菊地大樹「宗派仏教論の展開過程」（佐藤文子・吉田一彦編『日本宗教史六』吉川弘文館、二〇二〇年、一六七〜一九九頁）
木村清孝『教養としての仏教思想史』（筑摩書房、二〇二一年）
国立教育研究所編『日本近代教育百年史・四』（国立教育研究所、一九七四年）↓『国立』
島薗　進「近代日本における「宗教」概念の受容」（『〈宗教〉再考』ぺりかん社、二〇〇四年、一八九〜二〇六頁）
下田正弘「近代仏教学の展開とアジア認識—他者としての仏教—」（『岩波講座「帝国」日本の学知三』岩波書店、二〇〇六年、一七六〜二一四頁）
下田正弘「近代仏教学の形成と展開」（『新アジア仏教史〇二』佼成出版社、二〇一〇年、一四〜五五頁）
下田正弘「近代人文学史からみた仏教学と宗教学—マックス・ミュラーの業績—」（フリードリヒ・マックス・ミュラー『比較宗教学の誕生—宗教・神話・仏教—』国書刊行会、二〇一四年、六〇八〜六二九頁）
シュヴァイツェル『キリスト教と世界宗教』（岩波書店、一九五六年［一九二二年］）
鷹谷俊之『高楠順次郎先生伝』（武蔵野女子学院、一九五七年）
鷹谷俊之『東西仏教学者伝』（華林文庫、一九七〇年）

高楠順次郎『釈尊の生涯』（筑摩書房、二〇一九年［一九三六年］）
高楠順次郎『親鸞聖人』（東京仏教学会、一九三三年）
高楠順次郎『高楠順次郎全集』第一〇巻（教育新潮社、二〇〇八年）
嵩満也・吉永進一・碧海寿広編『日本仏教と西洋世界』（法藏館、二〇二〇年）
東京大学百年史編集委員会編『東京大学百年史　部局史二』（東京大学、一九八六年）→『百年史』
中川正法「博多萬行寺所蔵シンハラ文字資料について―小泉了諦と七里恒順―」（『九州真宗の源流と水脈』法藏館、二〇一四年、二五三～二七七頁）
長崎法潤「マックス・ミュラーに師事した明治の学徒たち」（『りゅうこくブックス』一一〇、二〇〇六年、一一一～一四〇頁）
中村孝也『白石と徂徠と春台』（萬里閣、一九四二年）
南条文雄『懐旧録』（平凡社、一九七九年［一九二七年］）
西村実則『新版　荻原雲来と渡辺海旭―ドイツ・インド学と近代日本―』（大法輪閣、二〇一九年）
藤井健志「東京大学宗教学科年譜資料（明治時代）」（田丸徳善編『日本の宗教学説』東京大学宗教学研究室、一九八二年、三～三六頁）
藤井健志「仏教者の海外進出」（『新アジア仏教史一四』佼成出版社、二〇一一年、一一〇～一五三頁）
フリードリヒ・マックス・ミュラー著、松村一男・下田正弘監修『比較宗教学の誕生―宗教・神話・仏教―』（国書刊行会、二〇一四年）
本願寺史料研究所編『増補改訂　本願寺史三』（本願寺出版社、二〇一九年）
前嶋信次『インド学の曙』（世界聖典刊行協会、一九八五年）
増澤知子「方法なき理論―宗教に言説分析を施す―」（『宗教―相克と平和―』秋山書店、二〇〇八年、二四八～二九七

頁）

増澤知子『世界宗教の発明』（みすず書房、二〇一五年）

増谷文雄「近代仏教思想史」（『増谷文雄著作集一二』角川書店、一九八二年、一二一〜一四六頁）

松村一男「『比較宗教学の誕生』解説」（フリードリヒ・マックス・ミュラー『比較宗教学の誕生―宗教・神話・仏教―』国書刊行会、二〇一四年、五八一〜六〇七頁）

宮本正尊『明治仏教の思潮』（佼成出版社、一九七五年）

マクス・ミュラー『宗教学入門』（晃洋書房、一九九〇年［一八七三年］）

武蔵野女子大学学祖高楠順次郎研究会編『高楠順次郎の教育理念』（学校法人武蔵野女子学院、一九九四年）→『理念』

武蔵野女子大学仏教文化研究所編『雪頂・高楠順次郎の研究―その生涯と事蹟―』（大東出版社、一九七九年）→『雪頂』

山口輝臣「宗教史研究―最前線の再構築―」（『明治史研究の最前線』筑摩書房、二〇二〇年、二一五〜二三二頁）

吉村貫錬『宗教界新風景』（建設社、一九三五年）

第二章　文献学者としての高楠順次郎

日野慧運

はじめに

高楠順次郎（一八六六～一九四五）は様々な方面で活躍した人物だが、特に仏教学の分野では、日本の仏典研究に文献学的な手法をもたらした先覚として知られている。高楠は、サンスクリット語やパーリ語の原典に基づく文献批判研究を欧州から持ち帰り、多くの後進を育成して、今日のインド学・仏教学の基盤を作ったとされる。本章では高楠の、こうした文献学者としての活躍と業績を紹介したい。

――と、このような意図で本章は起草されたのだが、着手してすぐに、このテーマが含む予想外の難問に突き当たった。すなわち、「文献学者としての」業績とは何か、もっと言えば、「文献学」とは何か、という問題である。この問題に拘泥した結果、本章の内容は所期の意図とはかなり異なるものとなった。内容に即して訂正しよう。本章は、高楠順次郎にとって「文献学」とは何であったか、についての考察である。

1　「文献学」とは何か

「文献学」とは何か。これについては第4節以降で詳しく見るが、差し当たりここでは、本章を起草した当初の筆者の理解を示しておきたい。

筆者は年来、仏教学界の末席を汚してきた者だが、その界隈で今日「文献学」といえば、歴史的な文献を扱う際に、眼前の資料が伝承の過程で欠損・誤写・加筆・改竄などの変化を被った可能性を疑い、他の資料と対照するなどして、なるべく原型に近い形を探求する「学」の意味であろう。そしてまた、その成果に厳密に基づいて、客観的、実証的な解釈を示す「学」でもある。つまり「原典批判」とそれに基づく「解釈」から成り立つのが「文献学」的研究である。ちなみに、この言葉には暗に、聖教の一字一句を批判を交えず受容し、賛仰するような、信仰の立場における「学」と峻別する意味合いも含まれるように思う。当初筆者の念頭にあった「文献学」とは、こうしたものであった。

若干の根拠も示そう。仏教学における「文献学」を正面から扱った貴重な論考に、湯山〔一九九〇〕がある。この「試論」の中で湯山は、「『文献学』ほど、長い間に亘って江湖に用いられて、しかもその要領を得ない『学』も誠に珍しい」と述べつつも、仏教学にとって「文献学基礎訓練」は必要不可欠であることを力説し、具体的な実践と注意点を列挙する。湯山のいう「文献学」は、『宗教学辞典』中の原実による解説、すなわち、文献学の課題は「原典批判」と「原典解釈」にあり、インド学はこの文献学から出発したという解説を踏まえたものだ。この前提に立つ湯山の所論は、仏教学もまた「文献学」を基盤に据えるべきことを示して、その実際を教えてくれる。

そしてまた、「文献学」の課題を「原典批判」と「解釈」とする理解は、インド学・仏教学に留まらず、広く共有されているようにも思う。例えば、一九九八～二〇〇二年に実施された古典学諸分野の横断プロジェクト「古典学の再構築」の一連の成果、特にその中の『論集「本文批判と解釈」』には、そのことが看取できるのである。

それともう一つ、「文献学者としての高楠順次郎」構想時の筆者の念頭にあったのは、南条文雄（一八四九～一九二七）の業績である。南条は高楠より一四年ほど早く渡英し、のちに高楠の師となるフリードリヒ・マックス・ミュラー（一八二三～一九〇〇）に先んじて師事した仏教学者である。留学中から帰国後を通じて、南条は単独で、あるいは他学者との共同で『阿弥陀経』『無量寿経』『法華経』『入楞伽経』『金光明経』など数々のインド語仏典の原典批判と校訂、翻訳を行った。そこで筆者は、高楠にもまた同種の成果があろうと見込んだわけである。

しかし高楠について見ていくと、南条とは事情が違ったらしいことが分かる。以下に若干の実例を挙げてそれを確認しよう。

2　高楠留学中の欧文業績について

高楠の留学中の代表的な業績に、義浄の『南海寄帰内法伝』の英訳（*A Record of the Buddhist Religion...* 1896）がある。序文によれば、本書以前から西欧の研究者の間では、『寄帰伝』は義浄当時のインドの地名や僧院の生活実態を知る上で重要な資料として注目されていた。南条とともに留学した笠原研寿（一八五二〜八三）が、マックス・ミュラーの下で『寄帰伝』の英訳に着手したが、笠原の帰国により翻訳は中断していた。高楠はこれを引き継いで、全編の英訳を完成させ、詳細な解説とともに公刊したのである。英訳本文および脚注では、漢訳された地名や仏教用語をインド語に還元する試みがなされている。インド語文献は解するが漢字文献には不慣れな西欧の研究者らにとって、本書は大いに裨益したことであろう。

では、高楠は『寄帰伝』の本文批評を行ったか？　少なくとも本書本文中には、その痕跡は読み取れない。高楠は本書序文に、翻訳に際して一八七五年（明治八）に日本からイギリス・インド省に寄贈された黄檗版大蔵経（明蔵、一八八三年に南条が『大明三蔵聖経目録』を作成している）など複数の版本を確認したと記している。したがって、まったく本文批評の作業がなかったとは断じ得ない。ただし、高楠が諸版本のうち、当時ボドリアン図書館に収蔵されたばかりの「日本の新しい版本」を非常に高く評価しているのが注目される。おそらく『縮刷大蔵経』（『大日本校訂大蔵経』一八八〇〜八五年刊）のことであろう。

高楠は、この版本は高麗版を底本に複数の中国や日本の版本を「慎重に」校合した「素晴らしい」「より便利な」ものだといい、前任の笠原も「日本ではいま新しい大蔵経の版本が刊行中であるから、帰国したら参照したい」と希望していたと記している。こうした記述を見ると、高楠は『縮刷大蔵経』を信頼して、手を加えることなく使用したのではないかと推測される。

もう一つ、高楠の留学中の訳業として有名なものに、マックス・ミュラー監修『東方聖典叢書』四九巻に収録された英訳『観無量寿経』がある。これも、翻訳集ゆえの制約もあろうが、底本の批判研究を行った形跡は見られない。

また、高楠が留学中に発表した論文には、パーリ文『サマンタパーサーディカー』と漢訳『善見律毘婆沙』との一致点を見出した“Pāli Elements in Chinese Buddhism”や、パーリ文『ミリンダ王の問い』に対応する漢訳の報告“Chinese Translations of Milinda Panho”など、インド語仏典と漢訳仏典との対応を明らかにしたものが知られている。原典がインド語のテキストであっても、漢訳の方が古い読みを伝えていることはあるから、こうした仕事は原典批判の意味でも重要である。ただし、これらの仕事では、やはり小部の論文という事情もあろうが、パーリ語テキストや漢文テキストそのものに批判が加えられているわけではない。

これらの業績を、「文献学」的と評価すべきなのか、どうか。

ちなみに、高楠の伝記的研究である『雪頂・高楠順次郎の研究』の第二章は、高楠の学術的な業績の紹介に充てられている。執筆した田中教照は、高楠の欧文論文を総括して「日本人学者高楠順次郎のヨーロッパ学界への貢献は、漢訳資料の提供であった」と評している。右に見たいくつかの例に鑑みても、この評は妥当なものに思われる。

留学中の高楠の仕事は、漢訳仏典の現代語訳にせよ、漢訳仏典とインド語仏典の比較にせよ、基本的には校訂された刊本を利用してなされたものであったらしい。『寄帰伝』序文を見れば、高楠には漢訳仏典もまた本文批評の対象とする視点があったことは分かる。しかし結局、高楠はその成果を、少なくとも公には残してはいない。

3　高楠帰国後のインド語関係の出版物について

それでは、高楠が帰国後に発表した、日本語による業績についてはどうか。

高楠の日本語著作は、彼の多彩な活躍を反映して幅広い分野にわたり、点数も非常に多い。前述の田中論文はそれらから「学問研究的色彩の濃いもの」を選出して、「まず第一に、梵語およびヴェーダ語学の研究を通じて、仏教以前の思想と仏教との関連を追求すること、第二に、パーリ語の仏典の研究を通じて、漢訳仏典より広い視野の仏教を追求すること、すなわち主として釈尊の仏教……の研究を深めること、第三に、従来の倶舎、唯識あるいは大乗仏典の研究にサンスクリット原典の研究を加え、また、これと、パーリ語のアビダンマ蔵や、インド六派哲学の思想との関連をみること」が、従来の日本にない、高楠の新しい研究方法だったと述べている。

この「第二」の業績は、高楠のキャリアとも対応している。高楠は一八九七年（明治三〇）の帰国後すぐに東京帝国大学の「梵語」の講師に就任し、以後一九二七年（昭和二）に退官するまで、博言学科（途中で改名して言語学科）に所属してサンスクリット、パーリ語を教えた。また一九〇六年（明治三九）には「印度哲学宗教史」も開講し、ヴェーダに始まるインド思想史の中に仏教を位置付けて講じた。「梵語」講座の副産物が、講読本として編纂された『梵文学教科書』『巴利語仏教文学講本』である。帝大の職位もあって、インド古典学の第一人者となった高楠は、「佛教演劇ナーガーナンダム」『聖婆伽梵歌』『印度古聖歌』などの翻訳、『シャクンタラ』原典などを発表した。訳業としてもっとも重要なのは、『ウパニシャット全書』であろう。また、「印度哲学宗教史」での講義は、後任の木村泰賢との共著『印度哲学宗教史』にまとめられて一九一四年に公刊された。一九三〇年に高楠が河合哲雄と共同で訳出、発表したヘルマン・オルデンベルク著『ウパニシャットより佛教まで』も、高楠のインド思想史理解を間接的に示すものと言えよう。

この「第二」の業績は、本章の関心からしても注目されるので、以下に詳しく見ていこう。ただし、講読本の類については、既刊の諸文献から抜粋、編集したという性質のものであるから、今回の検討からは外すことにする。また『詩聖カーリダーサ作　梵語戯曲シャクンタラ』も、高楠による解説を付しているが、本体は Carolus Burkhard 校訂 *Sacuntala Annulo Recognita* のテキストをそのまま再録したものであるから、検討から外す。では翻訳書の類はどうか。

「佛教演劇ナーガーナンダム」は『反省会雑誌』一八九七年八月号〜一二月号にて発表され、一九二三年（大正一二）には単行本化もされた。「緒言」（単行本では「『龍王の喜び』の後に書す」）によれば、本戯曲はあまり世に知られていない珍しいものであるが、インド留学中に客死した旧友の東温譲より、彼の当地での師G・バーナップの出版した梵本を譲り受けたので、これを訳出したという。「緒言」に記された解説は詳しいが、底本に批判を加えた形跡はないので、本書の主旨は研究というより純粋な翻訳と見るべきだろう。

『聖婆伽梵歌』（一九一八年）はインド古典『バガヴァッドギーター』の全訳である。本書の少し前に戸松學瑛訳・渡辺海旭閲の翻訳（『新仏教』第一三巻一号、一九一二年）が出たばかりであったが、高楠は序文で「近き将来に於いて梵典奥義書（ウパニシャット）と仏典阿含経との全訳」を企図しており、その関連で自ら再訳する必要があったと述べている。そして、古今の諸注釈を参照し、五〇頁にわたる註解を作成したが、掲載は止めたと記してある。翻訳の底本は同年、同じ丙午出版社から『梵文聖婆伽梵歌』（*Śrīmadbhagavadgītā*）として出版されたが、デーヴァナーガリー文字のテキストのみのシンプルな本で、元本や異読の情報などは一切ない。「翻刻発行者」は高島大圓（米峰、一八七五～一九四九）とあり、広告文には高楠がこれを一〇年以上講読している旨の文言があるから、授業用のテキストを清書組版したものと思われる。

『印度古聖歌』は「世界聖典全集」前輯第六巻として出版された。「上　讃歌篇」にはヴェーダ聖典の一つ『リグ・ヴェーダ・サンヒター』の抄訳が、「下　神歌篇」には前述の『聖婆伽梵歌』を若干改訂したものが収録されている。特に『リグ・ヴェーダ』はおそらく初の日本語訳で、翻訳にあたって「グラスマン、ルードウィヒ、ベルゲーンヌ、オルデンベルヒ、ランマン、マクドネル諸氏の研究は成るべくこれを参照するに務めた」としている。解説も非常に充実しているが、底本については記載がない。

『ウパニシャット全書』（全九巻、一九二二～二四年）は前述の「世界聖典全集」の後輯第三～一一巻として出版された。全巻に一二五篇のウパニシャッドの日本語訳を収録し、「奥義本詮　古ウパニシャット十一書」「奥義別詮　新ウパニシャット三十九書」「奥義末詮　続ウパニシャット六十五書」「ウプネカット十奥」に分類されている。加藤［二〇一九］は「解題」などの情報から、次のように分析している。

> *Muktikā-Upaniṣad* にリストアップされる一〇八篇の〈ウパニシャッド〉を収録した『一〇八ウパニシャッド』（一）をテクストとしつつ、参照可能なものについてはドイセン、マックス・ミュラー、コールブルック等の翻訳を参照したようである。また、前半の六〇篇の構成についてはドイセンの『六十篇』（二）に範を求めた可能性が高い。第一巻の冒頭に作成された「ウパニシャット全表」の前半部分、最初の五〇篇については、分類方法や表記の順序など、すべてドイセンのそれに従った形となっている。ドイセンはこれら五〇篇にラテン語からの重訳版「ウプネカット」一〇篇を加えて全六〇篇とするが、『全書』ではこの五〇篇に続いて六五篇の「奥義末詮」を挿入し、最後にドイセンによって選出されたものと同じ一〇篇の「ウプネカット」を据えるために全一二五篇の構成となっている。
>
> （筆者補注（一）*Daśopaniṣacchāntisametā aṣṭottaraśatam upaniṣadaḥ.* Tukārāma Tātya ed. 1895.（二）*Sechzig Upanishad's des Veda.* Paul Deussen ed. 1897.）

翻訳の底本については、厳密な原典批判が行われたらしい。例えば（これも加藤の指摘によるが）寺崎修一（一八九六～一九三六）が担当した「カイヴルヤー・ウパニシャット」の解題には、『二十八奥義書原本』『百八奥義書原本』『アーナンダ・アーシュラマナ版本』の三原文に基づき、ウェーベル（A. Weber）とドイセンの翻訳を参考にしたとある。他にも、宇井伯寿（一八八二～一九六三）の「チャーンドーグヤ・ウパニシャット」の解題には、底本と注釈書の情報が詳しい。また、干潟龍祥（一八九二～一九九一）は四篇を担当しているが、全解題に独自のスタイルで参照した注釈書と翻訳を明記している。このように、担当者によって読者にどの程度開示するか、どう記すかはまちまちだが、しかし底本の批判的検討や注釈文献の参照を可能な限り行うことは、おそらく全篇において行われたと思われる。なお、高楠自身も六篇の翻訳・解題を担当しているが、底本や参考文献等の情報はほとんど記していない。

『全書』の担当者は二四名に及ぶ（人名の紹介は『雪頂』第四章に譲る）が、鷹谷〔一九五七〕は、「先生は多くの弟子を動員してそれを和訳させられたが、大方はそのあとを留めぬまでに改訳され、名実ともに先生の訳であった。僅かに数人が独りだちで訳し得たに過ぎなかった」と述懐している。事実であれば驚くべき話である。

したがって、少なくとも「世界聖典全集」に収録された作品群は、緻密な原典批判を行い、伝統的な注釈書も近代西洋学者の研究も参照した上で、翻訳がなされたらしい。その方針を定め、全体を監修したのは高楠である。ところが高楠自身は、そうした研究のプロセスをほとんど開示しないのである。

これについてはどう考えればよいのだろう？　筆者には、高楠のこうした仕事に関する姿勢が、天然自然のものとはどうにも思えない。意図的に選び取られた姿勢に見えるのである。では、その選択の背景にあるのは何か。ここで思い当たるのが――突飛に思われるかもしれないが――高楠の師マックス・ミュラーの影響、特に彼の「文献学」についての考え方の影響である。

4　日本における「文献学」の受容

改めて、「文献学」とは何だろうか。辞書を引けばドイツ語フィロロギーPhilologieもしくは英語フィロロジーPhilologyの訳語とあり、語源はギリシア語フィロロギアPhilologia「言葉への愛」だという。識者によれば、文献学の起源は、ヘレニズム期のアレクサンドリアで行われたギリシア語文献の批判研究にあるとされる。文献学は、ルネサンス期にはギリシア・ラテン語古典の校訂と読解を通して、ギリシア・ローマ文化を探求する人文主義的学問となった。一八～一九世紀には、文献以外の考古学資料も対象とし、古代の生活文化の全体像の解明を目指す古代学、あるいは近代的古典学に発展する。ドイツがその拠点となり、探求の対象はギリシア・ローマ世界だけではなく、全世界に及ぶようになった。またその一方、時代の趨勢を反映して、「民族性」「国民性」のルーツを追求する学問にもなったという。〈竹村［二〇二一］、西村賀子「西洋古典学の過去・現在・未来」〈『論集「古典学の再構築」』所収〉参照〉

フィロロギー（フィロロジー）の訳語が「文献学」に落ち着くまでは紆余曲折があったらしい。博言学科で高楠の教え子だった言語学者の新村出（一八七六～一九六七）は、次のように記している。

そのフィロロヂイが博言学と訳され後にそれが言語学の名に改定された。その名は加藤（弘之）氏の建議から権威づけられて、後にそれが東京の文科大学の専門学科名としてまた専攻学科名として博言学科として行われた。その名は私の卒業した翌年の明治三十三年から言語学および言語学科と改名された。尤も英語のサイエンス・オブ・ラングヰヂとか独語のシュプラハヴィッセンシャフトという名からは、言語学という名が直訳的にも其儘該当して良いのであつたけれども、博言学が、英語のフィロロヂイの訳語に宛てられた。又博く言語を或は比較し或は対照して研究するといふ様な意味で、先輩が博言学とつけたのであらう。……フィロロギイを文献学と訳したのは上田敏氏であつて、それを日本の国学などと対比して講述によつて之を本邦の国文国語の研究界にひろげたのは芳賀矢一氏であつた。……嘗て和辻氏が提唱されたかと思ふが、文学が文の学であつて文の芸でないから、現代のやふに新旧の文芸そのものが文学といふ名を冒し、その文学を研究する所の学問がまた何文学と称される様な撞著を起こしてゐるのは、注意すべき事柄である。……されば創作に即いては文芸といひ、それに対して研究に即いては文学といふ方が、哲学といふをりの学、史学といふをりの学、それらの学に対して類推的に正に匹敵するわけである。（新村［一九三三］二一一～二四頁、括弧内筆者補）

長い引用になってしまったが、フィロロジーの訳語が「博言学」「言語学」そして「文献学」、さらに「文学」と、色々案出されていたことが分かる。本章にとって興味深いのは、高楠の所属した学科名である「博言学」がフィロロジーの訳語であったことである。高楠は、博言（言語）学科でサンスクリットやパーリ語を教授し、原典資料を読める研究者を育てたことで、「文献学的」研究の発展に間接的に貢献した、と評価されることがある。しかしこの「語学」自体が、フィロロジーそのものであったわけである。それでは、フィロロジーの語は、「言語学」と、「文献学」とを包含するものと捉えればよいのだろうか。新村は別所で次のように説明している。

言語学は言語をそれ自体のために観察する。この意味に於いての言語学は、文献に残る言語を通じて一国民或は一民族の古代の文化を研究せんとする文献学とは異なる。……英国にあつては普通言語学と文献学は同じフィロロヂーPhilology の一語を以て表はされる。……欧羅巴大陸に於いては、このフィロロヂーにあたる語は主として文献学に用ゐて、言語学には別の名称を与へる。すなわち仏蘭西では文献学のフィロロジ philologie に対して、言語学はランギスティック linguistique と称せられ、独逸ではフィロロギーPhilologie は厳重に前者に限られ後者は言語（の）科学 Sprachwissenschaft（シュプラーハヴィッセンシャフト）と称し、二つの区別が最も厳格である。英語においても、言語学なることを明確にあらはすためには、独逸と同じように言語の科学 science of language と称するのが普通であるが、最近次第に一層簡明なリングヰスティックス linguistics なる名称が用ゐられて来た。（新村［一九三五］九〜一〇頁）

したがって、フィロロジーの語は、一九世紀末には人文主義的学問としての広がりを持って捉えられたが、一九三〇年代頃には「一国民或は一民族の古代の文化を研究せんとする文献学」という定義が確立され、リングィスティクス linguistics としての言語学とは区別されるようになったようである。そうして、この国民ないし民族のルーツを探求する学としてのフィロロジーは、日本においては国文学の分野で展開した。右でも言及された国文学者の芳賀矢一（一八六七〜一九二七）は、次のように述べている。

余がこゝに所謂「日本文献学」とは、Japanese Philologie の意味で、即ち国学のことである。国学者が従来やって来た事業は、即ち文献学者の事業に外ならない。……実に、（荷田）春満のいつてゐるやうに、上代の文献を本とし、古語の解釈を根拠として、日本の真相を知るもの、即ち文献学の成立する所以である。……即ち国学は、Nationale Wissenschaft である。（芳賀［一九二八］一〜六頁、括弧内筆者補）

5　マックス・ミュラーにおける「文献学」、言語学、宗教学

高楠の師マックス・ミュラーは、この近代的古典学の本場であるドイツでキャリアをスタートした。ライプツィヒ大学で博士号を取得した後、ベルリンに移ってサンスクリット学者・比較言語学者のフランツ・ボップに学び、一八四五年にはパリに移り、ウジェーヌ・ビュルヌフの教えを受けた。ビュルヌフは当時『リグ・ヴェーダ』を講義しており、マックス・ミュラーにこの校訂研究を勧めたという。これを承けてマックス・ミュラーは研究に着手し、四八年に招聘を受けてイギリス・オックスフォードに移ったのち、『リグ・ヴェーダ・サンヒター』の校訂テキストと英訳を二四年かけて刊行した（全六巻、

一八四九～七三年)。

こうしたサンスクリット学者としての研究のかたわら、一八五六年には「比較神話学」を発表し、比較神話学という分野を立ち上げていく。諸宗教の聖典を一覧する目的から、『東方聖典叢書』全五〇巻(一八七九～九四年)を編纂したほか、神話、宗教、哲学に関する膨大な著作がある。

松村［一九九五］は、マックス・ミュラーの学問が『リグ・ヴェーダ』研究に始まり、「まず文献学、ついで神話学・宗教学、最後に哲学」の順序で展開したと指摘している。インド＝ヨーロッパ語の比較言語学の理解を基盤として、インド＝ヨーロッパ語族の諸神話を比較することで、人類最古の宗教の姿を明らかにしようとするのが、マックス・ミュラーの比較神話学、比較宗教学であった。

『リグ・ヴェーダ』の校訂と読解の実際については、前述の『論集「本文批評と解釈」』所収の後藤敏文「ヴェーダ文献の原典・伝承と研究・解釈」を参照されたい。今日においてもこの仕事が、「文献学」(ここでは、現存テキストを批判的に検討して原型を探求すること)と、インド＝ヨーロッパ語の比較言語学とを有機的に結合させる形で行われており、両者にまたがるような領域で成立していることが分かる。比較言語学の知識は、古典サンスクリット以前のいわゆるヴェーダ語を扱う場合は、特に重要である。

ところが、こうした仕事をマックス・ミュラー自身が公に「文献学」と称した例は見当たらず、むしろそれを避けていたように思われる。そのように推察できる材料として、一八六九年のドイツ文献学会総会における次の発言を挙げることができる。

それゆえここに東洋学者(the Oriental scholar)が、諸宗教を(セム語族のものと同様にアーリア人のものを）科学的に扱うことによって、文献学（philology）の、皆様のいわゆる「総会」（"plenum"）に参入するのも、正当なことです――文献学が今もなお、昨日の会長のお話にもありましたような、かつて意図され目指されたもの、すなわち、往昔の皇帝が「人間にかかわることで、私に無縁なものはなにもない」（"humani nihil a me alienum puto"）と表現したところの、真の人文主義であるならば。

（Max Müller［1881］293）

この例に限らず、マックス・ミュラーはしばしば自身を、また他のインド語学者、中国語学者、チベット語学者などを指す場合、たとえその文献研究の厳密さを称賛するような文脈であっても、「東洋学者（the Oriental scholar）」と呼ぶ。「比較文献学者（the comparative philologist）」という呼称を使うこともあるが、この比較文献学は言語学（science of language）に含まれるものとされる（『比較宗教学の誕生』所収「宗教学序説」）。「文献学者（philologist）」とは呼ばないのである。

おそらくマックス・ミュラーにおいては、「文献学（philology）」という言葉は厳として、ギリシア・ラテン語古典の研究を中核とし、西欧の古代思想を解明する学問を意味したのであろう。インド語古典の原典研究を通して、インド古代思想を解明する学問は、「文献学」の範疇には入らないという認識があったものと思われる。しかしながら一方で、自らの学問は「文献学」に匹敵する、むしろインド＝ヨーロッパ語族のルーツを考える上での価値は、それ以上でさえあるという矜持が、右の発言からは見て取れるようではないか。

したがって、マックス・ミュラーにおいては、今日の目で見れば文献学的とされる仕事――インド語古典の原典批判を行い、それに基づいて翻訳、解釈を示すこと――は、言語学の範疇で捉えられていたと思われる。マックス・ミュラーはそれ自体を（今日「インド学」と呼ばれるような）「文献学」として立ち上げる代わりに、「比較言語学」と位置付けて、インド＝ヨーロッパ語という枠組みの中で、インド語古典をギリシア・ラテン語古典などと比較検討した。そしてこれを通して、西欧人を含めたインド＝ヨーロッパ語族の古代思想を解明するという形で、「文献学」に参与しようとしたのである。この営みが「比較宗教学」という分野を切り拓くことになるが、このとき比較言語学は、いわば基礎研究として位置付けられることになった。このように、マックス・ミュラーにおいては比較宗教学と比較言語学の切断が生じている。それは、インド＝ヨーロッパ語族の古代学としての文献学（フィロロジー）と、今日の文献学的インド学に通じる言語学（フィロロジー）との切断であったとも言えよう。そうしてこの切断は、高楠にそのまま引き継がれているように見える。

6　マックス・ミュラーから高楠へ

高楠の場合も、同じくそのキャリアを「言語学（フィロロジー）」の仕事から開始している。前述の『寄帰伝』『観無量寿経』などの英訳や、パーリ語仏典に対応する漢訳仏典の報告などがそれである。もっとも、これらの仕事で漢訳仏典自体の原典批判が必ず行われたわけではないことは、前述の通りである。

帰国後の仕事については、先学が三種に大別しているのを見た。すなわち、（一）仏教以外のインド語文献、インド思想史の紹介、(二)パーリ語仏典に描かれる釈尊および原始仏教の紹介、(三)漢訳仏典とインド語仏典、インド思想との対応や関連についての研究、である。本章では（一）に類する翻訳書、特に「世界聖典全集」所収の『印度古聖歌』と『ウパニシャット全書』を詳しく見た。(二)(三)の仕事を見渡しても、これらがもっとも「言語学」的仕事に近いからである。しかしながら、ここには翻訳と解説があるのみで、批判校訂の過程などは明かされない。もちろん全集の統一方針によるところはあるだろうが、分担者の中には資料状況などを踏み込んで明かす者もある中で、高楠に限ってはあえてそれをしないのである。

高楠はなぜ「言語学」の成果を公にしないのか。その理由の一端は、『聖婆伽梵歌』凡例の一文に表れている。いわく、「本書の語法の不備、詩想の未熟などを指摘し、韻文として之を批評する如きは興味ある問題なれども、吾人当面の所管は思想方面に在るを以て、今は殊に此種の批評をも避くることとなせり」と。こうした姿勢に、高楠における「言語学」と「文献学（フィロロジー）」の切断が表出しているように思う。

高楠はおそらく、マックス・ミュラーにおける「言語学」を親しく受け継いだのであろう。もっとも高楠の場合、それはインド語古典の原典批判のみでなく、それを漢訳資料と対校し、あるいは漢訳資料を翻訳し、その成果を西欧学界に提供するという形で経験された。以後も高楠には、これこそ「言語学」であるという観念が保持されたと思われる。

これに加えて高楠には、博言学科（言語学科）におけるインド語の教育、インド語文献の講読という「言語学」の営みもあった。この営みは、今日の文献学的インド学・仏教学につながる人材の系譜の源泉となった。またおそらくは、彼らだけが共有した研究成果も、そこで生み出されたことだろう。しかしその「言語学」の成果は高楠にとって、世間一般に公開すべきものではなかったようだ。

さてそれでは、高楠にとっての「文献学」とは何だったのだろうか。思うに――やや飛躍するようだが――右で見た（一）の仕事こそが、それにあたるのでないか。のみならず、（二）（三）も、さらには、本章ではまったく扱わなかったが、高楠の啓蒙主義的な一般書や講演の一部も――およそ「言語学」に支えられた、ある方向性を持った仕事はすべて――高楠における「文献学」の産物であったように思われる。

マックス・ミュラーにおける「文献学」は、インド＝ヨーロッパ語族という枠組みの中で、西欧文化のルーツを探求する営みでなければならなかった。高楠もおそらく、この「文献学」観を引き受けたのであろう。しかし高楠は、自らを西欧に同調するより、むしろ「東洋」人としてのアイデンティティを強く持ったらしい。それゆえ高楠は、自らの「文献学」を立ち上げる際に、それを西欧のルーツ探求から、「東洋」のルーツ探求へと読み替えようとしたのではないか。すなわち、高楠における「文献学」とは、日本を含む「東洋」をすなわち仏教文化圏と捉え、そのルーツを解明し、正統性と一体性を立証することだったのではないか、と考えられる。仏典やインド古典を世間一般に紹介しようとする一連の仕事は、そうした目的に沿ったものだったのではないか。

今日の目から見れば、その「文献学」に説得力を持たせるには「言語学」の成果の開示が不可欠に思われる。しかし高楠にとっては、「言語学」はあくまでアカデミズムの領域にあって、世間一般に公開すべきものではなかったのだろう。それに、そうした成果を共有する場である学会や大学講座を整備したのは、彼の弟子たちの世代だったのだ。

おわりに

高楠は一九二四年（大正一三）、『大正新脩大蔵経』の刊行を開始した。その直接のきっかけになったのは、当時入手困難になっていた『縮刷大蔵経』に代わる大蔵経の出版を、学生らに持ち掛けられたことだとされる。話を持ち掛けた学生の一人、渡辺楳雄（一八九三〜一九七八）は、それに対して高楠が次のように返答したと記している。

私がやるとすれば、第一世界的にやらなければならぬ。……でないと私の出る意味がない。第二には日本の印度学界、仏教学界を総動員せねばならぬ。（渡辺［一九五三］）

渡辺のこの記事は全体に軽妙な調子で、師の物言いの大仰さをちょっとからかっている節があるが、しかし高楠のこの言葉自体は、あながち渡辺の誇張でもなさそうだ。高楠は『大正蔵』刊行開始当時、次のように記している。

予も亦その半生をと云ひたいが、実は一生を全く一切経研究に費やしたのである。かつて東洋学会を起したのもそれ、梵語大辞典編述を思立つたのもそれ、二十八大蔵の大集成を企てたのもそれ、雪山の霊台に向かつて取経の歩を進めたのもそれ、過去十年間、寒熱を忘れて寺院の宝蔵を探尋したのもそれ、日本悉曇学史の大成を企てたもそれ、大日本仏教全書に遊方伝叢書を編輯したのもそれであつた、……かつて英国で南海寄帰伝を訳したり、観無量寿経を訳出したり、今亦善見律の原本を出版したのも亦同一の目的であった。凡べてその目的を一切経研究に集中したのである。（高楠［一九二四］）

今まで自分がしてきた事業はすべて、この大蔵経編纂に結実するのだという、感動を込めた決意表明のような文章である。「寺院の宝蔵を探尋し…」という下りは、一九一三〜二一年頃まで行われた、高野山、石山寺、東寺などの社寺の古写本調査とその成果を指す。かつて法隆寺所蔵の『般若心経』などの悉曇文字写本をマックス・ミュラーと南条が西欧学界に紹介したことがあり、この調査はそれと同種の成果を見込んだものと思われる。寺院ごとの目録が作成され、漢訳仏典については明蔵の対校作業が行われた。これを通じて、日本の古写本には、従来大蔵経には反映されない貴重書があることが判明したという（高楠［一九三五］、［一九七七］）。

高楠は従来、こうした「言語学」的成果を表に出さなかった。しかしここに、留学中の『寄帰伝』『観無量寿経』翻訳や『善見律』などの研究が、思い起こされる。当時これらの仕事は、『縮刷大蔵蔵』を信頼して行われた。しかし今や、『縮刷大蔵蔵』を再校訂すべき材料が揃ってきている。かつてなされなかった漢訳仏典の原典批判を、行う必要がいま生じているのである。さらにこれを、インド語原典と対照させせた形で公開するならば、単に新しい大蔵経というに留まらず、西欧学界にも多大なインパクトをもたらすに違いない。

——高楠が「世界的にやらなければならぬ」と言ったのは、こういう意味だったのではないだろうか。そして、「一生を全く一切経研究に費やした」「凡べてその目的を一切経研究に集中した」と言うとき、それは単に、仏教研究の対象である仏教典籍はすべて大蔵経に収まっている、という意味には留まらないように思う。ここには、高楠の中で未完のまま終わっていた「言語学」の仕事を本格的に再始動できるという個人的な喜びがあったのではないか。しかもそれを、日本にしかない貴重資料を使った、日本人にしかできない仕事として、日本国内および西欧学界に示すことができることは、高楠の「文献学」の仕事の趣旨にも沿うものだったであろう。このようにして、『大正蔵』において切断していた高楠の「言語学」と「文献学」が再統合されることになる。高楠は『大正蔵』刊行前中に非常な艱難辛苦に遭うが、それに耐え抜いて刊行事業を完遂した。その情熱の理由の一端が、このように考えると、理解できるように思うのである。

参考文献

Carolus (Karl) Burkhard *Sacuntala Annulo Recognita: Fabula Scenica Câlidâsi*. Vratisraviae: Kern. 1872.

F. Max Müller *Selected Essays on Language, Mythology and Religion* Vol. II. London: Longmans, Green & Co. 1881.

Takakusu, Junjiro "The Amitâyur-dhyâna-sûtra," F. Max Müller (ed.) *Buddhist Mahâyâna Texts*. The Sacred Books of the East Vol. XLIX. Oxford. 1894.

Takakusu, Junjiro *A Record of the Buddhist Religion as Practised in India and the Malay Archipelago (A.D. 671-695) by I-Tsing*. Oxford. 1896.

Takakusu, Junjiro “Chinese Translations of Milinda Panho,” *Journal of The Asiatic Society*. 1896.

Takakusu, Junjiro “Pāli Elements in Chinese Buddhism: a Translation of Buddhaghosa’s Samantha-pāsādikā, a Commentary on the Vinaya, found in the Chinese Tripiṭaka,” *Journal of The Asiatic Society*. 1896.

小口偉一・堀一郎監修『宗教学辞典』（東京大学出版会、一九七三年）

加藤隆宏「ヴェーダーンタ哲学研究前史―〈ウパニシャッド〉の受容―」（『文化交流研究』〈東京大学文学部次世代人文学開発センター研究紀要〉三二号、二〇一九年、三三～四四頁）

新村　出『言語学概論』（岩波講座日本文学、岩波書店、一九三三年）

新村　出『言語学概論』（日本文学社、一九三五年）

関根清三編『論集「本文批評と解釈」「古典学の再構築」研究報告集Ⅲ』（「古典学の再構築」総括班、二〇〇三年）

鷹谷俊之『高楠順次郎先生伝』（武蔵野女子大学、一九五七年）

高楠順次郎「佛教演劇ナーガーナンダム（龍王の喜び）」（『反省雑誌』一八九七年八号～一二号）

高楠順次郎『梵文学教科書（Readings in Sanskrit Literature for Beginners: with Glossary）』（金港堂、一八九八年）

高楠順次郎『巴利語仏教文学講本　全（A Pāli Chrestomathy: with Notes and Glossary giving Sanskrit and Chinese-Equivarents）』（金港堂、一九〇〇年）

高楠順次郎『詩聖カーリダーサ作　梵語戯曲シャクンタラ』（梵文学十二原書第一篇、文明堂、一九〇三年）

高楠順次郎『聖婆伽梵歌』（丙午出版社、一九一八年）

高楠順次郎『印度古聖歌』（世界聖典全集（前輯）第六巻、世界聖典全集刊行会、一九二一年）

高楠順次郎『ウパニシャット全書』一～九（世界聖典全集（後輯）第三～第一一巻、世界文庫刊行会、一九二二～二四年）

高楠順次郎『印度佛教戯曲　龍王の喜び―ナーガ・アーナンダム―』（世界文庫刊行会、一九二三年）

高楠順次郎「一切経刊行に就て」（『現代仏教』一九二四年一一月号）
高楠順次郎「感謝　聖業を成して」（『ピタカ』第三年第一号、一九三五年）
高楠順次郎「東洋文化史における仏教の地位」（『高楠順次郎全集』第一巻、一九七七年、三九九～四四二頁）
高楠順次郎・木村泰賢『印度哲学宗教史』（丙午出版社、一九一四年）
高島大圓『梵文聖婆伽梵歌（Śrīmadbhagavadgītā）』（丙午出版社、一九一八年）
竹村信治「文献学／Philologie をとらえ直す」（『中世文学』六六、二〇二一年、一一～二〇頁）
中谷英明編『論集「古典学の再構築」「古典学の再構築」研究報告集Ⅰ』（『古典学の再構築』総括班、二〇〇三年）
芳賀矢一『芳賀矢一遺著』（冨山房、一九二八年）
フリードリヒ・マックス・ミュラー著、松村一男・下田正弘監修『比較宗教学の誕生―宗教・神話・仏教―』（宗教学名著選第二巻、国書刊行会、二〇一四年）
ヘルマン・オルデンベルク著、高楠順次郎・河合哲雄訳『ウパニシャットより佛教まで』（大雄閣、一九三〇年）
松村一男「インド＝ヨーロッパ比較神話学の生成―マックス・ミュラーとその時代―」（松原孝俊・松村一男編『比較神話学の展望』青土社、一九九五年）
武蔵野女子大学仏教文化研究所編『雪頂・高楠順次郎の研究―その生涯と事績―』（大東出版社、一九七九年）
湯山　明「仏教文献学の方法試論」（水野弘元博士米寿記念会編『パーリ文化学の世界』春秋社、一九九〇年）
渡辺楳雄「大正新脩大蔵経成立のいきさつ　佛教界こぼればなし（第一回）」（『世界仏教』第八巻第七号、一九五三年）

第三章　高楠順次郎と『和訳 安慧造唯識三十頌釈論』
——高楠の「ねらい」に着目して——

新作慶明

はじめに

高楠順次郎（一八六六～一九四五）の「年次別著書論文目録」（武蔵野女子大学仏教文化研究所編［一九七九］一六五～二二四頁、以下「目録」）には膨大な数の著書・論文が挙げられているが、「学問研究的色彩の濃い」和文の業績に限っていえば[1]、それほど多くはない。さらに、個別のサンスクリット仏典の研究に関しては、『和訳 安慧造唯識三十頌釈論』（以下、『和訳三十頌釈論』）があるだけである[2]。ところが、『和訳三十頌釈論』は、「目録」にも出版社が記されていないことからも推察されるように、私家版であった。しかし、安慧（スティラマティ）作『唯識三十頌釈論』[3]（以下、『三十頌釈論』）の翻訳である『和訳三十頌釈論』は、『三十頌釈論』の研究史において、しばしば先駆的な研究として言及されるなど[4]、各方面に影響を与えていたことは確かである。本章では、高楠の著作のなかで、これまでにあまり注目されていない『和訳三十頌釈論』に焦点をあてて、同書に込められた高楠の「ねらい」を明らかにしていきたい。

1　高楠順次郎と『和訳 安慧造唯識三十頌釈論』

『和訳三十頌釈論』は、表紙が同じでありながら内容が多少異なる、次の（一）（二）（三）が現存する。

（一）『和訳 安慧造唯識三十頌釈論』……序文八頁 ＋ 本文八八頁　三康図書館・日本大学文理学部図書館所蔵

（二）『和訳 安慧造唯識三十頌釈論』……本文八八頁（序文ナシ）　大正大学附属図書館[5]・高楠資料室所蔵[6]

（三）『和訳 安慧造唯識三十頌釈論』……序文八頁 ＋ 本文八八頁（一～一六頁訂正版）　名古屋大学文学図書室所蔵[7]

管見の限り、（一）と（二）との間には、序文の有無を除き、本文（翻訳）に相違はみられない[8]。一方、（三）は、本文一～一六頁に訂正が施されている「一部訂正版」である。なぜこのような「訂正版」が存在するのであろうか。その理由をたずねるべく、まずは、『和訳三十頌釈論』の序文をみていきたい。

今予の全譯終結し、排印功成りたるを以て、公行の前に於てこれを同好の諸士に配送し、遍くその批判を請ひ、その結果に依り、改むべきは改め、削るべきは削り、能ふべくんばその批判全部を合

せて刋出する所あらんとす。(9)

右の序文からも明らかなように、高楠は、『三十頌釈論』の全訳を諸学者に配付して批判を請い、訂正を加えて公刊することを企てていたのである。一方、序文には、「唯識釋論目次」も付されており、(10)『三十頌釈論』の和訳はその一部に含まれている。高楠には『唯識釋論』と題する書籍の構想があり、『和訳三十頌釈論』は、その『唯識釋論』に収録予定だったのであろう。

さて、武蔵野大学の高楠資料室には（二）の他に、関係する次の（四）（五）も残されている。

（四）『和訳　安慧造唯識三十頌釈論』一～一六頁の抜刷(11)

（五）『和訳　安慧造唯識三十頌釈論』一七～八八頁の「訂正表」(12)

高楠は「第三回に送りたる訂正表（第一回には全譯第二回には一～一六頁の改譯）に依つて改められたし」（高楠［一九二七］四〇頁）と述べているが、現存する資料に照らし合わせてみれば、「第一回」には「全訳」である（一）あるいは（二）を、「第二回」には「一～一六頁の改訳」である（三）あるいはその一部である（四）を、「第三回」には「訂正表」である（五）を諸学者に配付したということになろう。(13)

2　高楠順次郎とシルヴァン・レヴィ、そして『唯識三十頌釈論』

高楠が『和訳三十頌釈論』の公刊を目指したことに、シルヴァン・レヴィ（Sylvain Lévi, 1863-1935）が一九二五年（大正一四）に『三十頌釈論』のサンスクリットテキストを出版した影響があることは、まず間違いない。

高楠は一八九〇年（明治二三）九月にオックスフォード大学に入学し、一八九四年（明治二七）までに、言語学・宗教学、インド文学、哲学などを修めた。次に、ドイツのキール大学に移り、オルデンベルクやドイセンに師事、そして、ベルリン大学のフートのもとで、チベット語やモンゴル語などを学習した[14]。後に、フランスでレヴィと出会い、それ以来、レヴィが没するまで、高楠とレヴィは親しい間柄であったことが知られている[15]。とくに、「フランス語で書かれた和漢仏教述語解説辞典」[16]である『法宝義林』を共に監修したことは[17]、彼らの親交の深さを物語っている[18]。『法宝義林』の見出しには、高楠の提案によって、音読み日本語（整列順序はアルファベット順）が採用された[19]。高楠は、「仏教の研究は日本が一番進んでいるから、日本語を土台としてやればよい」と考えていたのである[20]。

さて、レヴィは、インド学の巨匠と称されるように、インド学・仏教学研究に多大なる功績を残した。レヴィの与えた影響は多岐にわたるが、ここでは、『三十頌釈論』との関係で、彼の瑜伽行派研究への貢献について概観したい。

レヴィは、一八九八年（明治三一）、ネパールにおいて『大乗荘厳経論』のサンスクリット写本を発見した[21]。そして、一九〇七年（明治四〇）に同論のサンスクリットテキストを、一九一二年（大正元）に自身のサンスクリットテキストにもとづくフランス語訳を出版した。後者において、レヴィは同論のチベット語訳および漢訳を参照しており[22]、これによって瑜伽行派の新たな研究メソッドが開拓されたといわれている[23]。また、レヴィは一九二二年（大正一一）、再びネパールにおいて、世親（ヴァスバンドゥ）作

『唯識二十論』や『三十頌釈論』などのサンスクリット写本を発見した。そして、一九二五年（大正一四）に両論のサンスクリットテキストを出版し、一九三二年（昭和七）には、自身のサンスクリットテキストにもとづく両論のフランス語訳を発表した。[24]

ここまで挙げてきたレヴィの研究は、いずれも重要なものであるが、とりわけ、『三十頌釈論』のサンスクリットテキスト出版が、わが国の唯識研究（瑜伽行派研究）に与えた影響は大きかった。『三十頌釈論』のサンスクリットテキスト出版以前、安慧の学説は、玄奘が世親作『唯識三十頌』（以下、『三十頌』）に対する諸注釈書を、護法の説を中心にまとめた『成唯識論』などに説かれる限りで知られていた。ところが、『三十頌釈論』のサンスクリットテキスト出版によって、安慧の学説を同論から直接知ることができるようになったのである。

『三十頌釈論』のサンスクリットテキスト出版から間もなく、一九二六年（昭和元）にレヴィが日仏会館の初代館長として来日した際、レヴィは高楠と共に同論の「研究」を開始し、高楠も和訳を試みたという。[25] レヴィは日本滞在中、毎週一〜二度、高楠と共に『三十頌釈論』をフランス語に訳し、高楠が『和訳三十頌釈論』を諸学者に配付するころには、全訳を終えていたようである。[26] 高楠は、レヴィ没後の一九三七年（昭和一二）、レヴィとの「研究」を次のように回顧している。

Pendant son séjour, M. Lévi et moi avons lu ensemble, pendant plus d'un an de suite, au prix d'un effort incroyable, le Commentaire du *Sthiramati's vijñâptimâtra* (sic) qui est un livre assez difficile en sanscrit et qu'il avait trouvé au Népal, en consultant le texte tibétain et les textes chinois de même genre. Après son retour, il a publié, à Paris, la traduction française de ce livre. Quant à moi, j'ai été obligé d'abandonner à mi-chemin ma traduction japonaise, pour poursuivre la publication du Canon bouddhique. Cependant, maintenant que les cent tomes en ont été complètement publiés et que la traduction japonaise du Canon bouddhique écrit en pali est en cours de publication, j'ai l'intention de poursuivre cette traduction.[27]

（訳）彼の〔日本〕滞在中、レヴィ氏と私は続く一年以上の間、彼がネパールで発見していたサンスクリット語の十二分に難解な書籍である、安慧作『唯識三十頌釈論』をチベット語訳テキスト、および諸々の同分野の漢訳テキストに依拠しながら、信じ難い努力で共に読んだ。〔フランスに〕帰国後、彼は、この書籍のフランス語訳をパリにおいて出版した。私に関していえば、大蔵経〔『大正新脩大蔵経』〕の刊行継続のためには、私の和訳を中途で諦めざるをえなかった。しかしながら、これら〔『大正新脩大蔵経』〕百巻がすべて刊行され、そして、パーリ語で書かれた大蔵経〔『南伝大蔵経』〕の和訳が刊行されている今、私はこの〔『唯識三十頌釈論』の〕翻訳継続を志している。[28]（〔　〕内および下線は筆者による）

右の回顧によれば、高楠はレヴィと『三十頌釈論』を「研究」していたころ、『大正新脩大蔵経』（以下、『大正蔵』）の刊行で多忙を極めており、同論和訳を途中で断念した。ところが、なんとしても和訳を完成させたいという思いがあったのか、『大正蔵』の刊行が一段落したその時点で、同論の和訳を続ける意向を示している。このような同論和訳へのこだわりは、レヴィが同論のフランス語訳を、高楠が同和訳を公刊するという「約束」があったことを示唆する。[29]

また、右の回顧において、高楠がレヴィと『三十頌釈論』を「チベット語訳テキスト、および諸々の同分野の漢訳テキストに依拠しながら」読んだ、と明確に述べていることも注目される。『三十頌釈論』は、チベット語訳には翻訳されたが、漢訳には翻訳されていない。したがって、高楠がレヴィと『三十頌釈論』を読む際に用いたのは、『三十頌釈論』のチベット語訳や『成唯識論』などであると思われる。ともあれ、サンスクリット原典をチベット語訳や漢訳を用いて批判的に読むというのは、先述の通り、レヴィによって開拓された手法である。高楠も同じ手法の重要性を知っていたことは、一九三〇年（昭和五）の講演（「東洋文化史における佛教の地位」）において、次のように述べていることからも確認される。

要するに、仏教の研究に関しては第一原本が梵文と巴利文である。この両語を知ることは仏教研究の第一要件である。第二原本が西蔵文である、西蔵一切経は唐代から元代までの飜訳で、殊に句々梵文の影を留めているのであるから、梵文の原型を知るに最も必要である。厳密なる研究には必須の研究である。仏教研究の第三原本が漢文一切経である。[30]

高楠も西蔵一切経（チベット大蔵経）は「梵文の原型を知るに最も必要」であり、「厳密なる研究には必須」であると明言しているように、[31]サンスクリット原典批判にチベット語訳は欠かせない。確かに、高楠は『和訳三十頌釈論』において、『成唯識論』、世親作『五蘊論』、安慧作『五蘊論広釈』などの「諸々の同分野の漢訳テキスト」に幾度となく言及しており、漢訳テキストを役立てていたことが窺える。しかし、チベット語訳に関しては、『和訳三十頌釈論』で多くを活用した形跡はみられない[32]。高楠は、一九二七年（昭和二）一二月に発表した「安慧造唯識三十頌釈論に於ける疑問」（高楠［一九二七］）において、自身の疑問と併せて、宇井伯寿（一八八二～一九六三）による、チベット語訳にもとづくレヴィのサンスクリットテキストに対する疑問を挙げている[33]。そこに挙げられている疑問には、チベット語訳を用いてサンスクリット原典を批判的に読んだときには、当然気がつくようなものも含まれている[34]。これは、高楠はレヴィとの「研究」にチベット語訳を用いたと述べているものの、少なくとも自身の和訳においては、逐一チベット語訳を用いて原典批判をおこなっていたわけではなく、関係する諸々の漢訳テキストを理解の助けとして、基本的にはレヴィのサンスクリットテキストをそのまま読もうとしていたことを示唆している[35]。

3　『和訳 安慧造唯識三十頌釈論』の評価

高楠の『和訳三十頌釈論』に対して、当時の仏教界はどのように反応したのであろうか。近年の研究において、『大正蔵』の刊行が開始された一九二〇年代中頃以降、学会の「大御所」として扱われるようになった高楠は、一般向けに自身の思想を開陳するようになるが、それらに対する批評は少ない、ということが指摘されている[36]。ところが、『和訳三十頌釈論』に関しては、批評がなされている。

まず、伝統的な唯識研究の立場にある佐伯良謙（一八八〇～一九六三）は、次のように述べている。

本書の発見が、これ等先哲の難解とせられし諸問題を解決し得るや否やは甚だ疑問であるけれども、それよりは更に重大なる世親宗教の根本問題たる識変論に就て、安慧護法の両学説が、決して天地霄壌の差の如きものでなく、等しく世親流出の当然の一支流にして、寧ろ安慧の学説は、護法の学説が生るべき前駆をなせるものなることを証明し得らるる処に、本書発見の価値は絶大なることを確信するのである。(37)（下線は筆者による）

佐伯は、要するに、伝統的に安慧と護法の学説は大きく相違するとみられていたが、そうではないことが『和訳三十頌釈論』によって明らかになった、と述べていることになる。つまり、安慧の学説を安慧自身の著作から直接知ることができるようになったという観点から、『和訳三十頌釈論』を評価しているのである。

しかし、『和訳三十頌釈論』の発表後、間もなく『三十頌釈論』のサンスクリット原典にもとづく和訳を発表した荻原雲来（一八六九～一九三七）は、『和訳三十頌釈論』を高く評価しているとは言い難い。荻原は自身の和訳に先だって、(38)次のように述べている。

此の簡潔にして多含の要文、我國學界が熱望しつゝも未だ曾て見たること無き此の珍本を、多方面の事務經營に寧日なき〔高楠〕博士が、忙中閑を偷んで逸早く公表せられたるは、博士の烱眼卓識の致す所、博士の苦心察するに餘あり、其功勞決して沒す可からず、唯だ難解の教理をして現代の思想家に會得し易からしめむが爲に、時として原意に符順せざるものとなれる場合無きに非ず、又一は、博士百事怱忙の結果として充分に再考熟慮の餘裕無きの致す所なるべし。(39)（〔　〕内および下

線は筆者による）

荻原は、いち早く『三十頌釈論』のサンスクリット原典にもとづく和訳を公にした高楠に敬意を払いつつも、内容に関しては手厳しい評価を与えている(40)。そもそも、荻原は厳密な原典研究を貫き、学問的に厳格であったことが知られているが(41)、荻原による『和訳三十頌釈論』の評価は、一言でいえば、原意に忠実な翻訳とはいえないという、サンスクリットテキストの読みに関する批判である。荻原が発表した和訳には、レヴィのサンスクリットテキストの訂正表が付されており(42)、チベット語訳にもとづくサンスクリット原典批判もなされている。したがって、荻原の批評には、高楠がサンスクリット原典批判を十分におこなっていないという意味も込められているといえよう。

一方、高楠門下の宇井は、次のように述べている。

> 梵本が出版せられてから、先づ、高楠博士の和譯が出た。博士の翻譯は、唯梵本の和譯のみならず、廣く、安慧の説を、關係論書中から、蒐集し、それに關する事項を纏めて、安慧の學説思想の集大成を企てたものであつたと考へられる(43)。

宇井は、『和訳三十頌釈論』をレヴィのサンスクリットテキストの翻訳であるだけでなく、「安慧学説の集大成」を試みた研究であるとみている。宇井は、文献の厳密な解読を基礎とする仏教学者として知られているが(44)、宇井による『和訳三十頌釈論』の評価は、荻原による、原意に忠実な翻訳とはいえない、という評価と通じるところがある。ともあれ、宇井が述べるように、高楠が『和訳三十頌釈論』を通して「安慧学説の集大成」を目指したことは、後に再び取り上げる『和訳三十頌釈論』の序文からも明らかである。一方、高楠は、われわれが読むべき聖典組織を語る際に、「未翻訳聖典の翻訳」の重要性を述べ、『三十頌釈論』にも言及する。[45] さらに、「聖典の一般化、簡易化という運動」の必要性も主張する。[46] したがって、高楠による「安慧学説の集大成」には、広い意味での「聖典の一般化、簡易化」という側面も含まれていたと考えてよいであろう。

4　高楠順次郎の「ねらい」

高楠には、「安慧学説の集大成」とは別に、もう一つ重要な「ねらい」があった。再び、『和訳三十頌釈論』の序文をたずねてみよう。

予は本書の梵本を手にしたる當日より筆を起して、その和譯に從ひ、爾來一日も梵本を手にせざるの日なく、譯を改むること數次、傍ら安慧に共鳴せる古學者の著述を渉獵し、功を急がず、先を爭はず、務めて誠實に安慧の宗義を世に紹介する所あらんとせり。故に舊友レヴィ博士の渡來は予に取りては渡りに舟の感ありて互にその注記を交換し、疑義を論定するの機を得たり、予はこの機會を利用し博士を通じて我國に行はれたる唯識宗の研究を正式に歐洲學者に傳へんとの野心をも含みて、孜々勤修以て今日に至れり。……少くとも我國に存せる「研究の佛教」を歐洲に移出せんとの希望は、今日に於ては單なる夢想に終るべからざる時代に逢着せりと謂ふべきなり。[47]（下線は筆者による）

右の序文から、まず、高楠は『三十頌釈論』のサンスクリットテキストを毎日のように手にし、訳を何度も改めるなど、『和訳三十頌釈論』に並々ならぬ思いをもっていたことが窺える。また、すでに述べた「安慧学説の集大成」、すなわち「安慧の宗義を広く世に紹介する」という第一の「ねらい」とは別に、第一の「ねらい」と関係して、レヴィを通して日本の唯識研究をヨーロッパの学者に伝える、という「野心」を抱いていたことも看取される。つまり、高楠には、日本の仏教研究（唯識研究）をヨーロッパにむけて宣揚するという、第二の「ねらい」があったのである。

第一の「ねらい」は、『和訳三十頌釈論』が公刊には至らなかったため、結実しなかった。しかし、高楠資料室には、高楠が「安慧学説の集大成」、あるいは「聖典（『三十頌』）の一般化、簡易化」を企てていたことを示す、二点の未完の書が残されている。(48) 高楠は第一の「ねらい」を実現すべく、準備を進めていたのである。

未完の書の一点目は、『唯識三十論頌（意譯）』（玄奘訳『三十頌』の意訳、一九二八年〈昭和三〉）である。(49)「未定稿」の同書冒頭において、高楠は次のように述べている。

僅に六百言に過ぎない韻文で、且つ著者の釋論が無いために、その幽玄深遠の理を會得することが、中々困難である。それで古來印度だけでも註釋を爲すもの數十家に上る、之れに支那日本の疏釋を加へたならば、實に夥しく計へきれない程である。今はそれ等に憑るところなく、直ちに漢譯の頌文に就て意譯を試み、その精要をつかみたいと思ふのである。（下線は筆者による）

高楠は、同書において、伝統的に重要視されてきた玄奘訳『三十頌』を注釈によることなく意訳し、解説を加えているが、これは、「聖典の一般化、簡易化」の試みといえよう。ここでは、玄奘訳『三十頌』をサンスクリットテキストなどと対照し、厳密に読むことは意図されていない。

二点目は、『安慧唯識論補篇』（一九三二年〈昭和七〉）である。[50]高楠は、同書において、『和訳三十頌釈論』で用いた『成唯識論』、『成唯識論』諸注釈書などに説かれる安慧の学説を抽出・解説している。[51]これは、「安慧学説の集大成」の企てとみてよいであろう。

一方、第二の「ねらい」は成就したといえる。というのも、レヴィは、一九二七年（昭和二）に日本の仏教研究について、各大学における研究／研究者・出版社や書店・定期刊行物・一切経などの項目をたてて詳細にまとめ（Lévi［1927］）、また、一九三二年に出版した自身の著作（Lévi［1932］）において、島地大等の『国訳大蔵経』における『成唯識論』の開題すべてをフランス語で掲載し、たびたび日本の仏教研究（唯識研究）に言及しているからである。これらは、少なからず、高楠の「野心」による影響があったとみて問題ないであろう。

おわりに

日本の仏教学は西欧輸入の文献学であるという見方がされるが、東京帝国大学において、文献学中心となったのは、高楠門下の木村泰賢・宇井の時代であり、とくに宇井によって、厳密な解読を基礎とする仏教研究が確立されたといわれる。[52]少なくとも本章で取り上げた『和訳三十頌釈論』に関していえば、高楠は原典批判を含めた『三十頌釈論』の厳密な解読を当初から目指していた、とは言い難い。

高楠は、一九二九年（昭和四）の講演（「人文の基調としての仏教」）において、次のように述べている。

安慧の『三十唯識論』のごときは、注意に注意を重ねて、稿本を印刷して研究している人々に送り、その批評を得て、そして出版しようと考えたのである。古い型の唯識学者がある、新しいまだ型にならない唯識学者がある。そこで自由に訳して見ようと思ったが、今ではやはり古い型で訳した方がよかったかと思う。度々訳し改めても、衆人を満足せしむるものは、結局できないということが分かった。これは批評から得た利得である。[53]（下線は筆者による）

高楠は、伝統的な唯識研究があることも理解した上で、『三十唯識論』（『三十頌釈論』）を自由に翻訳することを試みたが、原意に忠実な翻訳とはいえない、などの批判をうけたということであろう。しかし、『和訳三十頌釈論』に込められた高楠の「ねらい」は、『三十頌釈論』の厳密な解読ではなく、「安慧学説の集大成」、あるいは日本の仏教研究をヨーロッパにむけて宣揚することにあった。後者はレヴィを通して成就したが、前者は結実しなかった。『三十頌釈論』の和訳研究は、高楠の『和訳三十頌釈論』によって先鞭がつけられ、その後、多くの同論和訳研究が誕生した。[54]しかし、高楠が目指した「安慧学説の集大成」という難題は、依然として、今日のわれわれに残されたままである。

注

（1）武蔵野女子大学仏教文化研究所編［一九七九］四一～四三頁には、高楠の著作・論文のなかで、「学問研究的色彩の濃い」和文の業績が挙げられている。
（2）武蔵野女子大学仏教文化研究所編［一九七九］一八九頁では、『和訳三十頌釈論』の発表が一九二八年（昭和三）一二月と記載されている。しかし、後述するように（後注(13)を参照）、同書は一九二七年（昭和二）に発表されたと考えられる。
（3）安慧作『唯識三十頌釈論』は、世親（ヴァスバンドゥ）作『唯識三十頌』の注釈書。
（4）平川編［一九八四］二一三頁、塚本ほか［一九九〇］三六五頁などを参照。
（5）大正大学附属図書館所蔵の（二）には、一～一六頁の所々に朱色の「消」の印が押されており、後述する（四）が参照されていたことを示唆する（ただし、「消」のすべてが（四）の訂正に対応するわけではない）。なお、同図書館所蔵の（二）には、「唯識百法名目図」が付されている。
（6）武蔵野大学の高楠資料室には（二）が三冊保管されており、三冊のいずれにも「唯識百法名目図」が付されている。なお、本章で取り上げた高楠資料室所蔵の資料の利用に際しては、同資料室の廣瀬敦子氏にご協力を賜った。ここに厚く御礼を申し上げる。
（7）名古屋大学文学図書室所蔵の（三）には、寄贈者として高楠門下の宇井伯寿の名が確認され、「昭和二年一〇月二〇日」の日付が入った高楠の添え状が付されている。同図書室所蔵の（三）一七頁以降には、全頁にわたって、高楠の和訳に対する、宇井によると思われる朱字（要訂正箇所）および黒字の書き込みが多くみられる。なお、同図書室所蔵の（三）には、「唯識百法名目図」も付されている。
（8）（一）と（二）の先後関係などは不明。
（9）『和訳三十頌釈論』序文五頁。

(10)「唯識釋論目次」には、「初　序文」、「一　五位百法名目表」、「二　唯識三十頌」、「三　唯識三十頌釋論」、「四　唯識二十頌」、「五　唯識二十頌釋論」、「六　安慧唯識論補篇」、「七　正誤表」、「八　索引」が項目として挙げられている。なお、前注(5)～(7)の通り、大正大学附属図書館・高楠資料室・名古屋大学文学図書室所蔵の『和訳三十頌釈論』には「唯識百法名目図」が付されているが、これは、「唯識釋論目次」の「一　五位百法名目表」に相当する。

(11)高楠資料室には、(四)が二部保管されている。(四)は、(三)のうち、訂正が施されている一～一六頁の抜刷と考えられる。

(12)高楠資料室には、全六頁の(五)が一部保管されている。(五)は、宇井による朱字の書き込み(前注(7)を参照)とほぼ完全に一致する。これは、高楠が宇井による指摘にもとづいて、(五)を作成した可能性があることを示唆する。

(13)高楠[一九七八]四五七～四五八頁(注六七)では、高楠は一九二五年(大正一四)頃に試訳を印刷して諸学者に送り、さらに、一九二七年(昭和二)にその一部の改訳を発表したと述べられているが、前者は(一)あるいは(二)、後者は(三)あるいは(四)を指すと考えられる。しかし、(一)(二)には、シルヴァン・レヴィと共に読んだ形跡が残されており、レヴィと高楠が共に読んだのは、後述するように、一九二六年(昭和元)以降である。そして、(一)(二)に付されている「唯識百法名目図」には、「昭和二年三月一日大藏學院校經臺刊」の印字がある。したがって、(一)(二)が、一九二五～一九二六年に諸学者に送られたとみなすことはできないと考えられる。一方、荻原[一九七二a]六二九頁では、高楠は一九二七年八月に和訳を配付し、同年一〇月に再び「梵本其他正誤表を附加せし和譯」を配付したと述べられているが、前者が(一)あるいは(二)、後者が(三)および(五)に相当すると考えられる。荻原が述べている通り、(一)あるいは(二)が一九二七年八月、(三)および(五)が同一〇月に配付されたとみるのが、穏当なところであろう((三)の配付年月については、前注(7)も参照)。

(14) 以上、鷹谷［一九七〇］一三四頁を参照。高楠の欧州遊学については、鷹谷［一九五七］二七～三四頁、武蔵野女子大学仏教文化研究所編［一九七九］二八～三二頁に詳しい。

(15) たとえば、レヴィが一九三二年（昭和七）に出版した著書（Lévi［1932］）の献題字に「我が旧友・高楠順次郎氏に与う」（翻訳は鷹谷［一九七〇］七四頁より）と記していること、レヴィが高楠に宛てた自身の写真入りの書簡（一九二八年五月二三日の日付入）が高楠資料室に残されていることなどは、両者が深い関係にあったことを示している。

(16) メイ［一九七八］四二頁。

(17)『法宝義林』には、監修者としてレヴィと高楠の名が記載されている。『法宝義林』は、一九二九年（昭和四）に第一分冊が刊行されて以来、二〇〇三年（平成一五）には第八分冊が刊行され、その間二冊の別冊も発刊されている。なお、別冊のうちの一冊は、『大正新脩大蔵経』の目録であり、『Digital 法寶義林』としてオンライン化されている（詳細は、渡邉ほか［二〇二二］を参照）。

(18) レヴィは、一九二六年（昭和元）に来日した際、日本の研究道具類を西洋の研究者向けにフランス語に移す計画を構想し（メイ［一九七八］四一頁）、高楠は自ら、そして高楠の弟子を投入してレヴィの計画に協力した（デュルト［一九八三］九九頁）。ただし、『法宝義林』の「はじまり」は、一九二六年より前にさかのぼることができる。「万国東洋学会連合 Les Sociétés Asiatiques réunies en Assemblés Fédérales の名のもと、ロンドン（一九一九年）、パリ（一九二〇年）、ブリュッセル（一九二一年）に、極東研究の専門家が招かれ、和漢資料に拠る仏教辞典 Un Dictionnaire Du Bouddhisme Fondé Sur les Documents Chinois Et Japonais の準備を要望する決議が重ねられたときに、『法宝義林』の歴史は始まる。」（山口［一九七一］六五頁）

(19) 高楠は、次のように述懐する。「予はサンスクリット語、パーリ語、チベット語、漢語、日本語と並列することの無謀なるを力説し、ただ日本語を根本とすべきを力説した。セナール氏も反対はしないが、直ちに賛成するには難色があった。これを幾度か折衝してついに日本語を根本とし日本仏教の字書となすにいたったのは、実はレヴィ博士の鋭意賛同ありしによるものである。」（高楠［二〇〇八b］二七五頁）

(20) 高楠は、次のように述べている。「西洋の仏教研究者はほとんど日本語を知らない。日本語は知らぬでも仏教研究には差支えないというように思っていた。……日本へ行かなければ仏教はわからないというようになって、その結果がこの「法宝義林」ともなって現われたのである。……仏教の研究は日本が一番進んでいるから、日本語を土台としてやればよいというので、その日仏辞書も今三巻まで出来た。」（高楠［一九七七a］二四八～二四九頁）

(21) レヴィはこのときの詳細を高楠に語り、それによって高楠はネパール行きを決意したという。「たしか氏の第一の雪山旅行の後であったかと思う。雪山ネパールに行き馬鳴の『荘厳経論』を得んとしてかえって無着の『荘厳経論』を得たことを委しく話され、雪山に行き梵経を得ることの方法を十分に会得したことも委しく氏より聞いた。これが私が大正元年にインドに入りネパールに行く決心をした動機であった。」（高楠［二〇〇八c］三一一～三一二頁）

(22) レヴィの学風の一つは、「パーリやサンスクリットの原典を漢訳、チベット訳と校合する文献学的手法をとることであるといわれている（中谷［一九九六］九六～九七頁）。

(23) 山口［一九五四］二三頁を参照。なお、このレヴィの研究メソッドは、フランス仏教学の伝統的な手法であるという。「梵文原典とチベット訳仏典と漢訳仏典との比較対照による文献学的研究から仏教の研究を遂行していくという仕方が、一八〇〇年代の始め以来のフランスにおける、すなわち直前に一言したユージェーヌ・ビュルヌフ以来のフランス仏教学の伝統的な仕方であるのである。」（山口［一九六五］九頁）

(24) 両論のフランス語訳は、Lévi［1932］に収録されている。

(25) 山口［一九五四］五三頁を参照。高楠資料室には高楠の日記が残されているが、一九二七年（昭和二）の日記には、レヴィと共に『三十頌釈論』を読んでいた形跡がみられる。たとえば、一月一一日の日記には次のような記述がある。「日仏会館ニ行く。九條武子夫人来訪。レピー（ママ、レビー）氏ニ照会。昼夜を共にし後安慧唯我論（ママ、唯識論?）を読む。十四頌まで進む」（武蔵野大学出版会編［二〇一二］一四二頁）。同年の日記からは、高楠は多忙のなかでもレヴィの講義に何度も出席し、レヴィと会食を重ねるなど、親しく交流していたことが窺える。

(26)『和訳三十頌釈論』序文一～二頁を参照。

(27) Takakusu［1937］19.

(28) 翻訳に際しては、西田修子氏（武蔵野大学大学院通信教育部修了）にご助言を賜った。ここに深く感謝の意を表したい。

(29) 前嶋［一九七二］一〇九七頁からも、「約束」があったことが窺える。

(30) 高楠［一九七七b］四四一～四四二頁。

(31) 高楠［二〇〇八a］四九七～四九八頁（ドイツからの「海外通信」、初出一八九六年〈明治二九〉）では、馬鳴（アシュヴァゴーシャ）の『仏所行讃』のサンスクリットテキストの校正をめぐって、漢訳よりもチベット語訳の方が「精密」であり「功多き」であると述べられている。したがって、高楠は欧州留学中から、チベット語訳がサンスクリット原典批判に欠かせないという意識をもっていたようである。

(32) 高楠はベルリン大学のフートのもとでチベット語を学習したといわれているが、管見の限り、高楠が自身の著書・論文において、チベット語を学術的な文脈で用いることはほとんどない。

(33) 荻原雲来は、この宇井による疑問の一々について、自身の見解を述べている（荻原［一九七二b］を参照）。

(34) たとえば、『三十頌』第一偈c句の注釈箇所において、高楠が「それは我の了別〔認識〕と法の施設〔建立〕となり」（『和訳三十頌釈論』三頁二～三行目）と翻訳している箇所のレヴィのテキストは、sa punar ātmavijñaptir dharmaprajñaptiś ca（Lévi［1925］15. 21）であり、このまま読めば、高楠の和訳の通りの解釈となる。しかし、宇井が指摘するように（高楠［一九二七］四〇頁）、チベット語訳は「我の施設と法の施設」（bdag dang chos su nye bar 'dogs pa ste, Buescher［2007］41. 6）である。内容的には明らかに後者の読みが適しており、サンスクリットテキストは、宇井が訂正するように、sa punar ātmaprajñaptir dharmaprajñaptiś ca が採用されるべきである。（荻原［一九七二a］六三〇頁においても同じ訂正がみられる）。

(35) レヴィは、自身のサンスクリットテキスト出版後、訂正が必要なことを自覚するに至っており、Lévi［1932］175-179において、サンスクリットテキストの訂正を載せている。塚本ほか［一九九〇］三六四頁でも訂正の参照は不可欠であると述べられているように、レヴィのサンスクリットテキストをそのまま読むことは難しい。

(36) 春近［二〇一六］を参照。

(37) 佐伯［一九九四］一四～一五頁。なお、佐伯［一九九四］の初出は、『性相』一（一九二七年〈昭和二〉一一月刊行）。

(38) 荻原による和訳（荻原［一九七二a］）の初出は、『大正大學々報』二（一九二七年〈昭和二〉一二月刊行）。

(39) 荻原［一九七二a］六二九頁。

(40) 常光［一九六九］二九四頁によれば、荻原はまじめな学者であり、自らの専門の学問に関しては、先輩や同僚に対しても一歩も譲らなかったという。なお、荻原は、高楠の紹介状をもって、ドイツ（シュトラースブルク大学）のロイマンのもとに留学している（常光［一九六九］二八九～二九〇頁）。

(41) 西村［二〇一九］一五八、一六〇頁を参照。

(42) 宇井［一九五二］一六二頁では、荻原の訂正には「却って過ぎたものがある」という指摘がなされている。

(43) 宇井［一九五二］一六二頁。

(44) 末木［二〇〇四］二二三頁を参照。

(45) 高楠［一九七八］四四二～四四三頁を参照。

(46) 高楠［一九七八］四四五頁を参照。高楠は、『東京朝日新聞』（一九三三年〈昭和八〉一月二五日朝刊）の紙面上で、『大正蔵』の出版を「聖教の大衆化実際化」であると語っている（武蔵野女子大学仏教文化研究所編［一九七九］九五～九六頁）。また、『南伝大蔵経』の出版に「大衆啓蒙」の性格があったという指摘もある（同八九～九〇頁）。

(47) 『和訳三十頌釈論』序文二頁。

(48) これらの二書は、いずれも『和訳三十頌釈論』と共に、「唯識釋論目次」に含まれており（前注(10)を参照）、『唯識釋論』に収録される予定であった（ただし、『三十頌』は玄奘訳からではなく、サンスクリット文からの和訳が予定されていた）。

(49) 高楠資料室に保管されている同書は、全一六頁からなり、高楠のものと思われる書き込み（朱字）も確認される。なお、同書末尾には「昭和三・七・二一未定稿」の印字がある。

(50) 高楠資料室に保管されている同書は、全四六頁からなり、最初の頁に手書きで「昭和七年八月五日」と記され、「第四校」の判が押されている。

(51) 『安慧唯識論補篇』では、「安慧糅義」として『成唯識論』の原文が取り上げられ、解説が加えられている。また、「安慧宗義」として『成唯識論述記』『成唯識論掌中枢要』『成唯識論別抄』『成唯識論了義灯』『成唯識論演秘』『唯識論同学鈔』『成唯識論疏』に説かれる安慧の学説の原文も取り上げられているが、これらの原文には、とくに解説は加えられていない。

(52) 末木［二〇〇四］二一九～二二〇頁を参照。

(53) 高楠［一九七八］四四三頁。

(54) 『三十頌釈論』の和訳研究については、塚本ほか［一九九〇］三六五～三六六頁を参照。

参考文献

Buescher, Hartmut *Sthiramati's Triṃśikāvijñaptibhāṣya: critical editions of the Sanskrit text and its Tibetan translation*, Verlag der Österreichischen Akademie der Wissenschaften, Wien, 2007.

Lévi, Sylvain *Vijñaptimātratāsiddhi: deux traités de Vasubandhu: Viṁśatikā (La vingtaine) accompagnée d'une explication en prose, et Triṁśikā (La trentaine) avec le commentaire de Sthiramati*, H. Champion, Paris, 1925.

Lévi, Sylvain *Matériaux japonais pour l'étude du bouddhisme* (*Bulletin de la Maison franco-japonaise* 1), 1927.

Lévi, Sylvain *Matériaux pour l'étude du système Vijñaptimātra: un système de philosophie bouddhique*, H. Champion, Paris, 1932.

Takakusu, Junjirō "Sylvain Lévi," *Sylvain Lévi et son œuvre: Études sur la pensée religieuse au Japon* (*Bulletin de la Maison franco-japonaise* 8, Nos. 2-4), 1937, pp. 17-21.

宇井伯寿『唯識三十頌釋論—安慧護法—』（岩波書店、一九五二年）。

荻原雲来「安慧造三十唯識の釋論和譯」（荻原博士記念會編『荻原雲來文集』山喜房佛書林、一九七二年ａ、六二八～六七七頁）。

荻原雲来「安慧造唯識三十頌釋論文句の疑義に就いて」（荻原博士記念會編『荻原雲來文集』山喜房佛書林、一九七二年ｂ、一〇二四～一〇二五頁）。

佐伯良謙「和訳安慧唯識三十頌釈論に就て」（法隆寺編『性相・法隆寺学研究—法隆寺勧学院開設百周年記念—』春秋社、一九九四年、一三～二一頁）。

末木文美士『近代日本と仏教—近代日本の思想・再考Ⅱ—』（トランスビュー、二〇〇四年）。

鷹谷俊之『高楠順次郎先生伝』（武蔵野女子学院、一九五七年）。

鷹谷俊之『東西仏教学者伝』（華林文庫、一九七〇年）。

高楠順次郎「安慧造唯識三十頌釈論に於ける疑問」(『現代仏教』第四巻四四号、一九二七年、三七～四二頁)。

高楠順次郎「アジア民族の中心思想・インド編」(『高楠順次郎全集』第一巻、教育新潮社、一九七七年a、一七～三九七頁)。

高楠順次郎「東洋文化史における仏教の地位」(『高楠順次郎全集』第一巻、教育新潮社、一九七七年b、三九九～四四二頁)。

高楠順次郎「人文の基調としての仏教」(『高楠順次郎全集』第四巻、教育新潮社、一九七八年、三三五～四五八頁)。

高楠順次郎「ドイツ通信―チベット語およびパーリ語の研究について―」(『高楠順次郎全集』第八巻、教育新潮社、二〇〇八年a、四九五～五〇〇頁)。

高楠順次郎「明治仏教に影響を与えた西洋の仏教学者」(『高楠順次郎全集』第一〇巻、教育新潮社、二〇〇八年b、二六七～二七九頁)。

高楠順次郎「シルヴァン・レヴィ博士を憶う」(『高楠順次郎全集』第一〇巻、教育新潮社、二〇〇八年c、三一一～三一二頁)。

塚本啓祥・松長有慶・磯田熙文『梵語仏典の研究Ⅲ　論書篇』(平楽寺書店、一九九〇年)。

常光浩然『明治の仏教者　下』(春秋社、一九六九年)。

デュルト、ユベール「フランス圏ヨーロッパの仏教学と『法宝義林』(仏教術語解説辞典)」(『日本学報』二、一九八三年、九七～一〇一頁)。

中谷英明「シルヴァン・レヴィ」(高田時雄編『東洋学の系譜〈欧米篇〉』大修館書店、一九九六年、九三～一〇二頁)。

西村実則『〈新版〉荻原雲来と渡辺海旭―ドイツ・インド学と近代日本―』(大法輪閣、二〇一九年)。

春近　敬「高楠順次郎の同時代的評価」(『宗教研究』八九〈別冊〉、二〇一六年、一二六～一二七頁)。

平川彰編『仏教研究入門』(大蔵出版、一九八四年)。

前嶋信次『東西文化交流の諸相』（東西文化交流の諸相刊行会、一九七一年）。

武蔵野女子大学仏教文化研究所編『雪頂・高楠順次郎の研究―その生涯と事蹟―』（大東出版社、一九七九年）。

武蔵野大学出版会編『高楠順次郎資料　日記一（私家版）』（武蔵野女子学院高楠順次郎資料室、二〇一一年）。

メイ・ジャック著、御牧克己訳「『法宝義林』（Hōbōgirin）―全般的紹介と過去十年間の回顧―」（『鈴木学術財団研究年報』一五、一九七八年、四一～四七頁）。

山口　益『フランス仏教学の五十年』（平楽寺書店、一九五四年）。

山口　益『仏教学のはなし』（平楽寺書店、一九六五年）。

山口　益「法宝義林」（『鈴木学術財団研究年報』五／六／七、一九七一年、六五～六七頁）。

渡邉要一郎他「デジタル法寶義林における研究データの共同構築」（『研究報告人文科学とコンピュータ（CH）』九、二〇二二年、一～四頁）。

コラム　同時代人の高楠順次郎の評価と印象

春近　敬

高楠順次郎は、学問という視点から仏教を問い続けた。しかし、彼の東京帝国大学での地位は一八九九年（明治三二）から一九〇一年（明治三四）までは博言学（後に言語学に改称）講座、それ以降は一九二七年（昭和二）の定年まで梵語学講座の教授だった。彼の社会的な立場は仏教学や印度哲学ではなく、言語学の学者だった。

このことが、同じ時代を生きた人々による高楠の評価を、ある種独特なものにしている。高楠自身は、帝大在任中も仏教や印度哲学に関する論文を発表している。また、彼の仏教に関するさまざまな活動については、既に多く語られているとおりである。ところが、「高楠は言語学の学者である」と認識されていたことによって、帝大時代の彼への評価は、他の仏教学者や、社会で活動していた宗門関係者や在家仏教者などと趣を異にした。

まず、彼自身の思想については、仏教界の中では批判的に言及されない傾向があった。例えば、月刊誌『新仏教』（一九〇〇年一月～一五年六月）において、高楠執筆による記事を除けば、高楠の名が現れる記事は全号を通じて二〇本程度である。それも、動静や報道欄が中心である。他には、執筆者が高楠と直接出会ったときのエピソードが語られている記事が散見されるが、彼の思想への言及は稀である。『新仏教』誌の特徴は、仏教者同士の自由闊達な――しばしば嘲罵の応酬を伴う議論であったが、高楠がその俎上に上がることはほぼなかった。彼は、ある意味で評価の「別枠」に置かれていたのである。

そして、これが仏教界の外からとなると、その知名度に比してさらに印象が薄かった。神部飛雄太郎『修養と逸話』（一九一九年）という、政治家や軍人、学者、作家など著名人にまつわる小話集がある。同書には「高楠博士のバリカンの発見」という話が収録されている。短い文章であるため、全文を紹介する。

我が国で日常使用して居る言語の内には、外国語が転訛したものが多いが、中には、出所不明の言語も可なりある。理髪店の道具で「バリカン」と云うのは確に外国語だが、語源が更に解らない。

高楠博士が、曽て、此の語原に就いて研究した事がある。で、或る日大学赤門前の理髪屋喜多床へ顔を剃りに行った時、喜多床は斯界の老舗であることに気がつき、之を同家の主人に訊ねたが、一向に要領を得ず、結局主人は私共に日本へ最初に輸入して来たバリカンがありますと、持ち出して来たのを博士は手に取り上げて、ツクヅク見ると裏面には「巴里バリカン会社製」と彫り付けて有ったので、博士ハタと膝を叩いて「ハハ――解った」。[1]

ここで語られる、理髪店「喜多床」でバリカンの語源を発見したという逸話は、実は高楠のエピソードではない。言語学者の金田一京助（一八八二～一九七一）が、『日本外来語辞典』（一九一五年）の編纂に携わったときのものである。[2]高楠は、この辞典の編者の一人に名を連ねている。当時若手であった金田一の体験談が――誤ってか意図的にか――高楠の逸話として収録されているのである。この、金田一のエピソードが高楠のものとして語られたこと自体が、高楠の当時の世間的な印象を表しているともいえる。『修養と逸話』には、取り上げた人物の性格や行動を誇張した、虚実入り乱れた笑話も多い。しかし、「高楠博士のバリカンの発見」は高楠のパーソナリティを描き出すどころか、そもそも高楠本人の話ですらない。『大正新脩大蔵経』刊行前のことである。高楠個人でなく、帝大の言語学者という属性に基づいたイメージで書かれたものであった。

一九二四年（大正一三）に『大正新脩大蔵経』の刊行が開始され、その三年後に高楠は帝大を定年退職して名誉教授となる。『大正新脩大蔵経』の出版によって評価が飛躍的に高まり、また多くの教え子が仏教学を担う人材となったことで、高楠はこの頃には仏教界の「大御所」「元老」「泰山北斗」などと言い表されるようになった。[3]

高楠は近代仏教学の開拓者の一人として位置づけられながら、帝大時代は言語学者と見做されていたことで、彼の思想は仏教者の議論の埒外に置かれていた。また、信仰の面で仏教への向き合い方を新聞や雑誌の上で問われることも少なかった。彼は、手掛けた事業の数や規模の大きさ、また交流関係の広さから、学者や教育者でなく「政治家」だと揶揄されることもあった[4]。しかし、それは言語研究を基盤とする独自の立場を歩んだが故に議論に巻き込まれず、高楠と直接触れ合った者以外にとっては印象が薄く、彼の人となりや活動の内実を知る者が少なかったという事情も影響しているのではないか。

仏教学者の渡辺楳雄（一八九三〜一九七八）は、「高楠博士は政治家であり、事業家であり、更にまたその弟子をよく育てられた教育家であった[5]」と述懐している。「政治家」という評判を意識した発言であるとも取れるが、高楠の成し遂げた事蹟は広範囲にわたり、かつ多面的であることが示される。いずれにしても、高楠は単なる仏教学者、言語学者、宗門関係者のいずれの枠にも当てはまらない道を歩んだ人物であったことが、同時代の人々が抱いた印象からも窺うことができるのである。

注

（1）神部飛雄太郎『修養と逸話』（東盛堂書店、一九一九年）二〇八〜二一〇九頁。なお、仮名遣いを一部改め、送り仮名・句読点を適宜補った。

（2）上田万年・高楠順次郎・白鳥庫吉・村上直次郎・金澤庄三郎共編『日本外来語辞典』（三省堂、一九一五年）三七九頁。

（3）草郁生「高楠博士の隠れた研究」（『実業之日本』二九巻六号、一九二六年三月）、藤井草宣『仏教日本の自覚』（甲子社書房、一九二七年）など。
（4）千朶木仙史『学会文壇時代之新人』（天地堂、一九〇八年）二〇九～二一九頁。
（5）渡辺楳雄「高楠先生のひととなり」（『世界仏教』八巻一〇号、一九五三年一〇月）七五頁。

第二部　思想と事業の多様性

第一章　高楠順次郎における親鸞思想

前田壽雄

はじめに

高楠順次郎の著書に、『親鸞聖人』[1]がある。この書は、一九三二年（昭和七）一一月一二日、一四日、一六日の三日間にわたり、東京仏教学会で行われた講演録である。高楠六七歳のときのものである。その初めに高楠自身が、「親鸞聖人についてお話したことは、今まで続いた講話としては、かつてない」と語っていることから、親鸞あるいは親鸞思想を体系的に述べたのは、この書が初めてであったと考えられる。

親鸞思想は、その主著である『顕浄土真実教行証文類』（『教行信証』）に組織体系化されている。『教行信証』とは、浄土三部経（『無量寿経』『観無量寿経』『阿弥陀経』）や七高僧（龍樹・天親・曇鸞・道綽・善導・源信・法然）の著述を中心として、さまざまな浄土往生に関する経論釈の要文を集めた文類の形式を採用した上に、親鸞が自釈を施した畢生の大著である。このため親鸞思想を論じることは、その背景となる思想を把握しておかなければならない。高楠もまた親鸞思想を考えるにあたって、次のように論じている。

その思想の系統からいうと、やはり印度の釈尊の昔から、親鸞聖人の辿られたような思想の系統はあるのでありますから、その点から話し始めてみようと思うのであります。私の考え通りに行くか、行かぬか知らぬが、まず「法門より見たる親鸞聖人」、これを第一にお話して、次は「宗門より見たる親鸞聖人」を説き、親鸞聖人が浄土真宗という宗旨を興隆せられ、その間に考えられたことを、まず「宗門より見たる親鸞聖人」とし、それから今一層狭くなって、親鸞聖人の自分の家、家族の方面よりみたのを「家門より見たる親鸞聖人」として話すこととし、三つに分けてお話してみたいと思うのであります。（九～一〇頁）

ここから高楠が親鸞を考えるにあたって、「法門より見たる親鸞聖人」「宗門より見たる親鸞聖人」「家門より見たる親鸞聖人」に三分していることがわかる。特に親鸞思想については、前述の二章が相当する。第一の「法門より見たる親鸞聖人」とは、釈尊の教説がインド・中国・日本へどのように展開し、どのようにして親鸞思想が成立したかということである。さらに高楠は、この章を「印度の系統」「支那の系統」「日本の系統」と三分している。第二の「宗門より見たる親鸞聖人」とは、親鸞教義そのものを論述したものである。そこで本章では、この二章に注目して、高楠が親鸞思想をどのように理解しているのかを論じることとしたい。

なお「家門より見たる親鸞聖人」では親鸞の生涯を中心に述べられ、巻末には「親鸞聖人年譜」が付せられている。

1　インドの思想系統

初めに高楠が取り上げたのは、釈尊が悟りを開いた後に、「まず有縁を度する主義であった」として、かつて釈尊と共に苦行した五人の修行者への説法である。これを「世界で最初の布教である。印度ではかつて布教ということはない、教権は生れながらに婆羅門族に在る」と位置づけている。すなわち、インドにおける釈尊から親鸞への系統を、初転法輪から始めている。これは悟りとは自身一人の中で完成するのではなく、他者へ伝えることによってこそ、真の意味で完成するという性質を有するものであり、しかも仏法とは身近な有縁の者から伝わることを主張しているのではないかと考える。また、仏教の特徴の一つでもある平等についても述べており、高楠は「釈迦如来が始めて四民平等の一味和合の教団を造られた」といった表現を用いている。

つづいて高楠は、迦葉や舎利弗、目連など多くの者が仏弟子になっていくことを述べた後、「釈迦如来の同勢が千二百五十人となった」として、「経の初に『与大比丘衆千二百五十人倶』とあるのは、これから初まったのである」と語っている。「与大比丘衆千二百五十人倶」という語句から、親鸞が「真実の教」と規定している『大無量寿経』の話へと展開するのではないかと考えられるところでもあるが、ここでは『大無量寿経』に触れることはなく、仏弟子の数に注目し、後からやって来て入門した舎利弗や目連を重んじた意味を、釈尊の説法を通して、次のように語っている。

たとい千里の外に生れて時を異にしてかつて知らない処におっても、自分の理想すなわち自分の法を見るものが、真に自分を見るものである、これが自分に最も近いものである、先輩である、後輩であるというようなことは心の問題である、たとい遠く離れていっても自分の心を得、自分の理想を見極めたならば、その人が真に自分を見るものである。（一六頁）

すなわち、仏在世時に仏を見て、仏の衣に触れ、仏の影を踏んでいるかのように、仏の近くにいた存在であっても、悟りが得られるとは限らない。法を見るものが、仏を見るものである。つまり、仏に近いから、仏を見たからという理由によって悟れるものではないことを述べている。この内容について、高楠は親鸞が九歳で出家して、二九歳に至るまでの二〇年間にわたって修行した比叡山においての境位と重ねている。

だから二千四百九十八年の後に生れて、世を隔っておりながら、仏の心をもって心とすることができるということがありそうなものだと考えられた親鸞聖人は、仏の近い処にいっても世を隔っていっても仏に近いものもいるはずである、何とかしてそれを見出そうとせられたのである、しかるにこれを容易に見出すことができない、二十年の叡山における修行もこれを見出すことができなかったのであります。（一八〜一九頁）

親鸞自身が比叡山で修行していたときの出来事や心境などを語った文は皆無に近いが、それを考えるに適当な思索であろう。このような釈尊の説法と親鸞思想を関連づけた記述は、他にもみることができる。それは人間の清浄性と不浄性の問題である。

すなわち舎利弗が、心を清浄なものとして、修行することについてどのように考えるべきかという問いを発したのに対し、釈尊は「人間の心の清らかなことを認めていれば、その清らかさを汚さないようにしようとして努力するであろう」と答えたこと、また反対に舎利弗が、人間の心は清らかではない、汚れたものとして修行することについてどのように考えるべきかという問いに対しては、釈尊は「それも結構だ、何故ならば自分の心が汚れているとして、その不浄性を認めて、それをどうかして清めようとするであろう」と答えたということを問題としている。つまり、釈尊は清浄・不浄共に人間の心であることを認めることの意義について語っているのである。ところが、高楠は親鸞とは釈尊の清浄・不浄観とは異なることを指摘している。すなわち、

親鸞聖人は、人間の心は元は清らかなものかも知れないが、現在は罪悪に染まっている、今汚れているが元は善い、元は清らかだといってもそれは何の益もない、現在汚れていれば、それが現実である、罪悪に染まったものをどうするか、染まったものは染まったものと見、罪悪は罪悪と見て、人間の不浄性、汚染性をそのままに見つめて、そうしてそれを仏の光りによって清めて行くより外に道はないというように考えられた。（二一一頁）

と述べている。このような見解の根拠について高楠は提示していないが、例えば親鸞は『教行信証』「信巻」の至心釈に、

一切の群生海、無始よりこのかた乃至今日今時に至るまで、穢悪汚染にして清浄の心なし、虚仮諂偽にして真実の心なし。(2)

と述べている。これは一切衆生が無始より今日今時に至るまで全く清浄心、真実心がないことを表明した文である。つまり、阿弥陀仏の本願に誓われている「至心」を清浄心、真実心というのであり、衆生は高楠がいうような「元は清らか」であったのではなく、「無始よりこのかた」清浄ではなかったのである。だからこそ、弥陀救済が示されるのである。

つづいて高楠は、親鸞が讃えた七高僧の龍樹と天親について述べている。そこでは龍樹が『十住毘婆沙論』「易行品」に、

仏法に無量の門あり。世間の道に難あり易あり、陸道の歩行はすなわち苦しく、水道の乗船はすなわち楽しきがごとし。菩薩の道もまたかくのごとし。(3)

と述べている文を引用している。龍樹は「仏法には量り知れない多くの教えがある。たとえば、世の中の道には、難しい道と易しい道とがあって、陸路を歩んでいくのは苦しいが、水路を船に乗って渡るのは楽しいようなものである。菩薩の道も同じである」と述べている。高楠はこの文が教相判釈を述べているとして、釈尊一代の仏教を難行道と易行道とに二分し、「易行道がすなわち弥陀の教である」と位置づけている。

なお、この龍樹の難易二道説は、後世の浄土教における礎をなすものとして注目されるものであるが、教相それ自体を判釈したものではない。また、親鸞は『教行信証』「行巻」に難易二道説を引用し、弥

陀易行としているが、[4] 龍樹自身の易行とは、特に阿弥陀仏の名を称えることに限定したものではない。

次に天親は『浄土論』の偈頌の冒頭に、「世尊我一心　帰命尽十方　無礙光如来　願生安楽国」[5]と述べ、釈尊に対し自身の信仰として、阿弥陀仏の浄土を一心に願生することを示している。高楠はこの偈文を引用して、「印度から親鸞聖人の受け継がれた系統では、天親菩薩は弥陀教の最後の総結をなされた菩薩」と位置づけている。ここでは触れられていないが、天親の『浄土論』の一心こそ、親鸞の『教行信証』「信巻」で展開する三一問答の一心である。そして高楠は、「龍樹、天親の前にその系統を探って見れば、馬鳴菩薩、那先比丘、舎利弗から結局釈尊まで脈絡は続いている、してみれば他力易行の教が浄土の三部経に詳説してあるのも、別に不思議はないという意味を述べたのである」と、独特な系譜によってインドの思想系統を捉えているのである。

2　中国の思想系統

次に高楠が中国における親鸞へ至る思想の系統として取り上げるのは、曇鸞・道綽・善導の七高僧の三人である。高楠は曇鸞が龍樹を承けて、自力他力に分別したことに着目している。

他力という語句を初めて用いたのは曇鸞である。曇鸞は『往生論註』の冒頭に、龍樹の難易二道説を示し、難行道について「ただこれ自力にして他力の持つなし」といい、易行道について「仏願力に乗じて、すなはちかの清浄の土に往生を得、仏力住持して、すなはち大乗正定の聚に入る」[6]と述べている。

このように曇鸞は、難行道を自力の法門、易行道を他力（仏願力・仏力）の法門に分別したことについて、高楠は「易行道、難行道をそのまま言葉を更えたようなもの」と考えている。なお、高楠は「他力本願」の誤用が多いことから、不用意に使用してはいけないとして、「仏に対するよりほかの他力という語は使用し得ないものである」と述べている。

つづいてこの他力の功徳が往還二回向であり、往相・還相それぞれを「往相は己の功徳を以て一切衆生を回施し、安楽浄土に往生せしむる」「還相は彼の土に生じて生死の稠林に回入して、一切衆生を教化せしむる[7]」と、曇鸞の定義によって示している。この曇鸞が明らかにした往相・還相とは、天親の『浄土論』にある五念門行の中の一つである回向門の註釈である。ここから親鸞は『教行信証』「教巻」に、

> 謹んで浄土真宗を案ずるに二種の回向あり。一つには往相、二つには還相なり。往相の回向について真実の教行信証あり[8]。

と、浄土真宗の大綱を二回向四法であると顕している。高楠は、曇鸞の原意には触れずに、曇鸞の回向をそのまま親鸞が顕した回向であるとして、

> 親鸞聖人の他力の教では回向ということは、此方から仏へ奉げる回向ではない、皆仏から我々に与えるもののみが回向である。（二八頁）

と述べている。このように往還二回向を、阿弥陀仏から回施される功徳であるとして、これが「曇鸞大師の効能」であると帰結している。

この曇鸞の自力他力判は、さらに道綽の聖浄二門判によって展開している。道綽は『安楽集』第三大門に、龍樹の難行道・易行道を、聖道門・浄土門によって示し、その聖道門について「聖道の一種は、今の時証しがたし。一には大聖を去ること遙遠なるによる。二には理は深く解は微なるによる」といい、浄土については「当今は末法にして、現にこれ五濁悪世なり。ただ浄土の一門のみありて、通入すべき路なり」と述べている。(9) この道綽の説示は、釈尊の時代から遠く経ているという「時」と、教理は深遠であるのに衆生の理解する能力が衰微であるという「機」という二つの理由によって、聖道が難証であることを指摘し、浄土の一門を勧めたものである。

高楠は聖浄二門判を、この二つの理由から論じるのではなく、「我々は罪悪を省みれば我々の入るべき門は一つしかない、それは唯浄土の一門である」として、「われわれが愚者である」という機を強調して、「自分の足取りの弱いことを認めて、大願業力に導かれるほかはない」と述べている。

ところで、高楠は「印度の系統」で最後に天親が自身の信仰を示したことに触れていたが、「支那の系統」でも同じく「善導大師が信仰の標幟を示された」としている。しかも、曇鸞と道綽は、龍樹の難易二道説を受け継いで教判を示していることから、「龍樹菩薩のような地位」と位置づけているのに対し、善導を天親の地位として考えているところに特色をみることができ、善導が自己の信仰として表したのが二河譬（二河白道）であるとしている。

善導は『観無量寿経』の註釈書である『観経疏』を著している。『観無量寿経』に明かされている定善・散善の十六の観法を、善導は「定善義」と「散善義」とに分けて詳述している。その特色を高楠は、釈尊の教であるが、その中に阿弥陀如来の教が混じって説かれてある。釈迦教と弥陀教とが並べて説いてあるのではない、釈尊の教が説かれる所にところどころに阿弥陀如来の教が混じっている。

（三七頁）

と述べている。その例として、高楠は『観無量寿経』「真身観」の「光明遍照十方世界、念仏衆生摂取不捨」の文や上品上生の「具三心者、必生彼国」、下品上生の「合掌叉手称南無阿弥陀仏、称仏名故除五十億劫生死之罪」、下品下生の「具足十念称南無阿弥陀仏」を挙げている。その上で高楠は、釈迦・弥陀二尊の教は衝突するのではなく、釈尊が阿難に対して「汝好く此語を持せよ、此語を持せよとは無量寿仏の名を持せよとなり」と付属した意味を「全く阿弥陀仏の名を持することであった、全く阿弥陀仏の法を話せと言われたと同じことである」と述べ、弥陀・釈迦二尊一教を説いたのが善導であることを述べている。

この二尊一教あるいは二尊一致は、親鸞の『教行信証』「信巻」において、「仰いで釈迦発遣して、指へて西方に向かへたまふことを蒙り、また弥陀の悲心招喚したまふによつて、いま二尊の意に信順して」という「散善義」の引用にみることができる。この文は、「釈尊が西方浄土へ往生せよとお勧め[10]になるのを受け、また阿弥陀仏が大いなる慈悲の心をもって浄土へ来れと招き喚ばれることによって、今釈尊と阿弥陀仏の二尊の心に信じ順って」という意であり、二河譬の中に示されている。

二河譬とは、浄土往生を願う衆生が、信を得て浄土に至るまでを譬喩によって表したものである。その内容とは、ある人が西に向かって独り進んで行くと、無人の原野で水火二河に出会う。火の河は南に、水の河は北に、河の幅はわずか一〇〇歩ほどであるが、深くて底がなく、辺がない。ただ中間に一筋の白道があるばかりであるが、その幅は四五寸で水火が常に押し寄せている。そこへ後方より群賊悪獣が殺そうと迫ってくる。このように往くも還るも止まるも死を免れることができない状況にある。しかし、思い切って白道を進んで行こうと思ったとき、東岸より「この道を尋ねて行け」という勧める声があり、また西岸より「汝一心に正念してただちに来れ、我よく汝を護らん」とよぶ声があった。そこで群賊の誘いも顧みず、一心に疑いなく進むと西岸に到達し、永く諸難を離れ、善友と相まみえることができたと結んでいる。

この物語はあくまでも譬えであり、その譬えから説くべき法が合わせて示されている。すなわち、火の河は瞋憎、水の河は貪愛、無人の原野は善知識に遇わないことを、群賊は別解・別行・異学・異見の人、悪獣は衆生の六識・六根・五蘊・四大に譬えたものである。また白道は浄土願生の清浄の信心を表している。そして、東岸の声は娑婆世界における釈尊の発遣、西岸の声は浄土における阿弥陀仏の本願の招喚を譬えたものである。高楠は、この弥陀の招喚については、九条武子の「大いなるものの力に引かれ行く、わが足取りのおぼつかなしよ」との歌によっても表現し、「大きな懐がすなわち浄土である、またこれを極楽国と名づける、つまり阿弥陀如来の世界である」と位置づけている。

また、高楠は『観経疏』のほかに『般舟讃』と『往生礼讃』にも言及している。『般舟讃』は、「娑婆長劫の難を免るることを得ることは、特に知識釈迦の恩を蒙れり、種種に思量し巧に方便して、選びて弥陀弘誓の門を得しめたまへり[11]」という文を取り上げ、この「選びて」の心を受け継いだ法然が選択本願の義を完成したと述べている。しかし、法然の『選択本願念仏集』には、『般舟讃』の引用はない。この文を引用しているのは、親鸞の『教行信証』「行巻」である。[12]

また親鸞は『教行信証』「後序」に、師法然から『選択本願念仏集』の書写と法然の絵像を借用して、写させてもらったときの感激を記しているが、その絵像の銘として、法然自身が書いたのが「南無阿弥陀仏」の六字の名号と『往生礼讃』後述の「若我成仏十方衆生称我名号下至十声若不生者不取正覚彼仏今現在成仏当知本誓重願不虚衆生称念必得往生（もしわれ成仏せんに、十方の衆生、わが名号を称せん。下十声に至るまで、もし生れずは、正覚を取らじ。かの仏いま現にましまして成仏したまへり。まさに知るべし、本誓重願虚しからず、衆生称念すればかならず往生を得）[13]」の文である。高楠はこの『往生礼讃』の文を引用しているが、この文は、「阿弥陀仏の本願には、わたしが仏になったとき、あらゆる世界の衆生がわたしの名号を称え、わずか十回ほどの念仏を称えたものまでもみな浄土に往生させよう。もしそうでなければ、わたしは仏になったとは言えないと誓われている。その阿弥陀仏は今現に仏と成っているから、重ねて誓われた本願はむなしいものではなく、衆生は称名念仏すれば、必ず浄土に往生できると知るべきである」という意である。これは念仏往生の確かさを証明した文であるが、高楠は「法蔵菩薩の本願と釈尊の成就文と合一して、ここにも二尊一教の趣意を示した善導大師を法然聖人が書いて、親鸞聖人に渡された、その選択集を戴かれた、善導大師の信仰と法然聖人の信仰と親鸞聖人の信仰とは寸分違わないのである」と結んでいる。弥陀の本願の伝承を語る上で、深い示唆に富んだ表現である。

3　日本の思想系統

つづいて「日本の系統」に論を進めている。インドや中国に比べると、その記述は分量的に多くはない。覚鑁や珍海の名前を出しているが、思想内容に踏み込んでいるのは七高僧の源信と法然についてである。

源信に関する記述は、『往生要集』に厭離穢土、欣求浄土を詳説していることや母親の教育によって、横川に隠棲して念仏一道に親しむことになったこと、そして専雑二行を判別したことである。特に重視している内容は、報化二土である。

源信は『往生要集』大文第十の問答料簡において、懈慢界に生まれるのは、執心不牢の雑修の人であり、極楽国に生まれるのは、執心牢固の専修の人であるとして、懈慢界を「化の浄土」、極楽国を「報の浄土」と名づけ、報の浄土に生まれるのは極めて少ないと説いている。[14]高楠はこの報化二土説を、「原因と結果とを表明せられた」ものであると位置づけている。その上で、大文第八念仏証拠の「極重悪人無他方便、唯称念仏得生極楽（極重の悪人は、他の方便なし。ただ仏を称念して、極楽に生ずることを得）」の文[15]から、親鸞が「極悪深重の衆生は　他の方便さらになし　ひとへに弥陀を称してぞ　浄土にうまるとのべたまふ」[16]という『高僧和讃』を作ったことに触れ、専修の人は「千無一失」、すなわち千人の中に一人の例外もなく往生するのに対し、雑修の人は「万不一生」、すなわち一万人に一人も報土に往生する者はいないことを述べて、「結果を分ちて、報化二土の判別を与えられた」と結んでいる。そして「それを受け継がれたのが法然聖人である、日本の系統は源信僧都の専修念仏に始まって、法然聖人の選択本願に終るのである」と論じている。

そこで選択の意義を、「最も宜いものであると選び出して説くということで、選び取るということには選び捨てるということが先である」と示して、布施持戒乃至孝養仁慈などの諸行往生を選捨して、専ら仏号を称する念仏往生を選取したのが、「選択本願の趣意」であると述べ、「親鸞聖人の信仰は法然聖人の選択の教義を受け継がれた」ことを強調している。また、法然思想については、『選択本願念仏集』本願章に説いている念仏が勝易具足の行であること[17]や三心章の信疑決判[18]に触れている。勝易具足とは、念仏と諸行とを比較して、勝劣の義からみれば、念仏が勝、諸行が劣であり、難易の義からみれば、諸行が難、念仏が易であり、念仏は本願の行であるから勝易の二徳が具わっているという意である。また、信疑決判とは、生死輪廻の家にとどまるのは本願を疑うからであり、涅槃の城に入るのは本願を信ずるからであると判別したことである。この信疑決判を、高楠は「疑信の判別には自力他力の判別が自然に行われなくてはならぬ」と述べ、ここから親鸞の他力思想を論じていくこととなる。

4　他力回向の信心

高楠が親鸞の浄土真宗を語る際、これまでみてきたようにインド・中国・日本の三朝（三国）浄土の宗師である七高僧を正統な系統として押さえていたことである。このことは『歎異抄』第二条の「弥陀の本願まことにおはしまさば、釈尊の説教虚言なるべからず。仏説まことにおはしまさば、善導の御釈虚言したまふべからず。善導の御釈まことならば、法然の仰せそらごとならんや。法然の仰せまことならば、親鸞がまうすむねまたもつてむなしかるべからず候か[19]」の文によって明白であることを述べている。

また、『高僧和讃』源空讃の「智慧光の力より　本師源空あらはれて　浄土真宗を開きつつ　選択本願のべたまふ[20]」を引用して、浄土真宗を開いたのは法然であり、親鸞自身は浄土真宗を開宗するような意志がなかったことについて触れ、それにもかかわらず、一九二三年（大正一二）に真宗各派が開宗七〇〇年記念の法要を行ったのは、「浄土真宗という言葉もこの書に出ている」と説明した『教行信証』の製作に基づいていることを挙げている。しかし、高楠も語っているように、立教開宗を宣言しているわけではない親鸞が顕した浄土真宗とは、宗派や教団を指すのではなく、浄土真宗の教法そのものをいったものである。浄土真宗の教法は、二回向四法によって組織体系化することができる。二回向とは、前述したとおり往相回向・還相回向であり、四法は教・行・信・証である。

この四法の中の真実教について次のような解説を行っている。それは「教巻」の「大無量寿経　真実の教　浄土真宗[21]」という標挙を取り上げて、

> 大無量寿経そのままが釈尊の真実の教であり、そのままが法然聖人の浄土真宗であり、それがそのまま親鸞聖人の浄土真宗である。（六四頁）

と論じていることである。そして『大無量寿経』を釈尊出世の本懐であるとして、「如来世に出興した

まひし所以は、道教を光闡し、群萌を拯ひ、恵むに真実の利を以てせんと欲す[22]」の文を引用して、「釈尊がこの世に出られた本意は、弥陀の本願を説くためである」と述べている。また、「教巻」の「如来の本願を説くを経の宗致とし、仏の名号を経の体とす[23]」の文から、「このほかに真宗はない。大無量寿経そのままを親鸞聖人は浄土真宗の宗致とせられたのであります」と、『大無量寿経』の大意を明確にしている。

そして、阿弥陀仏の四十八願のうち「第十八願は最も大切な願」であるとして、第十八願文と第十八願成就文にあるそれぞれの語句について解説を施している。特に「至心・信楽・欲生」の三心の解釈に注目してみると、

この至心というのは自分の純な心持で、仏を信ずる我々の真の心地が浮び来るのである。［至心］随って仏を信じ歓び慕うような心持になる。［信楽］それがいま一段進むというと、自分が仏の国に往きたいという心地になる。［欲生］この三段の心持を三信という。信は疑蓋無雑の心で一点の疑いのないことをいうのである。三信ともに一信心である。（六七頁）

この高楠の解釈の特徴は、三心を自身の心に焦点を当てて、三段によって信心を示し、それが疑蓋無雑の心に基づいて、一心であるとしているところにある。三段とは、後に「一段は真実誠種の心で、二段は真実成満の心、三段は願楽覚知の心」と語っているが、これらは親鸞が施した三心それぞれの字訓である[24]。このほかにも信楽の字訓には、極成用重の心、審験宣忠の心、欲願愛悦の心、歓喜賀慶の心を、欲生には、成作為興の心、大悲回向の心を挙げることができるが、これらには触れられていない。

また、第十八願成就文においては、「至心回向」の語句を親鸞が「至心に回向したまへり」と読み替えていることに注目して、「仏から回施せらるることと解せられたのである」として、本願力回向の信心を強調している。そしてこの親鸞の信心を、高楠は次のように述べている。

信心といっても、心に祈禱したり、お百度を踏んだり、やたらに称名したりするようなことは信心じゃない。仏の方から我々に与えくださる信心でなければいけない。これを他力回向の信心、仏力から我々へ回向してくださるものである。信心は真実の心であるが、我々には徹底した真実の心はありようがない。真実の心というのは仏のみにあるのである。（七三頁）

このように高楠は、まず世間で考えられるような信心のあり方を否定して、親鸞がいう信心を「真実の心」として、それは仏から賜る「他力回向の信心」であることを強調し、その真実の心とは「仏のみ」であることを、親鸞思想にしたがって述べている。

5　八大主義

高楠における親鸞思想の特質をまとめたものに八大主義がある。[25]「宗門より見たる親鸞聖人」の結びに述べたものである。八大主義とは、(一)在家止住、(二)平生業成、(三)悪人正機、(四)弥陀一仏、(五)信心正因、(六)称名報恩、(七)非戒行、(八)非祈禱である。「主義」という言葉を用いて、親鸞思想を示そうとしているところに特徴をみることができ、親鸞を確固たる一定の主張を表明した人物であると捉えていたことがわかる。

この八大主義のうちの第一の在家止住の主義とは、親鸞が比叡山から下山して世俗にあって生活をしたことをいう。高楠は、在家止住の意義を「第二教団を目標」としていると位置づけている。第二教団とは、出家の教団を第一教団であるとするのに対し、実際の生活を営む中で仏道を歩む在家の教団を指したものである。高楠は、第二教団とは、八大主義をもって完成するものであると語っている。なお、在家止住によって、親鸞の生き方を表したのであるが、この言葉は親鸞自身にはみられない。

第二の平生業成の主義の平生とは臨終に対する語句であり、業成とは浄土往生の業因が成就したことをいう。つまり、臨終を待つことなく、平生に他力の信心を得たそのときに浄土に往生することが確定することをいったものである。このことから高楠は、平生業成の主義を「総ての業事が平生において何も彼も覚悟ができて完成していなければならない」として、これを「覚悟の生活」「信念の生活」と位置づけている。ちなみに、この平生業成という語も、親鸞の現実の生き方を表しているが、親鸞自身の言葉にはない。

第三の主義は悪人正機である。阿弥陀仏の本願による救いは、自らの力で生死を離れることができない悪人のためにある教えが悪人正機である。高楠はこの意味を、「我々の罪が深ければ深いほど弥陀の慈悲の涙は多くかかるのである。故に我々の罪の深いものだけが弥陀正客である」と論じ、そこから「一切衆生が一人も残らず仏となり得る」と阿弥陀仏の本願の救いを明確に表している。

第四の弥陀一仏の主義とは、釈迦・弥陀「二尊相対の非認」であるとして、「完全なる無限の真実を現わした理想の仏を拝む」ことをいい、「我々が仏と成る時は弥陀同体の仏と成る」ことをいったものである。なぜ弥陀一仏を礼拝の対象とするのかを、さとりの内容から述べたものである。

第五は信心正因の主義である。他力回向の信心が無上菩提をさとる因となることを信心正因というが、高楠は「信心正因だからほかに何にも要らぬ」と、往生成仏にはただ信心一つであることを強調している。

信心が正因であるならば、称名の位置づけが問題となるが、第六に称名報恩の主義を挙げて、信心と称名との関係を次のように述べている。

この信念の現われとしての念仏は報恩であるから感謝の念仏である、感謝の念仏はそのまま感謝の生活を表徴するのである、念仏を唱(ママ)えることが信心になるのでもなく、念仏を唱えたから助かるのでもない。念仏は一口も唱えなくても、信念さえあれば助かる。しかしながら信心あれば称名を伴うのは自然である。（八六頁）

阿弥陀仏の本願には信心（三心）と称名（十念）が誓われているが、阿弥陀仏の名号を信じさせ、称えさせて、浄土に往生させようという誓いである。高楠は名号を称えることによって往生が決定するのではなく、名号を信受したところに往生が決定することを明確にし、往生決定の上の行業は報恩行にほかならないことを示している。また、念仏に自力と他力の違いがあることを述べて、他力の念仏とは「信念の現われ」「信念」であるとしている。この信念とは、一切衆生を浄土に往生させようという弥陀の願心を指しているのであろう。

第七は非戒行主義である。親鸞が無戒名字の比丘と主張した理由を、高楠は「宗教信というものは善悪正邪を超越して行くのでなければ真実のものではない」として、「真の宗教の信念の樹立したところには、倫理も律法もない」と主張している。

そして第八の非祈禱主義では、阿弥陀仏に祈ることを不要としている根拠を明確にしている。すなわち、すでに往還二回向が恵まれているのであるから、「祈るということは、祈らなくては助けられないと考えたもので、仏に対する二心である」とし、「仏を真に徹底して信じているならば、さらにこうして欲しい、ああして欲しいというような新奇の願求のあろうはずがない。その上に祈るのは疑いの心があるからである」と論じている。つまり、祈禱を必要とするのは、疑心があるからであり、これを迷信そのものであると断じている。その上で、高楠は親鸞思想とは徹底した非祈禱主義に立脚したものであり、「祈禱なき宗教は世界中唯一つ浄土真宗あるのみである」と主張し、この「迷信なき宗教」を「そのまま教育に用いても寸毫の差支ないのである」と結論づけている。[26] ここに親鸞思想を教育理念とした最大の理由があり、ほかならぬ高楠自身の生き方でもあったのである。

おわりに

これまで高楠順次郎における親鸞思想を、その著である『親鸞聖人』より論じてきた。「法門より見たる親鸞聖人」では、特に親鸞教義の背景であるインド・中国・日本の七高僧の思想の特徴を述べていた。高楠は、龍樹、曇鸞、道綽を教判の上から位置づけ、さらにインドから親鸞に受け継がれる系統では、天親を「弥陀教の最後の総結」とし、中国の系統ではその最後である善導を釈迦・弥陀二尊の「信仰の標識」であると語った。そして「信仰」に注目して、日本の系統を語り、善導と法然と親鸞の信仰とは「寸分違わない」ことを強調した。

また、「宗門より見たる親鸞聖人」では、「法門より見たる親鸞聖人」を承け、親鸞教義を『教行信証』より明らかにした上で、親鸞を出家の教団（第一教団）に対して、在家の教団（第二教団）を完成していかれたと位置づけたのであった。この第二教団を成立させているのが、高楠が名づけた在家止住・平生業成・悪人正機・弥陀一仏・信心正因・称名報恩・非戒行・非祈禱の「八大主義」であった。そして親鸞を「精神的平等主義の権化」と語った。

このように親鸞を「第二教団」や「八大主義」と名づけて語っていくところに、高楠における親鸞思想への理解の特徴をみることができるのである。

注

（1）　佛教叢林山喜房、一九三三年三月発行、全一六一頁。本章中の頁数は、本書によるものである。旧字は新字に適宜改めている。武蔵野女子大学仏教文化研究所編『雪頂・高楠順次郎の研究―その生涯と事蹟―』（大東出版社、一九七九年）「第五章　仏教女子青年会運動と浄土真宗観　第二節　高楠順次郎の浄土真宗観」（一一一～一二一頁）には、『親鸞聖人』の概要が述べられている。この書を参考としつつ、本章では、さらに教義の面から親鸞思想を論じようとしたものである。

（2）『大正新脩大蔵経』（以下『大正蔵』）八三・六〇四頁上、『浄土真宗聖典全書』（以下『聖典全書』）二・八〇頁、『浄土真宗聖典（註釈版）』（以下『註釈版聖典』）二三一頁。

（3）『大正蔵』二六・四一頁中、『聖典全書』一・四〇八頁、『浄土真宗聖典七祖篇（註釈版）』（以下『七祖篇註釈版』）五頁。

（4）『大正蔵』八三・五九〇頁、『聖典全書』二・二三頁、『註釈版聖典』一五一～一五二頁。

（5）『大正蔵』二六・二三〇頁下、『聖典全書』一・四三三頁、『七祖篇註釈版』二九頁。

（6）『大正蔵』四〇・八二六頁中、『聖典全書』一・四四九頁、『七祖篇註釈版』四七頁。

（7）『大正蔵』四〇・八三六頁上、『聖典全書』一・四九二～四九三頁、『七祖篇註釈版』一〇七頁。

（8）『大正蔵』八三・五九〇頁上、『聖典全書』二・九頁、『註釈版聖典』一三五頁。なお高楠は、「往還二種の回向は、全く仏の大悲より与えらるる回向である。これより外に真宗の教義はないのである」と強調している（「往相回向と還相回向」『高楠順次郎全集』第五巻、一三二頁）。

（9）『大正蔵』四七・一三頁下、『聖典全書』一・六一二頁、『七祖篇註釈版』二四一頁。

（10）『観経疏』「散善義」（『大正蔵』三七・二七三頁中、『聖典全書』一・七七一頁、『七祖篇註釈版』四六九頁）、『教行信証』「信巻」（『大正蔵』八三・六〇三頁中、『聖典全書』二・七七頁、『註釈版聖典』二二六頁）。

（11）『大正蔵』四七・四五二頁中、『聖典全書』一・九八七頁、『七祖篇註釈版』七五六～七五七頁。

（12）『大正蔵』八三・五九四頁下、『聖典全書』二・三五頁、『註釈版聖典』一七〇頁。

（13）『大正蔵』八三・六四二頁下、『聖典全書』二・二五四頁、『註釈版聖典』四七二頁。『往生礼讃』（『大正蔵』四七・四四七頁下、『聖典全書』一・九五八頁、『七祖篇註釈版』七一一頁）。

（14）『大正蔵』八四・八一頁中下、『聖典全書』一・一一二三頁、『七祖篇註釈版』一一二七頁。

(15)『大正蔵』八四・七七頁上、『聖典全書』一・一一九四頁、『七祖篇註釈版』一〇九八頁。
(16)『大正蔵』八三・六六三頁下、『聖典全書』二・四五四頁、『註釈版聖典』五九五頁。
(17)『大正蔵』八三・五頁下、『聖典全書』一・一二七〇頁、『七祖篇註釈版』一二〇七頁。
(18)『大正蔵』八三・一二頁中、『聖典全書』一・一二九八頁、『七祖篇註釈版』一二四八頁。
(19)『大正蔵』八三・七二八頁下、『聖典全書』二・一〇五四〜一〇五五頁、『註釈版聖典』八三三頁。
(20)『大正蔵』八三・六六三頁下、『聖典全書』二・四五五頁、『註釈版聖典』五九五頁。
(21)『大正蔵』八三・五八九頁上、『聖典全書』二・八頁、『註釈版聖典』一三四頁。
(22)『大正蔵』八三・五八九頁中、『聖典全書』二・一一頁、『註釈版聖典』一三六頁。
(23)『大正蔵』八三・五八九頁中、『聖典全書』二・九〜一〇頁、『註釈版聖典』一三五頁。
(24)『大正蔵』八三・六〇四頁上、『聖典全書』二・七九〜八〇頁、『註釈版聖典』二三〇〜二三一頁。
(25)『見真大師』(大雄閣、一九三二年)には、信念統一の四大主義(二尊一教主義、信心正因主義、念仏報恩主義、平生業成主義)と実生活統一の四大主義(非出家主義、非戒行主義、非師弟主義、非迷信主義)の八大根本主義として述べている。他にも親鸞思想の特徴を「親鸞聖人教義の特異相」(『高楠順次郎全集』第六巻、一六九〜一七七頁)として、以下の一五ヵ条にまとめて述べたものがある。(一)純信主義を主張して他の念仏宗に超越す。(二)一仏主義を標榜して他の諸天、諸神、諸仏諸菩薩、諸明神等大小神祇の信仰に超越す。(三)迷信の根絶者として仏教各宗派に超越す。(四)祈禱の否認者として世界の諸宗教に超越す。(五)在家止住主義の率先者として形式的僧生活の羈絆を脱す。(六)無戒主義の実行者として僧俗統一の宗派を開く。(七)報恩主義の主張者として実生活の標範を示す。(八)同朋主義の実行者として模範郷党の基礎を作る。(九)平等主義の権化として水平教団の開祖となる。(十)慈悲の感化により動物愛護の実現を見る。(十一)仁風の鼓吹により、自然に残忍性の罪悪を絶つ。(十二)覚悟の観念を与えて奉公犠牲の実を挙ぐ。(十三)悪人正機を説きて善人の世界を創造す。(十四)純他力を説きて努力の生活を増進す。（十五）信一念の唱道者として純一無雑の信仰界を樹立す。なお、『釈尊より親鸞聖人へ』（森江書店、一九二三年）では、「主義の親鸞聖人」と名づけているが、その理由とは、法然を「教義選択の師主」と位置づけたのに対し、親鸞を「教義貫徹の大使命をもっておられた」として、「その教義はすべての方面において徹底的に究竟主義であった」からだとしている。また、「道徳の真義」の第五として「主義の親鸞聖人」を述べている（『高楠順次郎全集』第七巻、二〇三～二一〇頁）。

(26)　『親鸞聖人』八八～八九頁。『高楠順次郎の教育理念《抜粋》』四一～四二頁。

第二章　高楠順次郎の社会科学思想
――家族主義と政治・法・経済思想――

松岡佑和

はじめに

高楠順次郎は、サンスクリット語・パーリ語を駆使した文献学的近代仏教学の日本での開拓者として知られている。高楠は極めて専門性が高い近代仏教学の研究とともに、一般市民を対象とした仏教の啓蒙書・雑誌などを刊行していた。そのような著作の中で、高楠は自身の仏教観とともに、社会観を語っていた。高楠の社会観は具体的な政治・法・経済思想に及び、高楠は漠然とした社会観を越えた社会科学思想を提示していた。本章では、高楠の社会科学思想、具体的には政治・法・経済思想を家族主義の観点から概観する。

高楠のよく知られたエピソードとして、イギリス留学の際に学問の師となるマックス・ミュラー博士に、「君は生活のために学問するか、興味のために学問するか」と問われ、「日本人として生活のためとはいい得なかった」ため、梵語、仏教学を勧められ、その指導に従ったというものがある。[1] この決断が後に日本の近代仏教学を世界水準まで引き上げることになるのだが、高楠自身は、内心ではイギリスで政治・経済の研究を志していたと、高楠の直弟子の鷹谷俊之が語っている。[2] 高楠は十代の頃、郷里にて後に弁護士・政治家となる花井卓蔵と政治の研究団体を設立するなど、もともと政治、社会への関心が強かった。[3] このような点から、高楠は仏教学者として大成した後も、仏教の枠を越えた、社会への発信を行っていたと考えられる。

近年の高楠の社会思想に関する研究では、高楠の「ナショナリズム」「国粋の保存」性が指摘されている。[4] それまでの先行研究（一九七〇年代）では、高楠は東洋（日本）と西洋それぞれの文化的特徴の利点を合流させて、新たな社会像を提示したと評価されていた。[5] 近年の研究では、その合流の背景には、あくまで日本が基本とされている「ナショナリズム」性が存在していた、と指摘されている。本章では、先行研究で触れられていた社会思想とともに、より踏み込んだ社会科学思想（政治・法・経済）への言及から、高楠の合流・ナショナリズム論に関しても考察を行う。

本章で扱う高楠の社会科学思想は以下の二つに分けられる。一つ目は高楠の社会科学の位置付け、具体的には政治・法・経済の社会内での位置付けである。二つ目は高楠の近代観を背景とした、あるべき社会科学（政治・法・経済）像である。本章では、まず一つ目の社会科学思想と近代に関しての言及を取り上げ、その後、二つ目のあるべき社会科学像としての政治・法・経済思想を個別に取り上げる。なお、本章では現代的な水準で高楠の社会科学思想を評価はしない。現代の社会科学の諸分野は極めて細分化され、高楠在命の第二次世界大戦前とは、学問体系が大きく異なっている。また戦前の政治・法・経済思想は、それぞれの領域の境界が曖昧で、ともに扱われることが多かった。例えば、戦前の社会科学思想で大きな存在感を保持したマルクス主義は政治・法・経済を社会システムの一環として包括的に扱っており、それぞれを細分化することを目的としていなかった。この傾向はマルクス主義にかかわらず第二次世界大戦前・直後の社会科学思想の特徴である。そのため、高楠の社会科学思想も、政治・法・経済がそれぞれ関連した形で言及されていることが多い。

高楠の社会科学思想は、その根拠が十分に語られることが少なく、考察の余地が多分に含まれている。そこで、本章では高楠自身の原文を多く引用し、筆者の考察とともに、読者自身も考察をしてもらいたいと考えている。

1　社会科学と近代

社会科学の位置付け

高楠は社会全体の中で、社会科学（政治・法・経済）をどう位置付けていたか。『人間学の仏教』（一九三三年）において、高楠は社会（文化、文明）内における社会科学の位置付けを明瞭に述べている。

人類の技巧なき芸術たる宗教、哲学、倫理、教育、法律、政治、経済の全部と、人類の技巧ある芸術たる絵画、彫刻、音楽、文芸、演劇の全部、自然科学の全部、およびこれに系統を引く医学、工学、農学等の全部、これらの各方面が、いずれも相当に発展をとげたのが、文明とか、文化とか名づけるものである。……社会完成の方面に向かって、共同的に自己を実現せんとする芸術がある、社会を約束的に整頓せんとしたものが法律である。約束の実行を主として、社会を整頓せんとしたものが、政治である。生産の方面において、社会を整頓せんとしたものが、経済である。(6)

高楠は芸術という言葉を用い、文明・文化（本章での社会とほぼ同義）の構成要素を述べている。「技巧なき芸術」とは「自己を思想的に、個性完成の方面に、表現するあらゆる方法」と定義されている。後半の法・政治・経済に関しての詳しい言及として以下があげられる。

社会も一つの大きい人格である。われわれ生類は、社会という大きい人格の細胞として、全細胞の共存共栄のために、共同の理想を建設するのである。第一に現れたのは、社会を整頓せんとする理想である、社会整頓の理想は「法律」に現れている。法律は軌道を設けて、われわれが脱線しないように注意をする、もし脱線したら、その責任を負わなければならぬ。この約束が法律である。しかし法律は、理想の話に対しては、最も低いものである、理想の階段を登る最初の第一段である。第一段は最も低いのに相違ないが、この最初の第一段を踏まなくては、上に登ることができないのである。ゆえに法律は最も大切なものというべきである。社会整頓の理想たる法律が顕われたら、これを実行するために共同の理想が現れる。この実行の方面において、社会を整頓する理想が「政治」である。法律は、かくせねばならぬ、かくしてはならぬという規定と、これに対する制裁規定とであるが、政治は、これらの諸規定が完全に行わるべき方法を講じ、その行われつゝある事実を視察し、その是非を監査する組織である。しかるに、われわれの社会生活が日に増し進捗するに随って、われわれの生産が最も重きを為すに至る。われわれの社会を、需要供給の方面において、整頓せんとする理想が現れてくる、これが「経済」である。[7]

高楠は社会の構成要素の一部として、社会科学（法・政治・経済）をあげ、それらは社会を構成していく上で順序立って成立をしていくと考えている。上記の言及内では、社会を整頓する理想として、法・政治・経済は段階を経て成立していくとされる。順序を持ち、法・政治・経済はそれぞれ関連を持ちながら成立していく過程をみると、高楠は法・政治・経済がそれぞれ単独で成立するとはみておらず、いわば社会システムの一環として考えていたことがわかる。

近代観

高楠の近代観を概観する。

近代の文明は物質主義の勝利を歌っておった。近代の学術は物質主義の勝利を立証せんとしておった。近代の国家と近代の社会とは物質主義の勝利を実現せんとしておった。近代の個性は一般に安らかな物質万能の夢を結ばんとしておったのである。しかるに今や先は見えた、夢は破れた。到る所に行き詰まりを実現するに至った。世界は今や物質主義制限の旅立ちを始めた。[8]

高楠は近代の特徴として物質主義をあげる。[9] そしてその限界性にも言及をしている。その限界性とは何か。

生存競争は日に増し深刻になってきた。階級闘争をもって人間の能事と心得ているものもある。かつて世に謳われた自我の発見は頑強なる個人主義を産み、個人主義の闘争はついに社会主義の闘争と化し、階級闘争に結晶するに至った。(10)

高楠は物質主義が生存競争、個人主義を生み、社会内で闘争が発生してしまうことを問題視する。高楠は生存競争の目的は「自己保存」であると述べる。

要するに生存競争は自己を保存するためである。自己保存のためにはどうしても生存競争でなければいけない、生存競争は優勝劣敗の結果を生ずる、優勝劣敗の結果は適者生存であるから、適するものは残っていくが適せないものは廃ってしまう。これは真理ではありますが、自己保存ばかりで人間が成り立つかどうかという問題がそこに存在する。(11)

「自己保存」、つまり自身の地位や状況などを維持していくために、「人と人とが競争し、階級と階級とが競争し、国と国とが競争して、世界戦争までやってみたところが、文明は進むどころか世界共倒れになっ」た、高楠は論じる。(12) 高楠は近代の傾向を否定的に捉えており、日本も上記のような（高楠が考えるところの西洋的な）近代性の影響を受けていると考えていた。(13)

このような近代の危機を乗り切るために、日本の社会科学（政治・法・経済）はどうあるべきか。高楠の第二の社会科学思想（あるべき社会科学像）は、次節以降、政治、法、経済の順で論じていく。

2　政治思想

家族主義

高楠は「日本は家族主義の国である」と論じる。[14]そして「日本の国民性は「家族主義」に養われたる性格である。「家族主義」というのは、単に家族的生活のことをいうのではない。家族的生活と、国家的生活との間に養成された国民性が主点である」と述べる。[15]この「国民性」とは、「「血統」に基づいており」、「日本は同一血統の国である。天皇陛下も、われわれも同じ血統である」とする。[16]

家の大きくなったのが国、家政の大きくなったのが国政、ということになってきて、初めて本家の祖先は、同時に分家の祖先であり、分家と本家とは、同じ血統に属するものとなる。こうして、本族、支族ともに、同じ祖先、同じ政治で、同じ国家に生息することができれば、「君臣一家」ということが言い得る。この「君臣一家」ということが、言えなくっては、真正に国家の根本というものが、成り立たない。これの言える国は、さっきから言う通り、日本ただ一国である。[17]

家族概念が拡大化し、人々が天皇を頂点とする擬似家族に帰属意識を持つこと、これが高楠の考える「国民性」と言える。そして、「日本の「国民性」は」、「「君国の観念」ということに一致している」とし、「国家としては、何が理想であるかというと、「君国の観念」より外はない。これから「挙国一致」ということもでき得るのである」と述べる。[18]その特徴として、以下をあげる。

ひとり日本だけは、この「血統の中心」と「政治の中心」とが、いつまでも一所で、今日われわれが頂いている総本家の主人公、すなわち、天皇陛下であらせられる。……「血統の中心」と「政権の中心」とが相抱合し、ぴったりと一致して離れないのが、申すまでもなく、我が「日本の国体」である。[19]

このような状況下での政治の特徴として、高楠は「天皇陛下が、民を圧迫されるのは、自分の親類を圧迫されるのと同じことである。それで、天皇陛下の為さる政治に、民を圧迫なさる政治はかつてない、ことごとく人民を愛憐する政治である。そこに、自然の人情が現われているのである」と述べる。[20]日本全体を一つの家族として考え、その頂点である天皇は血統（家族）の中心であるとともに、政治の中心でもある。天皇は天皇以下も家族と考えるので、「人民を愛憐する政治」を行う。これが、高楠の考える理想の政治である。

高楠は「上下心を一にするは日本の行道である、これはヤソ教の行道ではないこれは仏教と同じ行道」と論じる。つまりこの家族主義は仏教と結びつけて語られてもいる。同じ文脈で高楠は「ヤソ教の差別に坐って平等を説くのが社会に移ったら社会主義の極端で、これはロシアの共産主義で代表している」とする。[21]高楠は、仏教との比較でキリスト教を提示したが、キリスト教は社会主義・共産主義につながるという。その理由として、以下をあげる。

労働者と資本主、労資差別の上に坐ってそうしてこの敵同志の間に平等を実現しようとしたならば、その結果はどうなるかというと、労働者が資本主を投倒して殺してしまうか、資本主が労働者を投倒して、殺さなければ平等は出て来ない、それであるから資本主義を投倒するために、マルクスは終世労働者に向かって階級戦争を教えた。そうしなければ平等の結果はあらわれぬからである、これはヤソ教の行道である。[22]

本章では紙幅の都合上、高楠のマルクス論に関して詳細に触れることはできないが、高楠がキリスト教とマルクス主義を結びつけていることは興味深い。[23]

大和魂と自由魂

高楠は国民性を「大和魂」とも呼び、それと比較する形で西洋の「自由魂」を以下のように定義した。われわれに統一的国民性＝「大和魂」があるように、西洋人にも、一つの統一的国民性はあるようだ。少なくとも英魂、仏魂、独魂、米魂は、確かにある。この各国に通じた根本の思想を吟味してみると、あるいはこれを総合して、一言に述べることができはせぬかと思われる。西洋の統一的国民性というものは、「自由魂」であると思われる。[24]

高楠は、「「自由魂」の根本思想は、小意志本位である、個人の意志を基礎とするのである。「大和魂」の根本の思想は、大意志本位である」という。[25]小意志本意は個人主義と考えられ、家族主義と対比され、あくまで個人が自身の利益を追求する姿が重ねられる。そして「自由魂」は自由経済を基盤とする民主主義だけではなく、「社会主義、共和主義、無政府主義というような、あらゆる危険主義が、皆その中から出る」と述べ、[26]「かような危険の主義は、「家族主義」からは湧き出ない。家族主義は、かかる悪主義を防止する上には、最も有効のものである」とする。[27]

日本でも近代になり「家族主義は現に破れつつあるから、他の主義をもって精神教育の根本にしたらよかろう、という意見を持った人がある、危険恐るべきものである」と高楠は注意喚起する。「技芸教育の個人主義と、精神教育の家族主義と相調和し、学術の方と祖国主義とを調和させるのが教育である、われわれの任務である、日本人はこれを調和し得る人種だと思う」と述べ、個人主義にも一定の評価を与えつつも、あくまで家族主義を中心とし個人主義を取り入れる方向を提示する。(28)

王法為本

高楠は家族主義と仏教を重ねるが、家族内では天皇を頂点とする「上下心」が強く存在する一方で、仏教の原理では仏などを頂点とする「上下心」が存在する。家族主義と仏教（真宗）が調和を持てるようになったのは、つまり仏教においても天皇を頂点として考えることができるようになったのは、真宗が「王法為本」を提示したためであるとし、蓮如を高く評価した。

蓮如上人の時代になっては、天皇陛下の権威を奪うようなふうが行なわれ、天皇陛下はあってなきがごときありさまになったから、そこで「王法為本」と、ことに教えられたのである。(29)

高楠の視点はあくまで現実に則しており、仏教が現実（ここでは天皇を頂点とする）に対して、どのような姿勢を取るかが重要であった。俗諦において天皇を頂点と捉える真宗の「王法為本」は、高楠の疑問への適切な回答であった。

最後に高楠の政府（政策）評価について触れる。高楠の近代日本政策への直接的な言及は少ないが、社会事業（ここでは高楠は社会改良と言及）に関する記述で、現状の政策に苦言を呈している。「施政者もおいおいと社会改良の必要を自覚した」にもかかわらず、「社会の公徳も高まらず、社会的制裁もまだ薄弱」とし、その具体策として「真正の社会改良というものは、具眼の経世家と、政府と、教育家と、宗教者とが一致して、初めて成功するのである。宗教者が最大部分を働くべきに、意外の無能力であるのは悲しいことだ、かくのごとくしたのは、大半政府の責任である」と高楠は論じている[30]。高楠は、政府は宗教者と手を組んで社会事業に取り組むべきである、と考えており、現状そのような状況になっていないことに不満を持っていたようである。

3　法　思　想

法律・倫理・宗教

高楠は、法律の定義を、倫理・宗教と比較した上で、以下のように与えた。

何が向上の道を与えるか、手近いものでいえば法律である。法律は一つの網を張り、その網から脱線しないように人の行為を制し、行為の結果を律して向上の道を与えるものである。倫理はこの反対で、行為の原因を制し、動機を律して、向上の道を与えるものである。しからば宗教はどうであるか、宗教は人間の行為の結果をも、行為それ自身をも、行為の動機をも律する。されば宗教が真にその役目を果したならば、倫理も法律も不必要であるが、実際はかく理想通りにはいかない。そこで二つ三つが併用せられる必要がある。法律は国家と個人との間の道を、倫理は個人と個人との間の道を、宗教は絶対を理想とし〔絶対とはわれわれが容易に批評することのできない、人間以上の地位をさしていう〕絶対と個人との関係を教えるものである。であるから、宗教は法律、倫理よりも上である。されば宗教が、よくその職責を全うせば、法律も倫理も不必要となるわけである。(31)

法律・倫理は「向上の道」を与えるものであるが、法律は「行為の結果」を、倫理は「行為の原因」を律する。それぞれ、結果・原因の一つを律することしかできないが、宗教はその両方を律することができる。高楠は現実世界の行動規範として、法律・倫理の限界性を指摘し、宗教は結果・原因も内包しているとする。その根拠となる文言は見受けられないが、宗教の行動規範の抽象性から、導いたのであろうか。また法律は「国家と個人との間の道」を、倫理は「個人と個人との間の道」を教えるものであるが、宗教は「絶対と個人との関係」を教えるものとする。「個人」と「絶対」との関係性は「個人」「国家」間と比べ、より強いものと捉えられている。「絶対」は抽象的に定義されているが、仏や神などがあてはまるのであろう。宗教は、この関係性の強さにより「向上の道」への行動規範にも良い影響を与えると、高楠は考えていたようである。高楠は、法律・倫理よりも宗教を上位的な存在とし、宗教があれば法律も倫理も必要ないという。しかし「実際はかく理想通りにはいかない」とし法律・倫理の存在を暗に認めている。

現実での法律・倫理の必要性を認めながらも、社会事業の方面においては、法律の整備のみでは不十分であるとする。

〔世の社会事業においては〕世間の法律、世間の機関は無能である。ただ独り宗教が光を現わす。これがすなわち暗き所に至って光を放つということである。法律の救済もすべての行政の力もいかない、これらの者に慰安を与えて喜んで天年を楽しませるということは宗教でなければいかぬ。宗教の目的というものはそこにある。(32)

第二節で、高楠の政府による社会事業政策に関しての指摘を確認した。そこでも政府のみでは不十分で宗教家の関わりの必要性が指摘されていた。無論、行政の関与は必要と考えていたであろうが、高楠は、そこに宗教的根拠がなければ、社会的困窮者は救われないと考えていた。

義務（義理）と権利

高楠は日本・西洋の法律をそれぞれ「義務（義理）」「権利」と表現し、以下のように比較している。

道の日本は理の西洋に対立している。功利の西洋に対立しては、われわれは「義理の日本」をつくっている。親への義理、友だちへの義理、これは功利で行くのではない。利害得失を考えて人に接するのではない。功利を忘れて義理を尊ぶ。権利の法律に対して「義理の法律」をわれわれはつくっている。……日本の法律は　聖徳太子の時から、ずっとみな義務の教えは教えているが、一つも権利は教えていない。権利を主としたのは　西洋の話である。人間が生まれると直ぐ生存の権利を獲得するなんというのは、西洋の法律の根本である。(33)

日本を「義務」、西洋を「権利」として捉える高楠の考え方は、高楠の日本＝家族主義、西洋＝個人主義の法律への解釈としてみることができる。日本の家族主義では、家族概念が拡大し、家族概念が抽象的に国全体を包括するものとなる。日本では個人と個人の関係性は「家族」の関係性と同一視されるので、お互い「利害得失」を求めないが、個人が強調される西洋では「利害得失」が生じる。「利害得失」を明確にするためには、「権利」が必要である。一方で、「利害得失」を求めない家族主義では、他者との関係性は「義務」によって結ばれる。高楠は個人と個人との関係性をこのように表現した。日本の「義務の法律」を重要視する高楠は、近代になり「西洋の権利の法律」が輸入される傾向に嫌悪感を示した。

日本は義務の法律に立っているものを、まったく西洋の権利の法律の精神で解釈し尽くすのは不条理である。理の西洋の理をもって、道の日本の道を論じ尽くすわけにはいかない。西洋の法理に固執して、聖徳太子の憲法の精神を忘れたとき、国体明徴を要することとなってくるのである。(34)

「西洋の権利の法律」は聖徳太子の憲法の精神を忘れさせ、「国体明徴」をより必要とさせる。「西洋の権利の法律」と対をなす「日本の義務の法律」ではこのようなことは起こらない。高楠は、「義務の法律」は「国体明徴」と既に十分な関係性を持っていると考えていたのではないだろうか。この点で、高楠がいう「義務の法律」は国体と関連性があり、「ナショナリズム」性を保持していることが示唆される。

高楠は幼馴染であり弁護士・政治家であった花井卓蔵と法律に関して談義を重ねたようである。高楠は、花井とともに、奥田義人文部大臣と民法改正について会合したことを述べており、実際の法律制定にも部分的に関わっていた。(35)

法律も道徳を捨ててはいかぬということがわかってきた。私の竹馬の友である花井卓蔵君はこの方面に大なる力があったと考えます。以前は法律には道徳などを考えなかったのに、花井君はつとに「法律の涙」ということを主張した。その精神がだんだん進んできて、その人間が善くなることを目的とするなれば執行猶予も大なる意義がある。人間を善くしないでただ刑罰を与えるだけが法の目的ではない。……精神は同じく賞むべきものであります。[36]

花井との談義において、高楠は法律に「道徳」「精神」を加味する必要性を述べている。このことは高楠の家族主義的な法律概念と一致する。無論、この「道徳」「精神」は宗教と関連性があると考えられる。

4　経済思想

近代の物質主義と経済団体

高楠は近代の物質主義と経済生活を結びつける。そしてこれを現代（近代）文明の特徴とする。

近代の文明は物質の勝利を謳っておったのである。近代の学術は物質の勝利を立証せんとしておったのである。近代の国家、ことに国家学でつくり上げたような国家と近代の社会とは物質の勝利を実現しようとしておったのであります。かくのごとく近代文明の動向が表面化してきた時は、物質の勝利という結果が経済生活において認めらるるようになったのである。これが現代の文明である。[37]

高楠は、「現代の文明」では物質主義が蔓延し経済生活が「生活」の中心になってきた、と述べる。

この特徴は西洋を中心に述べたものであるが、近代になり日本も同様の状況になりつつあることを指摘する。

日本民族の進みは、あたかもインドの古い三重の円塔の形である。初めに血統団体の頭がある、次には文化団体の膨らみがある。今一つ大きく経済団体の膨らみができた。その経済団体の膨らみはわれわれの運命を支配するものである。[38]

高楠は、日本は血統団体、文化団体、経済団体と歩みを進め、経済団体として支配されてきたと言う。高楠は近代日本の状況として、経済生活が中心になってきたと認識し、このような状況に危機感をもつ。

経済が最高のものである、物質が最後のものであるというふうの思想を養わないようにせねばならぬ。ただ利益一方にのみ走り、一切を利害関係で処理せんとするは日本人の取るべき方向でないことを忘れてはならぬ。[39]

このような状況にどのように対処すべきか。次小節で検討する「日本精神と仏教精神」が高楠の回答である。

経済との共存―日本精神と仏教精神―

高楠がいう血統団体は家族主義の言い換えとも言える。日本は経済団体になったが、その根本では血統団体であり、文化団体の一面も有しているとし、以下のように述べる。

日本は経済団体まで進み来て、西洋の知識のすべてを取り入れたけれども、やはり血統団体の大筋も存在しており、文化団体の大筋も存在している。根本の血統から起こる日本精神も文化構成の最要素たる仏教精神も、ともに所有しながら、経済団体まで進んできたのであるから、昔ながらの両武器が用をなさないというはずがない。[40]

血統団体が日本精神に、文化団体が仏教精神と結びつけられ、その両精神を持つ必要性が述べられている。高楠は「日本精神」に関して「説明すべからざるもの」として、明瞭な説明は与えていないが、「国民性とか、民族性とか名付けて日本人の特徴を説いているのは、多くはこの日本精神の表現の形式」と述べている。[41]ここから日本精神は家族主義と関係があると考えられる。また高楠は、日本精神と仏教精神を分けている。仏教伝来前から日本が保持する特徴としての日本精神と、仏教伝来後の精神の特徴としての仏教精神を識別している。高楠は、家族主義の特徴である「上下一心」に関して仏教と関連させ説明することもあるが、家族主義は、仏教伝来前より既に日本が保持していたと捉えていた。

ただ高楠は経済団体、そしてその原動力となる個人主義に関して完全否定をしていたわけではない。「ある点においては、いわゆる西洋流個人主義を学ばねば、競争ができぬ、発達ができぬ。今日欧米の文明は全く個人主義の賜物」として、一定の評価を与えつつも、これらが生活の中心となることを危惧していた。[42]

経済は大切だからこれを棄てるわけにはいかない。われわれの人生に大切な経済を扱うには、まだまだ仏教精神の加味しなくてはならない方面はいろいろあるのでありますが、今はその方面を略するとして、だいたい仏教精神というものをもっていれば、これで今の行き詰まりは料理できるのである。いわんやその上に日本精神をもっている。それであるから日本精神と仏教精神と合致した精神があれば国運の将来は決して心配するには及ばない。[43]
経済生活の享受を受けながら、日本精神と仏教精神を具有し続けること、これが高楠の考える、日本が今後経済団体として歩むべき道であった。[44]

おわりに

高楠の社会科学思想の背景には、高楠が考える「家族主義」が反映されていた。日本では天皇を頂点とする擬似家族が構成され、日本人はすべてその家族の構成員であるという思想が、高楠の社会科学思想の前提であった。高楠の社会科学思想は、家族主義の概念を前提とし、日本の政治・法・経済を構築することであった。そして家族主義（日本精神）とともに、仏教精神も保持する必要があると考えていた。

高楠の日記の一節をみてみたい。一九三一年（昭和六）六月一四日、高楠は「世は三つの誤解に依て成立つ、西洋文明の買被り、マルクス思想の誤読、国粋主義の履違ひ、此の誤解に依て日本ハ誤まれつゝある事を知るべし」と社会に関して言及している。[45]本章の高楠の社会科学思想から、高楠のこの言及に対して、ある程度の考察は可能であろう。「西洋文明の買被り」とは西洋の物質主義・個人主義への批判と考えられる。「マルクス思想の誤読」とは、マルクス思想では平等が実現できると考えられているが、その本質は「労資差別の上での平等」であるということであろう。「国粋主義の履違ひ」に関しては判断が難しい。ただ高楠が「履違ひ」と述べているので、高楠が考える「国粋」と社会で考えられていた「国粋」に違いが生じていたのであろう。高楠の「国粋」の本質は「家族主義」であるが、高楠はそこに仏教精神を加えていた。高楠の「国粋」には仏教性が加味されていたと考えることができる。

本章で十分に検討ができなかった点として、高楠の社会科学思想の時系列的変遷、マルクス思想、仏教的基礎づけがあげられる。これらを今後の課題としたいが、仏教的基礎づけに関して興味深い点がある。高楠は日本が経済団体として成長する上で、日本精神と仏教精神が重要であると述べていた。そして日本精神は高楠が最も重要と考えていた「家族主義」と結びつけられる。つまり、高楠が重要視する「家族主義」に仏教は本来付随していないということである。[46] 高楠は「家族主義」の枠組みの中で仏教に言及することはあったが、「家族主義」と仏教は根本では識別されていたことは注目すべきであろう。高楠は自身の社会的発言の基盤として仏教に触れることが多い。しかし、必ずしも全ての根拠に仏教があるわけではない。高楠の社会科学思想には、仏教を基盤としない高楠自身の社会観も含まれていることが示唆されよう。

注

（1）　高楠順次郎『東方の光としての仏教』（『高楠順次郎全集』第六巻、教育新潮社、一九七七年、初出一九三四年）三六〇頁。

（2）　鷹谷俊之『高楠順次郎先生伝』（武蔵野女子学院、一九五七年）二八頁。

（3）　雲藤義道「雪頂・高楠順次郎の生涯」（武蔵野女子大学仏教文化研究所編『雪頂・高楠順次郎の研究―その生涯

と事蹟—』大東出版社、一九七九年）一〇頁。

（4）例えば、オリオン・クラウタウ「大正期における日本仏教論の展開」（オリオン・クラウタウ『近代日本思想としての仏教史学』法藏館、二〇一二年、初出二〇一〇年）、碧海寿広「高楠順次郎—日本人の近代仏教学—」（嵩満也・吉永進一・碧海寿広編『日本仏教と西洋世界』法藏館、二〇二〇年）など。

（5）前掲『雪頂・高楠順次郎の研究—その生涯と事蹟—』内の諸論文、特に花山勝友論文はこの問題を直接扱っている。

（6）高楠順次郎『人間学としての仏教』（『高楠順次郎全集』第五巻、教育新潮社、一九七九年、初出一九三三年）一〇二〜一〇三頁。

（7）前掲『人間学としての仏教』一九五〜一九六頁。

（8）前掲『東方の光としての仏教』二九六〜二九七頁。

（9）物質主義と対をなすのは精神主義である。高楠の先行研究の二項対立的な視点やその批判点は、前掲「大正期における日本仏教論の展開」に詳しい。

（10）前掲『東方の光としての仏教』二三〇頁。

（11）高楠順次郎『アジア民族の中心思想　印度編』（『高楠順次郎全集』第一巻、教育新潮社、一九七七年、初出一九三六年）一五二〜一五三頁。

（12）前掲『東方の光としての仏教』三三頁。

（13）例えば、「最近には西洋の学芸を吸収した、この時は実に危なかったのである」と述べている（高楠順次郎「日本精神の内容」『高楠順次郎全集補遺』第二巻、武蔵野大学出版会、二〇〇八年、初出一九三四年、四八三頁）。ここでの西洋の学芸とは西洋の物質主義のことと考えられる。

（14）高楠順次郎「予をして済生会長たらしめば」（『高楠順次郎全集補遺』第二巻、武蔵野大学出版会、二〇〇八年、初出一九一一年）一六頁。

(15) 高楠順次郎『仏教国民の理想』（『高楠順次郎全集補遺』第一巻、武蔵野大学出版会、二〇〇八年、初出一九一六年）二〇八頁。

(16) 高楠順次郎『道徳の真義』（『高楠順次郎全集補遺』第一巻、武蔵野大学出版会、二〇〇八年、初出一九一五年）二九頁。

(17) 前掲『道徳の真義』二一頁。

(18) 前掲『道徳の真義』三〇頁。

(19) 前掲『道徳の真義』一六頁。

(20) 前掲『道徳の真義』二九頁。

(21) 高楠順次郎「今後の宗教」（『高楠順次郎全集補遺』第一巻、武蔵野大学出版会、二〇〇八年、初出一九二四年）六二二頁。

(22) 前掲「今後の宗教」六二二～六二三頁。

(23) 高楠のマルクス論の考察として、前掲「高楠順次郎―日本人の近代仏教学―」がある。

(24) 前掲『仏教国民の理想』二一〇頁。

(25) 前掲『仏教国民の理想』二一一頁。

(26) その理由として以下のように述べている。「初めはただ言ってみるだけで、こう租税を取るというのは、はなはだ不都合である。なるほどどうも苦しいと、初めは小さい声で、話し合う位の不平の分子が、隣から隣へ伝わって、だんだん声が大きくなり、ついには租税を取るのは、不都合であるというような主義となるのである。これがとうとう共和政治の基を作るようなことになる」（前掲『道徳の真義』三九頁）。

(27) 前掲『道徳の真義』三九頁。

(28) 前掲『仏教国民の理想』二七五～二七六頁。
(29) 前掲『道徳の真義』一一七頁。
(30) 前掲『仏教国民の理想』三二二～三二三頁。
(31) 前掲『仏教国民の理想』二二九～二三〇頁。
(32) 高楠順次郎「宗教と救済事業」（『高楠順次郎全集補遺』第二巻、武蔵野大学出版会、二〇〇八年、初出一九一四年）三一七～三一八頁。
(33) 高楠順次郎「外国文化の移入とその発展」（『高楠順次郎全集補遺』第三巻、武蔵野大学出版会、二〇一〇年、初出一九四〇年）三七一頁。
(34) 高楠順次郎「文化創造の二大原動力」（『高楠順次郎全集補遺』第三巻、武蔵野大学出版会、二〇一〇年、初出一九四〇年）四〇九頁。
(35) 前掲「外国文化の移入とその発展」三六七頁。
(36) 前掲『アジア民族の中心思想　印度編』一七二頁。
(37) 前掲「日本精神の内容」四八二頁。
(38) 前掲「日本精神の内容」四八四頁。
(39) 高楠順次郎「インド・シナ・現代思想・仏教思想」（『高楠順次郎全集補遺』第三巻、武蔵野大学出版会、二〇一〇年、初出一九三五年）一二六頁。
(40) 前掲「日本精神の内容」四八九頁。
(41) 前掲「日本精神の内容」四四七頁。
(42) 前掲『仏教国民の理想』三三五頁。
(43) 前掲「インド・シナ・現代思想・仏教思想」一二六頁。

(44) ただし、高楠は経済に対する「欲望」に関して、仏教的観点から最小限にするべきとしている（高楠順次郎「信仰問答」『高楠順次郎全集補遺』第二巻、武蔵野大学出版会、二〇〇八年、初出一九三二年、一三三頁）。

(45) 武蔵野女子学院高楠順次郎資料室『高楠順次郎資料　日記二』（武蔵野大学出版会、二〇一一年）三二四頁。

(46) オリオン・クラウタウは「「家族主義」は「日本人の精神」の本質的な土台であり、その歴史的表現のひとつが「祖先教」と彼が呼んだものであって、それは大陸文化の導入よりも遥か以前から機能していたものであると彼〔高楠〕は捉える」と述べている（前掲「大正期における日本仏教論の展開」一三一頁）。

コラム　小野清一郎と高楠順次郎
――仏教と法律――

松岡佑和

法学者・弁護士である小野清一郎（一八九一～一九八六）は、高楠順次郎を敬愛し、高楠の晩年の仏教布教活動の一つである雑誌刊行・編集事業に深く関わった。高楠が小野に与えた影響は大きく、高楠の思想は小野の専門である刑法学にも影響を与えた。小野清一郎、そして小野と高楠の関係について、このコラムではとりあげたい。

小野は東京帝国大学法科大学法律学科で法律を学び、刑法学者として同大学で法学部助教授、教授となった。その後、弁護士となり、晩年は愛知学院大学で教鞭をとり、一九七二年（昭和四七）には文化勲章を受章した。小野は日本を代表する刑法学者の一人であったが、それと同時に熱心な浄土真宗の門徒でもあった。先祖代々浄土真宗の門徒であり、学生時代には島地黙雷、島地大等、近角常観などと交流を持った。多くの法学の専門書とともに、仏教学・真宗学に関して

1934年（昭和9）5月・高楠順次郎自宅前
武蔵野女子学院10周年・仏教女子青年会の集まり，前から2列目，左から4人目が小野，5人目が高楠．

の著作も刊行した。また「仏教と法律」の関係の探究、そして仏教的観点から刑法学を構築するなど、「宗教と社会科学」の接点を追究する学者でもあった。

小野と高楠の関係は小野の東京帝国大学時代に築かれたと考えられる。小野は、高楠の帝大教授時代に、同大卒業、助教、教授となった。小野は助教時代の一九一九年（大正八）に主唱者の一人として、東京帝国大学仏教青年会の創立に尽力した。高楠も仏教青年会と深く関わりを持ち、その発展に寄与したことが知られている。

その後、小野は、高楠を代表として創刊された仏教女子青年会雑誌『アカツキ』（一九二四年〈大正一三〉創刊）、英文雑誌『ヤング・イースト』（一九二五年〈大正一四〉創刊）の編集に関わった。特に「ヤング・

イースト」第一期編集委員に抜擢されたことは、小野いわく「私の思想に決定的な影響を与えた」とのことである。(1)『アカツキ』創刊号に寄稿した「仏教女子青年会に対する希望」では、高楠とともに発展に尽力した仏教青年会の女性版といえる仏教女子青年会に大きな期待を示している。同会にも積極的に関わっていたようで、同会の集まりへの出席、同会の中心的な場所であった武蔵野女子学院の卒業式で講演を行った。

小野は高楠に相当心酔していたようで、「〔高楠〕先生と私との関係は、まったく深い宿縁ともいうべきもの」、「先生の思想はいま現に私の思想や行動を決定している。私の拙い刑法学も、その基底には高楠先生の思想が流れている」と語っている。(2)高楠の日記にも小野の名前は幾度かあがり、西洋思想に関して談義をした様子などが記されている。

小野は、「和の倫理─憲法一七条解釈、その一─」（一九三七年〈昭和一二〉）において、日本独自の「和の倫理」を論じており、その内容は、高楠の「家族主義」と類似している。小野は、「個人は国家に対抗するものではなくして、本来国家と不二なるもの」と捉え、「共同体的な和の倫理は国家、なかんづく我が日本国家を精神的に基礎づけるものである」と論じた。(3)このような共同体論は戦前多くみられた論調であるが、高楠と小野の特徴は、高楠は仏教的観点から、小野は「仏教と法律」的観点から、共同体論を語り直した点であろう。そして小野の仏教観に多大なる影響を与えたのが高楠であったことはいうまでもない。

小野の直弟子である団藤重光は小野の法思想の特徴として、「〔小野〕先生においては、法は人倫の事理として倫理であり、国家の政治的実践における倫理の自覚形態である。それは根本的に道義的なものである。行為者の道義的責任は、仏教的な業（カルマ）の考え方をもとにした」と論じ、小野の法思想に仏教が決定的な影響を与えていたと述べている。(4)

小野は一九六三年（昭和三八）に刑法改正準備会の議長となり、その後正式に法制審議会刑事法特別部会の部長として、明治以来大きな改正がなかった刑法改正の中心的人物となる。「改正刑法草案」は一一年の討議を経て一九七四年（昭和四九）に完成する。しかし、小野が晩年の人生を捧げた「改正刑法草案」は法曹・学界から強い批判があり、国会に原案として提出することができず、立法化されることはなかった。その理由は、この「草案」は小野の「学問的見解が色濃く浸透した案」であり、倫理的傾向が強かったためとされている。小野は倫理学として刑法学を構築しようとした。そしてその倫理の源泉は仏教であった。

高楠は「仏教と社会」の実践として教育を選択し、それを武蔵野女子学院創設というかたちで実現させた。そして小野は法律を選択し、「仏教と社会」を実践の場で接合しようと試みた。その最大の試みである刑法改正が実現されることはなかったが、小野は「最後まで異常な執念を持ってこの草案の立法化に意欲を燃や」したという。(5) 小野の「仏教と社会」の接点への強い関心、そしてその実践への執念は、同様に「仏教と社会」に強い関心を持っていた高楠の影響といえるであろう。

注

（1）小野清一郎「世の中安隠なれ　仏法ひろまれ」（『中外日報』一九八四年一月一日号、中外日報社）一七頁。

（2）小野清一郎「高楠順次郎と私」（『宗教増刊　高楠順次郎博士特集号』教育新潮社、一九七六年）二二頁。

（3）小野清一郎「和の倫理―憲法十七条解釈、その一―」（『仏教と法律　小野清一郎博士論文集　愛知学院大学宗教法制研究所紀要』愛知学院大学宗教法制研究所、一九八七年、初出一九三七年）一八三頁。

（4）団藤重光「小野清一郎先生の人と学問」（『ジュリスト』八六一号、有斐閣、一九八六年）六三頁。

（5）前掲「小野清一郎先生の人と学問」六六頁。

第三章　高楠順次郎の女子教育と仏教女子青年会

岩田真美

はじめに

仏教女子青年会とは、高楠順次郎（一八六六〜一九四五）が主導した女性の社会教育を目的とした団体である。それはキリスト教女子青年会（ＹＷＣＡ）を意識した団体でもあった[1]。発足までの経緯として、一九二三年（大正一二）三月、高楠の自宅にて第一回相談会が開かれ、四十数名の有志が集まって話し合いが行われた。その後も数回の会合を重ねた結果、高楠順次郎を会長として仏教女子青年会は発足するに至った。一九二四年（大正一三）四月一二日には東京芝公園の協調会館において発会式が行われた。また同年には、武蔵野女子学院が創設されている。山崎龍明は、仏教女子青年会の創設は武蔵野女子学院の設立と切り離して考えられないものであったと指摘しており、創立一〇〇周年を迎えた武蔵野大学の源流として重要な役割を果たしたものと思われる[2]。

仏教女子青年会の機関誌として、一九二五年（大正一四）一月には『アカツキ』が創刊された。『アカツキ』は武蔵野女子学院の関係者など女性が主体になって編集を行っており、終刊を迎える一九四一年（昭和一六）まで月刊誌として一七年間に渡り、延べ一七〇号にも及ぶ冊子を発行し続けた。ほとんど毎号のように、冒頭には高楠順次郎による論考が掲げられている。高楠の強いリーダーシップのもと、仏教女子青年会と機関誌『アカツキ』は仏教主義に基づく女子大学の創設を目指して、その思想的土壌を養成する役割を担っていたといわれる。(3) そこには時代の要請に応えるような新しい女性像が芽生えていた。またそれは、高楠の仏教女子教育観とも密接に関わっていたと考えられる。

高楠順次郎の仏教女子教育については、鷹谷俊之『高楠順次郎先生伝』（一九五七年）、武蔵野女子学院編『武蔵野女子学院五十年史』（一九七四年）、武蔵野女子大学仏教文化研究所編『雪頂・高楠順次郎の研究―その生涯と事蹟―』（一九七九年）など、武蔵野女子学院（現武蔵野大学）関係者を中心とした研究の蓄積がある。先行研究では高楠が仏教女子教育を推進しようとした理由について、いくつかの見解が示されている。高楠が学院創設前までに子女を次々と亡くしており、こうした事情が起因したのではないかという説。また一九二〇年代には女子教育が拡張しつつあったが、女子の高等教育はキリスト教に独占されていた。そのため仏教主義に基づく女子教育の必要性を感じていたという説。仏教思想を現実の生活に応用するためには、女性の「母性」の養成が重要だと考えていたなどの理由があげられている。これらは複合的にみていく必要があると思われるが、本章では高楠の仏教女子教育を検討する上で、とくに「母性」という言説に注目してみたい。

また碧海寿広も指摘するように、近代仏教とジェンダーに関する研究は不足している[4]。ここでは日本初の女性による文芸雑誌として『青鞜』が創刊され、「新しい女」の生き方が示されつつあるなか、やがて女性解放運動が広がりを見せ、新中間層を中心に読書する女性が増えつつあった大正末期から昭和初期にかけて、仏教女子青年会と機関誌『アカツキ』はどのような言論活動を展開していたのかを検討したい。そこには「教化される側」に位置づけられることが多かった女性が主体的に仏教を語り始めた姿がうかがえる。本章では近代仏教と女性という視点から該当分野の研究の進展を目指したいと考える。

1　『アカツキ』と新しい女性像

上述したように仏教女子青年会の機関誌『アカツキ』は一九二五年（大正一四）に創刊された。同誌の発行は宗派を超えて反響をもたらし、仏教婦人運動の活性化につながったとされる[5]。『アカツキ』には創刊号から数号に渡って乳酸菌飲料「カルピス」や化粧品「クラブ白粉」などの広告が大きく掲載されている。高楠と親交があったカルピス製造株式会社の三島海雲（一八七八〜一九七四）、化粧品業界でヒット商品を生み出した中山太陽堂の中山太一（一八八一〜一九五六）らの協力があったことは、雑誌を軌道に乗せる上でも大きかったと思われる[6]。また、仏教女子青年会は「新しい時代に対して意義のある」「進歩的な仏教婦人の会」を目指していた[7]。ここではその「新しさ」に注目しながら、仏教女子青年会の活動の一端を紹介したい。

仏教女子青年会では「仏教精神の自覚に基づき女子の地位を高め、家庭を浄化し、社会を廓清するを以て目的とす」ことを掲げていた。事業としては「一　女子の精神的修養、二　女子教育の完成、三　家庭生活の改善、四　女性関係事業の促進（1女子家庭寮の設立、2助医・女教士等の養成、3宗教的芸術の奨励、4一般婦人に対する信仰慰安救護等に関する事業）、五　機関雑誌の発行、六　随時各種講習会、展覧会、研究会、座談会、バザー等を開く」(8)など多様な活動が計画されていたことがわかる。

高楠順次郎は東京帝国大学の仏教青年会の会長を務めていたことから共催で活動を行うこともあった。また『アカツキ』の執筆者も仏教学者の木村泰賢（一八八一～一九三〇）、仏教運動家の高嶋米峰（一八七五～一九四九）、哲学者の紀平正美（一八七四～一九四九）、法学者の小野清一郎（一八九一～一九八六）など、高楠の人脈によるところが大きかった。創刊当初は男性識者による仏教論が中心であったため、しばしば読者から内容が難しすぎるという意見が編集部に届いていたようである。そこで小説家の菊池寛（一八八八～一九四八）や芥川龍之介（一八九二～一九二七）らにも執筆を依頼して文芸欄も充実させるなど、女性読者の期待に応えるべく改良を重ねていた。そして、歌人で作家の与謝野晶子（一八七八～一九四二）や岡本かの子（一八八九～一九三九）など、女性の執筆者を増やしながら「新しい女」の生き方を示そうとしていた。『婦人公論』を創刊して編集長となった嶋中雄作（一八八七～一九四九）は、『アカツキ』のなかで次のように述べている。

婦人本来の婦人運動が男子の手によって成されよう筈がないではありませんか。それが男子によって口火を切られただけでも女性の恥辱でなければなりません。彼等は、理論的には女性を擁護します。女性を尊敬します。女性の人格的発達を希望します。然しながらそれは男性の希望で合って何処までも女性の希望と一致するかどうかは断言することができません。一致するにしてもしないにしても、一度は、婦人自身の手によって婦人の道を切り拓いて見た上でなければなりますまい。(9)

すなわち女性の解放を時代の要請と捉えていた嶋中雄作は、男性識者によって婦人問題が論じられ、先導されるのではなく、女性の手によって婦人運動が切り開かれていくべきだと読者に向けて呼びかけている。

また仏教女子青年会では、法学者で弁護士でもあった小野清一郎を講師として招き、婦人問題について女性たちが主体的に学び、議論する研究会なども開催していた。(10) 高嶋米峰も『アカツキ』誌上において、廃娼運動がキリスト教系の婦人会によってリードされており、仏教婦人会はこれを傍観しているだけだと警鐘を鳴らしていた。こうした社会問題に仏教女子青年会が積極的に関与するように喚起している。(11)

『アカツキ』には婦人参政権運動を主導した市川房枝（一八九三〜一九八一）が寄稿した記事などもある。市川は“Votes for Women”が婦人参政権運動の標語となった由来としてイギリスの女性たちの活動を紹介し、日本の婦人運動を鼓舞している。(12) また市川らと共に女性の政治的権利獲得を目指した日本初の婦人団体「新婦人協会」を立ち上げた奥むめお（一八九五〜一九九七）の発言も興味深い。

婦人の参政権運動も、現在のように、二百や三百の知識階級婦人が都会のまん中で、それも議会を相手にして、「われらに参政権を与えよ」と叫んでいる位のことでは所詮仕様がない。満々一その叫びが聞き届けられて婦選が実現したとしても、現在のように一般の婦人大衆が参政権の問題にまるで無関心でいる限りは、折角獲得した権利も、所詮仕様がなくはないか。要は、もっともっと熱烈な火の如き叫びが婦人大衆の腹の底から叫びあげられて、その威力がついに、権力者階級から参政権を奪取する！　この意気込みでかかって行くのでなくては何処に意義があり得よう。[13]

奥は、婦人運動が一部の上流階級の女性によってのみ行われるのではなく、大衆運動として進まなければならないことを主張する。すなわち婦人参政権運動も、まずは一般女性たちが消費者としての自覚を持ち、消費経済生活を見直すことから始めて、大衆的な婦人運動として発展させたいという思いを持っていた。このように『アカツキ』では、女性の地位向上や権利拡張を目指して活動する先駆者たちを紹介することで新しい女性像を示しつつ、会員たちの主体性を育もうとしていたことがうかがえる。

また西本願寺の仏教婦人会の本部長を務めた九条武子（一八八七～一九二八）が病死した翌年には、『アカツキ』第五巻二号（一九二九年）「九条武子夫人追悼号」が発行されている。そこでは九条武子の臨終の際の言葉として「誰でも一度は必ずこうなるのだから決して悲しむのではないよ、私は戦って戦って戦い尽くしたのだから」[14]というメッセージが掲載されていた。そして、男尊女卑的な社会や教団の風潮とも戦いながら、仏教女子大学（現京都女子大学）の創設のために尽力してきた事績が紹介されている。これらは仏教女子大学の創設を目指していた高楠の思いとも重なる部分があったのではないだろうか。

さらに仏教女子青年会の国際的な活動も紹介されている。一九三〇年（昭和五）七月にホノルルの布哇（ハワイ）仏教会館で開催された第一回汎太平洋仏教青年会議には、高楠の提案で仏教女子青年会から三名の女性を参加させている。『アカツキ』の編集者で、発行人であった川崎静子もその一人であった。川崎は大会終了後もハワイにとどまり、汎太平洋協会主催の第二回汎太平洋婦人会議に参加している。そこにはさまざまな分野で活躍する海外の女性リーダーたちが参加しており、大いに刺激を受けたようである。川崎は現地での様子を『アカツキ』において報告し、海外で活躍する女性たちの情報を共有することで、日本の婦人会運動の課題を提起していた(15)。

2　近代仏教と女性教化

仏教女子青年会では、高楠順次郎らが講師となり「聖典講読会」「梵文講座」「信仰座談会」など仏教を学ぶ講座が定期的に開かれていた。また『アカツキ』では女性の地位向上や権利拡張に関する議論が紹介されていたが、こうした考え方に触れた仏教女子青年会の会員のなかには、従来の「女人は五障三従を抱えた罪深い存在」だとする仏教の女性教化の在り方に疑問を持つものも出てくるようになった。ここではその一端を紹介してみよう。『アカツキ』では編集部の女性たちが、仏教界の著名人らにインタビューをした「おもかげ」というコーナーがある。そこには仏教学者で真宗本願寺派の学階最高位の勧学であった前田慧雲（一八五七〜一九三〇）へのインタビュー記事がある。そのなかで「仏教は女性を一人の人格として扱っているのか否か」と女性差別の問題を取り上げていた。この問いに「仏教は性別による違いはなく平等だ」と答えた前田慧雲に、女性編集者たちは次のように質問している。

それでは昔霊山という霊山は女子の登るのを禁じたり、女人は五障三従というて男にまさって罪の深いものとしたり、とくに女人の為に三十五の願をたてられたりしたのはどういうわけでございませう。同じものならなにもそんなに特別のあつかいをしなくてもよさそうに思はれますが[16]。

従来の真宗教団では女性教化を行う際に通例として、蓮如の『御文章』などを用いて女性は「五障三従のあさましい存在」であると説かれてきた。すなわちそれは女性が「梵天王・帝釈天・魔王・転輪聖王・仏」の五種にはなれないとする五障説、さらに「幼いときは父に、嫁しては夫に、老いては子に従う」という三従説というものであった。そして「五障三従の罪深い女人」は『無量寿経』の第三十五願[17]によって女身を転じることで往生成仏できると説かれてきた。しかし、近代の女性解放運動家たちの思想に触れるなかで仏教女子青年会の会員たちは、これらの教説が女性差別にあたるのではないかという認識を持ち始めていたことがうかがえる。こうした女性たちの疑問に対して、前田慧雲は仏教思想が時代の影響を受けて展開した結果、五障三従説のような教えが説かれるようになったのだと答えている。このため『アカツキ』編集部の女性たちは、「それなら現代の私たちには五障三従も三十五の願もとりのけてお説き下さると、へんな反感を持たずに伺へますが、とって頂くわけには参りませんか[18]。」と違和感を表明している。しかしながら、こうした女性たちの切なる思いに対して、前田は次のように返答している。

しかし、も少し静かに考へてみるがよい。男女同権といっては語弊があるが、仏は女人でも、蚊、蝿、草木に至るまで、同じに見て居る。各自天性を全うして表れて居るのであって、本性からいえば変わったものではない。本来平等のものが、それぞれの因縁によって差を生じ、天子ともなれば乞食ともなる。扱ひぶりこそ違へ、心は同じである。そこで男子も女子も同じに救はれるのであって、救はれて後はじめて平等であるのではなくして、救ふといふそのことがすでに平等なのである。五障三従をとってもいいが、よう考えてみると、今日の家族制度が存在しているかぎりは離れやうとして離れられないものではないかな。[19]

すなわち女性の従属性を示す五障三従説などは、「家」制度の問題とも結びつくため、現状では五障三従説を取り除くことは難しいという見解を示している。

他方で『アカツキ』には、前田慧雲とは対照的な意見も掲載されていた。教育学者の谷本富（一八六七～一九四六）は「現代女性に贈る言葉」として、

女子も亦男子と同様の人間で、別に劣愚なものでも何でもありませぬ。須らく、自尊自重して、大にその特色を発揮すべし。旧来の五障三従の如きは、早く既に時代錯誤の謬見たり。第三十五願は変成男子の事のみ弥陀大悲の御本願は十方衆生を対機とせられて、固より男女両性を別つことなし。[20]

と述べている。つまり、谷本は従来のように仏教が五障三従説などを用いて女性の罪深さを説くことは「時代錯誤の謬見」であり、男女を分けて教化すべきではないという認識を持っていた。しかし、こうした意見は当時においては少数派であり、近代になって男女同権思想が日本に紹介されてからも、依然として仏教教団では「五障三従の罪深い女人」であると女性に教化しながら、第三十五願による女人往生思想が説かれていた。

その一方で『アカツキ』には、女性の「母性」を評価する主張がみられるようになる。

仏教ではよく、婦人は修道のさまたげになるとか、顔は菩薩のやうでも、心は鬼のやうだとか、蓮如上人なども、女人は男にまさって深い罪があるとか、大分形勢が悪いのでありますが、しかしそれは一面の考へであって、一面には決して、そんなことはないのであります。あの「女は弱い、しかし母は強い」といふ言葉を言ひかへて、「女は罪業が深い、母性は強き信念を持つ」と言いかへることは出来ないでせうか。[21]

このように女性は弱く、罪深いと教化されながら、近代になると、そこから「母性」だけが特別視されるようになっていく。そして「母性」こそが強く、善きものだという語り方がみられるようになった。

3　仏教女子教育と「母性」の養成

山崎龍明は、高楠順次郎における女子教育の動機は、現実社会と乖離し「高遠化」した仏教思想を時代の求めに応じて「近代化」させ、実生活に応用するため、女性の「母性」にその可能性を見出していたことを指摘している。[22] ここでは「母性」という言説に注目しながら、武蔵野女子学院の校友会雑誌『紫紅』などを手がかりとして、高楠順次郎の仏教女子教育観について若干の検討を行いたい。

高楠は早くから仏教主義に基づく女子大学を創設するという構想を持っていたが、『大正新脩大蔵経』刊行の事業などもあり、なかなか実行に移すことができずにいた。しかし、一九二三年（大正一二）

九月一日に起きた関東大震災によって「日本の女子が最も目覚めねばならぬ時機となったから女子大学の付属事業として女学校を興したい[23]」と考え、その実現に向けて動き始めた。そして一九二四年（大正一三）、震災後に築地本願寺の境内に設置された日本赤十字社診療所跡を仮校舎として受け継ぎ、武蔵野女子学院を創設し、高楠は院長となる。その翌年には、校友会雑誌として『紫紅』が創刊されている。本誌のなかで高楠は、次のように回想していた。

今の皇太后陛下が親しく病室に臨ませられて病者を労ひたまひし時、御座所に当てられたのが今の院長室である。その病院に入った母の産んだ小児は実に四百余人であった。学院在学生がこの母子一同を迎えて記念の祝祭を倶にすることを得たのは今に忘れぬ愉快なる出来事であった[24]。

すなわち開設当初の院長室は、被災者の慰問に訪れた大正天皇の妻である貞明皇后（一八八四〜一九五一）の御座所であったという。さらに院長として高楠は「母姉に代って母性愛の神聖なることを自然的にも宗教的にも完全に徹底せしめんことを日夜に考慮して居るのである[25]」と教育方針を語っていた。つまり、高楠が目指した仏教女子教育において、当初から「母性」ないし「母性愛」はキーワードであったことがうかがえる。

日本において「母性」という翻訳語が定着し始めたのは大正中期頃からである。ちょうど一九一八年（大正七）から一九一九年にかけては、与謝野晶子、平塚らいてう（一八八六〜一九七一）、山川菊栄（一八九〇〜一九八〇）、山田わか（一八七九〜一九五七）によって母性保護論争が繰り広げられていた。大正中期から昭和初期にかけての高等女学校の修身教科書の女性像について分析した小山静子は、当時の教科書では「母性」というとき、二通りの意味があったことを指摘している。一つは、子を産み、育てるという、女が家庭内で果たしている母役割に着目し、愛情の発揮を説くものである。もう一つは、母性に象徴される「女の特性」を社会的に意義づけ、女に対して「愛」を通して社会を「美化・平和化」することを求めるものである。同じく母性の強調といっても、母性が発揮される対象は、前者の場合、我が子であり、後者の場合は社会・国家であるという相違がある。それゆえ、前者の文脈で語られる母性は、いわば賢母論の延長線上にとらえうるものであり、それは賢母論の理論強化とはなっても、論理としての目新しさはない。むしろこの時期の特徴は、後者の登場にあったといわなければならないだろう(26)。

小山は一九一四年（大正三）に勃発した第一次世界大戦によって総力戦体制における女性の重要性が認識され、従来のような「良妻賢母」思想に何らかの形で転換を図っていかなければならない状況にあったという。そこには西欧と比較して日本の女性の後進性が認識されるようになり、従来の「女が家庭内で果たしている母役割」という前者の立場のみならず、後者のような女性と社会や国家との関係性が説かれるようになった。高楠が用いる「母性」ないし「母性愛」も、それが発揮される場所は家庭内にとどまるものではなく、社会や国家に求められており、後者の意味合いが強かったと考えられる。高楠の次の発言に注目してみたい。

母性愛を拡げて家族愛とし、家族愛を拡げて同胞愛とし、同胞愛を拡げて民族愛となし、民族愛を拡げて人類愛とし、人類愛を拡げて生類愛とする。これが仏教の与ふる愛の世界の理念である。これが生類平等主義の根底に立てる平等の本質である。故に仏教は母性愛を根拠としてその教をたてる。[27]

高楠は「母性愛」を拡大させていくと、それは一切衆生に対する仏の慈悲にもつながるものだと捉えている。そして仏教の教えは「母性愛」を根拠として成り立つとまで述べていた。オリオン・クラウタウは、大正期に議論されていた「家族主義」のコンテキストとの関連のなかで高楠順次郎の仏教思想を検討し、「家」制度にまつわる言説を日本仏教界に導入したことにその独自性を見出している。[28]つまり、「家族主義」と「日本仏教」を結びつける上で、「母性」や「母性愛」は両者をつなぐ重要なキーワードとなっていたのではないだろうか。

さらに高楠は「母性愛」は「自然愛」と結びつくものだと考えていたようである。

胎教の時代より生育の時代、教育の時代より生業の時代、而して実生活より勇退して後の退思の時代に到るまで、殆ど女性の自然愛に依らざれば全うする能はざるもののみ。而してその女性にして、若し理念に欠け、宗教性に欠け、人格性に欠けたりとせんか、日本民族の進運は何に依りてかこれに望み得べきか。女性教養の忽且に付すべからざる所以亦ここに在りて存す。[29]

ここで高楠は、「日本民族の進運」とは女性の「自然愛」にゆだねられており、それは女性の教養によって支えられるものだと説いている。第一次世界大戦による世界情勢の変化、戦後恐慌、関東大震災などを経て、未曽有の危機を経験した高楠にとって国家の未来に望みをかける上で、女性への教育こそが最重要課題となっていたことがうかがえる。

近代日本における「母性」と「自然」の関係について、源淳子は次のように指摘している。一九二〇年代における「母性愛」の普及は、天皇制国家の要請に応えるかたちで女性たちのなかに定着していく。日露戦争（一九〇四年）が終結すると、日本のアジア進出は加速する。韓国を併合する（一九一〇年）その翌年に「青鞜」運動がおこっている。後に女性解放運動の観を強くするが、もともとは文芸運動として発足した。そして、明治が終わり、大正を迎える。第一次世界大戦（一九一四年）後、しばらくして母性保護論争（一九一八年）が始まる。「母性」と「生命」が密接な関係として捉えられるが、その背景には、一九二三年におこった関東大震災の影響も大きかった。また同じ時代、明治以来の近代化の波が一段落した結果、近代化の反省がおきたともいえる。それは、近代化に伴う物質文明、利益追求などへの反省である。「自然」への回帰が求められ、文芸、哲学、思想などの分野で多くの人を輩出した。そうした状況のなかで、「母性」は「自然」に結びつけられていく。(30)

源淳子は近代的総力戦において、女性には子供を産み、教育することが求められていたが、「母性」と「自然」とは、神話的存在である天皇とその国民の結合を果たすものとして結びついていったという。明治民法によって定められた「家」制度は、近代日本のナショナリズムにとって欠かすことのできない関係性があり、個々の「家」は近代国家を支える最小の共同体でもあった。それゆえ、「家」を存続させるために「母性」は重視され、それは近代仏教の女性教化の在り方とも結びついていくこととなった。こうした「母性」の尊重は、同時代の仏教学者の渡辺海旭（一八七二～一九三三）の発言にもみられる。

吾が仏陀は常に婦人の天職につき、特に『母性の尊重』に関して、極めて適切深遠の御教を御遺しになり、万古不磨の真理は今に至るまで世界を照らしております。而して『母性完成』に就きての仏教精神の最高理想は実に『仏の母』の信仰であります。吾々は此御教に従ひ、この信仰理想に生きて、現代婦人問題に処すべき道を確実に且着々と踏みしめたいと切に念願いたして居ります。(31)

これは浄土宗婦人協会の発会式における渡辺海旭の発言であるが、「婦人の天職」と「母性」が関連づけられている。そして婦人問題に対処するためにも、仏教思想によって「母性完成」を目指すことが大事だと述べられていた。また、『アカツキ』において積極的に婦人問題を語っていた高嶋米峰も、婦人運動は「母性の完成」を目指すものでなければならず、「母性」を滅するような職業に女性が従事することを廃止しなければならないとまで述べていた。(32) これらのことからも「母性」の養成は、当時の仏教女子教育、仏教婦人運動において重要視されていたことがうかがえる。そして、それは社会と乖離した仏教思想を時代に対応させようとする高楠にとって大きな可能性を持つものであったと考えられる。

おわりに

高楠順次郎の女子教育と仏教女子青年会について、『アカツキ』や『紫紅』を手がかりに検討してきた。仏教女子青年会は高楠が目指した仏教女子大学の創設に向けて、その基盤を築いていくためにも重要な役割を担っていたと考えられる。その機関誌『アカツキ』では婦人参政権や廃娼運動などの社会問題が積極的に紹介されていた。そこでは女性の解放や地位向上が目指されており、新しい女性像が示されつつあった。また高楠順次郎らが講師となって女性たちが仏教を学ぶ講座も開かれており、女性が主体的に自らの言葉で信仰を考えるきっかけを提供していたものと思われる。これらの影響を受けた会員のなかには、女性を罪深い存在だとする「五障三従」などの教説が女性差別にあたると主張するものも出てくるようになった。その一方で、女性は罪深いが、「母性」はよいものだという語り方もみられるようになる。こうした「母性」の尊重は、高楠の仏教女子教育観とも密接に関わっていた。

高楠は仏教思想を時代の求めに対応させるべく、「母性」を養成する仏教女子教育に大きな可能性を見出そうとしていた。それは「良妻賢母」の発想を引継ぐものであり、現代的な視点からみれば「男性は公領域（仕事）」「女性は私領域（家庭）」という性別役割分業の問題とも結びつくこととなった。しかし「母性」は女性を家庭内にとどめるだけではなく、歴史のなかで女子教育の改善、女性の社会進出など、女性の地位向上を実現する根拠として用いられてきた面もあったことを指摘しておきたい(33)。

本章では大正末期から昭和初期における高楠の女子教育と仏教女子青年会との関係を中心に考察したが、他にも同会と戦争との関わり、社会福祉事業、静岡県御殿場の楽山荘での教育と修養、仏教青年会や仏教婦人会との連携など多様な動きがみられる。今回は紙面の都合上、これらを取り上げることができなかった。また『アカツキ』と『紫紅』に関しても、近代仏教とジェンダー研究、さらにはメディア史研究を進めていく上で重要な論点と資料になり得ることから、今後の課題として取り組んでいきたい。

注

（1）碧海寿広『高楠順次郎―世界に挑んだ仏教学者―』（吉川弘文館、二〇二四年）一三一頁。
（2）山崎龍明「第五章　仏教女子青年会運動と浄土真宗観」（武蔵野女子大学仏教文化研究所編『雪頂・高楠順次郎の研究―その生涯と事蹟―』大東出版社、一九七九年）。
（3）「終刊の辞」（『アカツキ』第一七巻一〇号、一九四一年）。
（4）碧海寿広「第五章　近代仏教とジェンダー―女性信徒の内面を読む―」（『近代仏教のなかの真宗―近角常観と求道者たち―』法藏館、二〇一四年）。一方で、近年は近代真宗と女性に関する研究として、岩田真美・中西直樹編『仏教婦人雑誌の創刊』（法藏館、二〇一九年）、中西直樹『真宗女性教化雑誌の諸相』（法藏館、二〇二一年）、福島栄寿『近代日本の国家と浄土真宗―戦争・ナショナリズム・ジェンダー―』（法藏館、二〇二三年）など、少しずつではあるが進展しつつある。
（5）「皆様の多大な御支援と御同意とで意外にも大きな波紋をつくったわが仏教女子青年会並に「あかつき」はいま心からのよろこびを禁じ得ないのであります。私達の投げた石は段々大きな波紋となって今迄あるかなしの婦人会が急に動き出したり、あっちでも、こっちでも雑誌を出す計画を立てたり、仏教婦人界は急に賑やかになって来ました。これでこそ私達の使命への一歩が築かれたのであるとうれしく思ふのであります」（「編集後記」『アカツキ』第一巻八号、一九二五年）。
（6）中山太一は一九二四年（大正一三）に中山文化研究所を創設しており、後に高楠順次郎も同研究所の所長に就任している。詳細は本書掲載の大澤広嗣論文を参照されたい。
（7）小野清一郎「仏教女子青年会に対する希望」（『アカツキ』創刊号、一九二五年）。
（8）「会員募集」（『アカツキ』創刊号、一九二五年）。
（9）嶋中雄作「女同誌手をつなぐの急務」（『アカツキ』第一巻七号、一九二五年）。

(10)「婦人時事評」（『アカツキ』第二巻一号、一九二六年）。
(11) 高嶋米峰「仏教婦人と公娼廃止運動」（『アカツキ』創刊号、一九二五年）。
(12) 市川房枝「Votes for Women」（『アカツキ』第一巻三号、一九二五年）。
(13) 奥むめお「家庭婦人としての反省―婦人は消費経済運動から政治へ―」（『アカツキ』第五巻二号、一九二九年）。
(14) 岡部宗城「落日」（『アカツキ』第五巻二号、一九二九年）。
(15)『アカツキ』第六巻一二号、一九三〇年、『アカツキ』第七巻一号、一九三一年参照。
(16)「前田慧雲和上のおもかげ」（『アカツキ』第一巻四号、一九二五年）。
(17)「たとひわれ仏を得たらんに、十方無量不可思議の諸仏世界に、それ女人ありて、わが名字を聞きて、歓喜信楽し、菩提心を発して、女身を厭悪せん。寿終りての後に、また女像とならば、正覚を取らじ」（『浄土真宗聖典　註釈版第二版』本願寺出版社、二〇〇四年、二一頁）。
(18)「前田慧雲和上のおもかげ」前掲書。
(19)「前田慧雲和上のおもかげ」前掲書。
(20)「現代女性にをくる言葉」（『アカツキ』第一巻四号、一九二五年）。同号の企画のなかで、佐々木月樵は「予は、男子はその独立的なる点に於いて、正さに名詞であり、女子は従属的な点にては形容詞であると思う。……東洋婦人の精華は正さしく形容詞たることにあると信ずる。“Woman is adjective”の語は現代女性にをくる予が唯一の言葉である」と記しており、女性を従属的な存在と見なす仏教者も多くいたことがわかる。
(21) 別符了栄「宗教と婦人」（『アカツキ』第六巻五号、一九三〇年）。
(22) 山崎龍明前掲論文。
(23)「学院の状況」（『紫紅』第一号、一九二六年）。
(24) 高楠順次郎「武蔵野女子学院第一回生を送る」（『紫紅』第七号、一九二八年）。

(25) 高楠順次郎「武蔵野女子学院第一回生を送る」前掲書。
(26) 小山静子『良妻賢母という規範』(勁草書房、一九九一年)二二二～二二三頁。
(27) 高楠順次郎「女性美」(『紫紅』第二号、一九二六年)。
(28) オリオン・クラウタウ「第三章　大正期における日本仏教論の展開―高楠順次郎の仏教国民論を題材に―」(『近代日本思想史としての仏教史学』法藏館、二〇一二年)。
(29) 高楠順次郎「題字」(『紫紅』第一号、一九二六年)。
(30) 源淳子『フェミニズムが問う仏教―教権に収奪された自然と母性―』(三一書房、一九九六年)一五七～一五八頁。
(31) 渡辺海旭「母性完成の春」(『アカツキ』第二巻四号、一九二六年)。
(32) 高嶋米峰「母性としての女性」(『アカツキ』第五巻一〇号、一九二九年)。
(33) 姫岡とし子『ジェンダー史10講』(岩波書店、二〇二四年)三〇頁。

第四章　高楠順次郎と日華学堂
——近代日中文化交流の先駆者——

欒　殿　武

はじめに

清国人留学生の予備教育といえば、弘文学院が最も有名である。嘉納治五郎は、一八九六年（明治二九）に神田区三崎町一丁目二番地に嘉納塾[1]を設立した後、一八九九年一〇月、同地に亦楽学院を創設し、三矢重松を主任教授に起用して五人の清国人留学生を教授監督させた[2]。一九〇二年、北京警務学堂が数十名の学生を派遣してきたため、亦楽学院は規模を拡大して牛込区西五軒町三四番地に移り、弘文学院と改名し、後に宏文学院に名称を変更して、清国人留学生の急増に応じて分校六校を増設し、東京に押し寄せた清国人留学生の大部分を収容し、隆盛を極めた[3]。

それより先に、もう一つ清国人留学生の予備教育を専門的に行った日華学堂が存在していた。以前、日華学堂があまり注目されなかったが、近年新しい研究成果の公開により、ようやくスポットライトを浴びるようになった。日華学堂は高楠順次郎が総監を務め、一八九八年六月[4]に清国学生の速成教育を目的に、日本語と普通学の習得を中心として、専門教育の予備教育機関として創立され、わずか三年間あまりしか存在しなかったが、中国近代史に名が残る人材を輩出し、特筆に値する教育機関であった。

本章は、現存の『日華学堂章程要覧』（以下『要覧』[5]）と『日華学堂日誌』（以下『日誌』[6]）およびその他の資料を基に、日華学堂の教育内容を明らかにし、高楠順次郎と日華学堂の歴史的貢献を検討してみたい。

1　日華学堂に関する研究史

これまで日華学堂に関する先行研究について、筆者が管見する限り、主要の論文は以下の通りである。最も早く日華学堂を取り上げたのは実藤恵秀の「中国人日本留学史稿（五）」（『日華学報』第六二号、一九三七年七月）である。その中で、『要覧』に基づき、設立の時期、趣旨、教科および二五名の留学生の入学の時期と氏名を紹介した[7]。また、同氏は「日華学堂の教育――留日学生史談（五）」（『東亜文化圏』三巻二号、一九四四年）で、『日華学堂日記』（明治三一年）と『日華学堂日誌』（明治三二～三三年）の一部を公開し、宝閣善教の日記『燈焔録』（明治三一年）と『行雲録』（明治三三年）を参照に、日華学堂の教育を解説した[8]。

呂順長は『清末中日教育文化交流之研究』（商務印書館、二〇一二年）の「第八章　浙江早期留日学生」

において、日華学堂の創立時期や浙江省出身の学生らを取り上げ、派遣の経緯や日本での勉強およびその後の活躍を紹介した。

一方、孫安石は『留学史研究の現段階』（大里浩秋・孫安石編、御茶の水書房、二〇〇二年）において外務省外交史料館所蔵の関連資料リストを整理し、初期の清国留学生らにまつわる資料に注目した。その延長線において、柴田幹夫は再び『日誌』全文を読み起こし、「『日華学堂日誌』一八九八〜一九〇〇年」（『新潟大学国際センター紀要』第九号、二〇一三年）を発表することにより、日華学堂が再び注目を浴びた。(9)最新の研究としては、『日華学堂とその時代—中国人留学生研究の新しい地平—』（欒殿武・柴田幹夫編、武蔵野大学出版会、二〇二二年）が挙げられる。

2　日華学堂設立の経緯

一八九八年に浙江巡撫廖寿豊は八名の学生を選び、日本へ留学に派遣することに決めた。同年六月に求是書院(10)四名（銭承誌・陸世芬・陳榥・何橘時(11)）と浙江武備学堂四名（蕭星垣・徐方謙・段蘭芳・譚興沛）が来日した。(12)最初、目挽町二丁目の厚生館に滞在し、外務省が候補訳官酒匂祐三を派遣して毎日二時間、求是書院出身の四名に日本語を教えた。六月に、高楠順次郎は外務省の依頼を受け、本郷区駒込西片町一九番地の民家(13)を借りて、中島裁之(14)に監督を依頼して日本語と普通学（算数・歴史・地理など）の講義を始めた。宿舎は「中華学館」との表札を掲示した。これが日華学堂の始まりである。(15)

雑誌『国士』（第七号、講道館、一八九九年四月五日）の「日華学堂在学の清国学生」によれば、一八九八年（明治三一）の夏に江蘇知県浦蒋が来日し、留学生について外務次官小村寿太郎に受け入れを依頼し、小村は逓信大臣秘書官高楠らと協議して、日華学堂を設立したという。このことから、日華学堂は嘉納塾の後を受けて、外務省の資金援助により設立した中国人留学生の教育機関である。

設立の趣旨は「専在教養清國學生。務使學生從速講習我言語。諳熟我習俗。並修普通各科之學。而為治専門各科之地步。以期培成其材」（専ら清国の学生を教養し、努めて学生をして速やかに我が言語を講習し、わが風俗に諳熟し、並びに普通各科の学を修め、而して専門各科を修むるの地歩たらしむ。以て其の才に培うを期する）[16]ということで、日本語と普通科目の学修を目的とする予備教育機関である。

3　学生の構成

1．浙江省から派遣された求是書院の学生四名と転学生一名
銭承誌・陸世芬・陳榥・何橘時[17]（一八九八年六月に入学）、汪有齢（大阪商人孫淦の斡旋で一八九八年九月二五日に入学[18]）。

2．南洋大臣劉坤一から派遣された南洋公学出身者六名
章宗祥・富士英・雷奮・胡礽泰・楊蔭杭・楊廷棟[19]（政治・法律研究を志望し、一八九九年一月二〇日に入学）。

3．北洋大臣から派遣された北洋大学堂六名、北洋水師学堂六名

黎科・張煜全・王建祖・張奎・金邦平・周祖培・安慶瀾・高淑琦・蔡成煜・沈琨・張鍈緒・鄭葆丞[20]（一八九九年三月三一日に入学）。

4．公使館等の紹介による私費留学生

呉振麟[21]（孫淦の紹介で一八九八年一〇月三一日入学）、陳玉堂[22]（一八九九年二月六日に入学）、鄭康耆[23]（一八九九年三月一七日に三橋信方の紹介で入学を求めた）、梁炳光と譚錫鏞（一八九九年五月二一日に入学を求めたが、六月二日に辞退）。

一八九九年一月二〇日、南洋公学[24]から派遣された南洋組が入学後、日本語レベルの違いにより、甲級（六人）と乙級（七人）二組ができた。

私費留学生を除き、求是書院、南洋公学と北洋大学堂、北洋水師学堂から派遣された学生は初期の官費留学生である。

4　日華学堂のカリキュラム

現存の資料を調べると、学堂のカリキュラムは二つある。高楠が一八九九年（明治三二）二月二四日に外務次官都筑馨六に提出した「日華学堂支那留学生教育[25]」と、一八九九年六月三〇日起草した公式の『日華学堂章程要覧』にそれぞれカリキュラムを掲載している。

『要覧』によると、課程として正科と別科が設置され、正科は普通予備科と高等予備科に分けられ、別科は予備撰科、日本語専修科に分けられた。

普通予備科は高等学校と専門学校入学を目標とし、二年制で日本語と英語またはドイツ語、歴史・地理・数学・物理化学・博物学を学ぶ。

高等予備科は帝国大学各科入学を目標とし、一年制で法学・文学・工学・理学・農学などを学ぶ。

別科の予備撰科は普通科に通う者が帝国大学または高等専門学校への進学者を速成するために設置されたもので、高等予備科から選修し、学制が無定期だが、二年間を期限とする。

日本語専修科は日本語を学ぶため、約一年間、日本語のみ学習する。

学年暦は九月五日から翌年の七月二五日まで、二学期に分けられる。前期は九月五日から翌年二月一五日まで、後期は二月二〇日から七月二〇日までである。毎日平均的に五、六時間の授業を行うが、難易度に基づき、随時調整する。日曜日と祝祭日は休む。冬休みは一二月二九日から翌年一月七日まで、夏休みは七月一一日から九月四日までであるが、七月二二日から八月二〇日までの間、毎日二、三時間の夏期集中講義を行う[26]。

前述の普通予備科第一学年の二つのカリキュラムは次の通りである[27]。これにより、各課程の履修科目と毎週の学習時間および合計学習時間数が読み取れるが、特に日本語科目の時間数は一八九九年二月と六月に異なり、学生の実情に基づき、調整されたと考えられる。

表１　高楠の提出した「説明書」におけるカリキュラムの抜粋
（出典「第１号表日華学堂学科課程」）

普通予備科第１年級

前期	9月1日より12月28日まで			後期	1月8日より7月15日まで		
	日語	会話	1週9時間		日語	作文文法	1週3時間
		普通読本	9時間			普通読本	6時間
	英語				英語	会話文法	3時間
						普通読本	3時間
	数学	算数	3時間		数学	算数	3時間
						幾何学	3時間
	地理	万国地理	3時間		地理	万国地理	2時間
	歴史	世界歴史	3時間		歴史	世界歴史	3時間
	博物				博物	植物学	3時間
	合計27時間				合計29時間		

普通予備科第２年級

前期				後期			
	日語	作文文法	1週2時間		日語	作文文法	1週2時間
		高等読本	4時間			高等読本	4時間
	英語	会話文法 普通読本	2時間 4時間		英語	作文文法	2時間
						普通読本	4時間
	数学	幾何学 代数学	2時間 3時間		数学	幾何学	2時間
						代数学	3時間
	地理	万国地理	2時間		地理	地文学	2時間
	歴史	世界歴史	3時間		歴史	東洋史	3時間
	博物	植物学 動物学	2時間		博物	動物学	2時間
	理化	物理学	3時間		理化	物理学	3時間
		化学	2時間			化学	2時間
	合計29時間				合計29時間		

表2　『要覧』のカリキュラム（出典『日華学堂章程要覧』）

普通預科第1年級學科課程單

前學期　後學期

<table>
<tr><td rowspan="3">日語</td><td>說話</td><td>12 點鐘</td><td rowspan="2">日語</td><td>說話</td><td>讀書</td><td rowspan="2">8 點鐘</td></tr>
<tr><td>讀本</td><td>6 點鐘</td><td>作文</td><td>文法</td></tr>
<tr><td>文法</td><td>3 點鐘</td><td></td><td></td><td></td><td></td></tr>
<tr><td>算學</td><td>算術</td><td>3 點鐘</td><td rowspan="2">英語</td><td>說話</td><td>譯讀</td><td rowspan="2">9 點鐘</td></tr>
<tr><td></td><td></td><td></td><td>作文</td><td>文法</td></tr>
<tr><td>歷史</td><td>萬國史</td><td>3 點鐘</td><td rowspan="2">算學</td><td>算術</td><td></td><td rowspan="2">6 點鐘</td></tr>
<tr><td></td><td></td><td></td><td>幾何</td><td></td></tr>
<tr><td>輿地學</td><td>萬國地理</td><td>2 點鐘</td><td>輿地</td><td>萬國地理</td><td></td><td>2 點鐘</td></tr>
<tr><td></td><td></td><td></td><td>博物</td><td>植物學</td><td></td><td>2 點鐘</td></tr>
<tr><td colspan="3">每一禮拜計 29 點鐘</td><td colspan="4">每一禮拜計30 點鐘</td></tr>
</table>

普通預備科第2年級學科課程單

前學期　後學期

<table>
<tr><td rowspan="2">日語</td><td>作文文法</td><td rowspan="2">5 點鐘</td><td rowspan="2">日語</td><td>作文文法</td><td rowspan="2">5 點鐘</td></tr>
<tr><td>譯讀</td><td>譯讀</td></tr>
<tr><td rowspan="2">英語</td><td>會話譯讀</td><td rowspan="2">7 點鐘</td><td rowspan="2">英語</td><td>說話譯讀</td><td rowspan="2">7 點鐘</td></tr>
<tr><td>作文文法</td><td>作文文法</td></tr>
<tr><td rowspan="2">算學</td><td>幾何學</td><td rowspan="2">6 點鐘</td><td rowspan="2">算學</td><td>代數學</td><td rowspan="2">6 點鐘</td></tr>
<tr><td>代數學</td><td>三角術</td></tr>
<tr><td>歷史</td><td>萬國史</td><td>2 點鐘</td><td>歷史</td><td>亞洲史</td><td>2 點鐘</td></tr>
<tr><td>輿地</td><td>萬國地理</td><td>2 點鐘</td><td>輿地</td><td>地文學</td><td>2 點鐘</td></tr>
<tr><td rowspan="2">博物</td><td>物植學</td><td rowspan="2">2 點鐘</td><td>博物</td><td>動物學</td><td>2 點鐘</td></tr>
<tr><td>動物學</td><td></td><td></td><td></td></tr>
<tr><td>格致</td><td>格致學</td><td rowspan="2">6 點鐘</td><td>格致</td><td>致學</td><td rowspan="2">6 點鐘</td></tr>
<tr><td>化學</td><td>化學</td><td>化學</td><td>化學</td></tr>
<tr><td colspan="3">每一禮拜計 30 點鐘</td><td colspan="3">每一禮拜計30 點鐘</td></tr>
</table>

高等預備科學科課程單

法學預備科

<table>
<tr><td>日語</td><td>日本語言</td><td>3 點鐘</td><td>日語</td><td>日本語言</td><td>3 點鐘</td></tr>
<tr><td rowspan="2">英語</td><td>會話譯讀</td><td rowspan="2">9 點鐘</td><td rowspan="2">英語</td><td>說話譯讀</td><td rowspan="2">9 點鐘</td></tr>
<tr><td>作文文法</td><td>作文文法</td></tr>
<tr><td>歷史</td><td>文明史</td><td>3 點鐘</td><td>歷史</td><td>文明史</td><td>3 點鐘</td></tr>
<tr><td>論理</td><td>論理學</td><td>3 點鐘</td><td>論理</td><td>論理學</td><td>3 點鐘</td></tr>
<tr><td>富國學</td><td>富國論</td><td>3 點鐘</td><td>富國學</td><td>富國論</td><td>3 點鐘</td></tr>
<tr><td>法學</td><td>法學通論</td><td>4 點鐘</td><td>教育</td><td>教育學</td><td>3 點鐘</td></tr>
<tr><td>政學</td><td>政治要論</td><td>4 點鐘</td><td rowspan="2">德語</td><td>文法</td><td rowspan="2">6 點鐘</td></tr>
<tr><td></td><td></td><td></td><td>譯讀</td></tr>
<tr><td colspan="3">每一禮拜計 29 點鐘</td><td colspan="3">每一禮拜計30 點鐘</td></tr>
</table>

理學工學預備科　　　　　　醫學預備科

<table>
<tr><td>日語</td><td>日本語言</td><td>3 點鐘</td><td>日語</td><td>日語語言</td><td>3 點鐘</td></tr>
<tr><td rowspan="2">英語</td><td>說話譯讀</td><td rowspan="2">9 點鐘</td><td rowspan="2">德語</td><td>說話譯讀</td><td rowspan="2">12點鐘</td></tr>
<tr><td>作文文法</td><td>作文文法</td></tr>
<tr><td rowspan="3">算學</td><td>解拆幾何</td><td rowspan="3">6 點鐘</td><td rowspan="3">算學</td><td>高等數理</td><td rowspan="3">3 點鐘</td></tr>
<tr><td>微分積分</td><td rowspan="2">大旨</td></tr>
<tr><td>方程式物</td></tr>
<tr><td>格致</td><td>重學</td><td rowspan="2">3 點鐘</td><td>格致</td><td>格致學化學</td><td rowspan="2">3 點鐘</td></tr>
<tr><td>化學</td><td>力學</td><td>化學</td><td>實習</td></tr>
<tr><td>礦物</td><td>礦物學</td><td>2 點鐘</td><td>博學</td><td>生物學</td><td>3 點鐘</td></tr>
<tr><td>測量</td><td>測量學</td><td>2 點鐘</td><td>醫學</td><td>剖身學</td><td>3 點鐘</td></tr>
<tr><td rowspan="2">圖畫</td><td>自在畫</td><td rowspan="2">5 點鐘</td><td>圖畫</td><td>自在畫</td><td>2 點鐘</td></tr>
<tr><td>用器畫</td><td></td><td></td><td></td></tr>
<tr><td colspan="3">每一禮拜計 30 點鐘</td><td colspan="3">每一禮拜計30 點鐘</td></tr>
</table>

農林學預備科

<table>
<tr><td>日語</td><td>日本語言</td><td>3 點鐘</td></tr>
<tr><td rowspan="2">英語</td><td>說話讀本</td><td rowspan="2">9 點鐘</td></tr>
<tr><td>作文文法</td></tr>
<tr><td rowspan="2">算學</td><td>高等算學</td><td rowspan="2">3 點鐘</td></tr>
<tr><td>大旨</td></tr>
<tr><td>格致</td><td rowspan="2">化學</td><td rowspan="2">3 點鐘</td></tr>
<tr><td>化學</td></tr>
<tr><td rowspan="2">博物</td><td>動物學</td><td rowspan="2">6 點鐘</td></tr>
<tr><td>生理學</td></tr>
<tr><td rowspan="2">礦物</td><td>礦物學</td><td rowspan="2">3 點鐘</td></tr>
<tr><td>地質學</td></tr>
<tr><td>富國學</td><td>富國論</td><td>3 點鐘</td></tr>
<tr><td colspan="3">每一禮拜計30 點鐘</td></tr>
</table>

日語專修科學科課程單

1 學期（3 箇月）　2 學期（4 箇月）　3 學期（4 箇月）

<table>
<tr><td rowspan="2">說話</td><td rowspan="2">18點鐘</td><td rowspan="2">說話</td><td rowspan="2">12點鐘</td><td>說話</td><td rowspan="2">6 點鐘</td></tr>
<tr><td>實習</td></tr>
<tr><td rowspan="2">讀本</td><td rowspan="2">9 點鐘</td><td>讀本</td><td>12點鐘</td><td>讀本</td><td>18點鐘</td></tr>
<tr><td>作文</td><td rowspan="2">6 點鐘</td><td>作文</td><td rowspan="2">6 點鐘</td></tr>
<tr><td></td><td></td><td>文法</td><td>文法</td></tr>
<tr><td colspan="2">每一禮拜計 27 點鐘</td><td colspan="2">每一禮拜計30 點鐘</td><td colspan="2">每一禮拜計30 點鐘</td></tr>
</table>

当時、中国の教育界において、西洋の教育制度を導入し始めた試行錯誤の時期にあたり、新式の学校で普通学の教育を受けた人と、旧式の文学中心の教育を受けた人が混在しており、高等学校と専門学校入学および帝国大学への進学準備に対応するために、前記のようなさまざまなカリキュラムが編成された。このカリキュラムを見ても、日華学堂はカリキュラム編成の面においても、先駆的役割を果たしたと思われる。

5　学堂の管理と運営

高楠順次郎は総監（堂主）を務め、中島裁之は初代堂監（一八九八年〈明治三一〉七月一九日～九月二〇日）、宝閣善教は二代目堂監（一八九八年九月二五日～一九〇〇年一〇月）として教育を監督し、学堂日誌を記した。一方、宿舎管理者として、一八九九年三月三〇日から田代直樹が舎監を務めたが、一九〇〇年三月一七日から六月二八日まで上田三徳が二代目舎監を務めた。同年九月一六日に、高嶋米峰が三代目舎監に就任した。(28)

各教員の担当科目（一八九九年二月）と一週間の授業時間数は以下の通りである。(29)

高楠順次郎（英語、三時間）、宝閣善教（英文法、三時間）、梅原融（物理・化学・会話・読本、一五時間）、海野詮教（日本語文法・読本・作文、一二時間）、林田源太郎（歴史・英語、六時間）、吉川寿次郎（植物・算数・幾何学、六時間）、桜井義肇（地理、三時間）、酒匂祐三（日本語会話・読本、三時間）、浅田駒之助（会話・実習臨時手伝・物理、六時間）[30]。

宝閣善教は京都西本願寺普通教校出身で当時、帝国大学文科大学史学科三年生、梅原融は同じく普通教校出身で慶応義塾文科卒業生、海野詮教と林田源太郎は東京専門学校卒業生、吉川寿次郎は帝国大学医科大学三年生、桜井義肇は京都西本願寺普通教校卒業生、酒匂祐三は外務省候補訳官、浅田駒之助は元彦根中学校教師であった[31]。

授業内容は日本語・英語・数学が中心で、英語と日本語併用で講義されるが、英語の教科書はフランクリン自叙伝、スゥイントン『万国史』であり、数学はチャーレス・スミス『小代数学』である[32]。

日華学堂は日本語と普通学を速成するという目的で創立され、二年間のカリキュラムで日本語と普通学の教育を施す予定で、課程は進学先別に正科と別科で整っている。学校の運営資金が外務省によって支給され、前記の通り、高楠らはカリキュラムを整え、科目担当教員を招聘したとともに、学生数も増えたため、一八九九年二月に三井銀行から資金を借りて、校舎を建設し、学校拡張を計画した[33]。また、六月に『要覧』を作成し、駐清全権公使矢野文雄をはじめ、在上海・天津・漢口・杭州の領事に送付したと同時に、湖北学生監督銭恂に配布を依頼して、積極的に学生募集活動に動いた。よって、当初は学校運営が順調に進んだ。しかし、三井銀行からの資金調達が不調に終わり、教育と宿舎管理の面にも問題が出始めた。

まず教員の教え方に対して、学生たちの不満があった。林田源太郎の授業中、学生が文句を言い出し、騒ぎ出したため、高楠は説諭を加えた[34]。四月に乙級生は舎監の田代直樹の授業に不満を抱き、意見書を提出した事件があった。今度、高楠は田代を注意し、訓諭を行った[35]。

次に入学者数が少ないのに、語学と普通学の学力が異なるため、やむを得ず甲乙二級に分けて対応していた。甲級の授業は日本語と英語の語学科目だけでなく、普通学の科目も多いが、乙級生が英語と普通学をすでに学んだため、授業は日本語学習を中心としていた[36]。語学は時間をかけて勉学する必要があるが、一八九九年三月に入ると、学生たちは専門学を早く勉強しようと、進学を焦り始め、九月に高等学校への進学を希望した。そのため、高楠は甲級生を呼んで希望を聞き、「歴史、地理、植物などの学科を廃して、専ら数学、英語を習はんなど無遠慮の希望を陳じ種々利害得失を説き聞かしむるを何生の如きは頑として聞く色なし。結局学堂所定の学科は変更する能はざれど彼等要求の幾分を採用する事となれり[37]」と、軌道修正をせざるを得ず、教員会議で協議して既定のカリキュラムを修正した。

一方、汪有齢など求是書院派遣の学生は浙江省留日学生監督孫淦と南洋湖北留学生監督の銭恂を通して三橋書記官に交渉して第一高等学校への進学を相談した[38]。同時に南洋派遣の学生に四人、北洋派遣の学生に二人が私立東京専門学校への進学を選んだのも外務省と高楠の予想外の出来事であった。日華学堂の留学生は両国政府の交渉で来日したもので、学堂側としては、監督責任上、官立学校への進学を考えたのに対して、学生たちは私立学校への進学を希望した。これも互いの思惑に食い違いが生じ、問題になった[39]。そういう意味で後に清国留学生教育の特色であり、また問題視された速成教育は初期から留学生の間に要望があった。

さらに、一八九九年四月に堂生二六名に達してから、五月に私費留学生鄭康耆が退学し、同じく私費留学生梁炳光と譚錫鏞が入学を辞退した。六月に入ると、楊蔭杭・楊廷棟が一時帰国した。一九〇〇年五月に黎科・張煜全も帰国したりするなど、教育以外にさまざまな想定外の問題があった。

また、教育や食事などでトラブルが発生した後、高楠は留学生を説諭した場面が度々あったが、学生たちからだんだん反発するようになった。その中で最も大きな事件として、何橋時を叱責する時に、「我等ヲ侮辱スルノ挙動ニ出テ毫モ改悛ノ気色ナシ」(40)と、感情的対立さえあった。それで高楠が三橋秘書官と一高に対して何橋時の監督を辞退する通知を書面で発送したほど(41)、留学生への不信感が募った。

進学を焦った胡礽泰が第一高等学校に入学したものの、日本語力が十分ではないため、授業についていけず、一一月に日華学堂に戻り、日本語を学びたいと申し出た。それで再び受け入れを協議し、宝閣はまた第一高等学校校長に面談し、休学を協議した。

このように、コミュニケーションギャップによって引き起こされた問題が多々あり、高楠をはじめ、教員たちは初期の留学生教育において、言葉の意思疎通が不十分な外国人留学生の指導に戸惑っていたのも事実であり、この時期の学校運営上にかなり苦労があったようだ。

おわりに

成城学校が武備留学生を教育するのに対して、日華学堂は外務省が指定した清国留学生の予備教育機関であり、多くの人材を輩出したが、わずか三年ぐらいで閉校してしまった(42)。その後、高楠順次郎は一九〇〇年（明治三三）に日本橋簡易商業夜学校を創設し、一九〇二年に中央商業学校を創立した。さらに一九二四年武蔵野女学院を設立し、仏教学者だけでなく、教育経営者としても大きな足跡を残した。宝閣善教・梅原融・桜井義肇は高楠とともに、中央商業学校の創立に関わった。このことから、日華学堂の関係者は教育者として成功している。

高楠をはじめ、京都西本願寺普通教校で学んだ日華学堂の関係者たちは、仏教精神で清国留学生の教育と指導に親切かつ熱心に取り組んだ。学校教育のほか、舎監が学生たちを散歩に連れ出し、校舎兼宿舎を探し歩き、料理人などを雇い入れ、健康維持に必要な運動設備などを職人に作らせた。三崎町の嘉納塾と交流して、留学生教育の経験を語り合った。また、毎月の末に、高楠は費用の精算をして、学校経営に必要な経営と管理の経験を積んだ。

一方、日華学堂の学生たちは励志会の中心メンバーとして、訳書叢編社と教科書訳輯社を結成し、日本の中等教科書を翻訳して新式学校に教科書を提供し、教材不足の問題解決に役立ち、中国の教育近代化に貢献した。また、留学中に、一九〇二年三月に設立された清国留学生会館では、銭承誌・呉振麟・陸世芬・章宗祥・金邦平・張奎の六名が初代幹事として会館の日常的な運営に関わった[43]。

一九〇〇年五月に一時帰国した黎科・鄭葆丞・蔡成煜・安慶瀾は唐才常の自立軍の蜂起に参加し、八月に惨殺される事件があった[44]。この事件は当時、高楠たち教育者にとってショッキングな事件であることは容易に想像できる。おそらくこの事件は学堂の存続に大きな影響をあたえたのではなかろうか。

日華学堂の出身者は、この四人を除き、金邦平・章宗祥・呉振麟をはじめ、みな穏健派思想の持ち主であった。楊蔭杭と雷奮は励志会の中で急進派だったが、楊蔭杭はアメリカ留学を通じて改良派に転向し、雷奮は後に立憲運動に身を投じ、穏健派に転向した。帰国後、彼らのほとんどが新式の人材として登用され、官僚、外交官、教育者、弁護士として活躍した。

日華学堂は留学生の予備教育機関として運営期間が短く、早熟で終わってしまったが、清末の近代化に有為な人材を育て、嘉納塾や成城学校と並んで、初期の清国留学生教育に先駆的な役割を果たした。日華学堂の教育を捉えなおすことにより、日華学堂の意義や果たした役割を再評価し、近代日中両国の教育交流史に寄与するものだと確信している。

注

（1）アジア歴史資料センター所蔵の「在本邦清国留学生関係雑纂陸海軍外之部」（請求番号 3-2530-19）を参照。
（2）その五人は戢翼翬（湖北、二一歳）・鄒瑞昌（安徽、二五歳）・熊垓（江西、一七歳）・黄大暹（四川、一七歳）・李盛銜（江西、一九歳）である。戢翼翬は一八九六年にはじめて来日した官費留学生一三人中の一人で、この時、すでに東京専門学校（早稲田大学の前身）に通っていると考えられる。
（3）一九〇九年七月二八日の閉校まで、入学者七八九二人で、卒業者三八一〇人であり、数多くの留学生に留学予備教育を行った。
（4）創立の時期については、日華学堂に関する書類に六月と七月の二種類の記載があるが、本章は『日華学堂章程要覧』に記載されている六月の記載に従う。
（5）アジア歴史資料センター所蔵の「日華学堂章程要覧配布一件」（請求番号 3-2533-8~10）に外務省三橋書記官宛の

高楠の書簡に矢野駐清国全権大使をはじめ五〇部、上海・天津・漢口・杭州領事館宛に三〇部、さらに一時帰国する湖北学生監督塩運使銜分省知府銭恂に五〇部を託したとの記載があるが、現在、西安交通大学史料館に南洋公学の創立者盛宣懐の関係資料に写真、『皇朝蓄艾文編』に上海官書局印刷の一八九九年六月三〇日付の原文が収録されている。

（6）柴田幹夫「『日華学堂日誌』一八九八〜一九〇〇」（『新潟大学国際センター紀要』第九号、二〇一三年）を参照。日誌は一八九八年七月一九日から一九〇〇年一〇月二六日までの記録である。

（7）『中国人日本留学史』（くろしお出版、一九六〇年）ではほぼ同じ内容を継承した。

（8）この日誌は宝閣善教の『燈焔録』と『行雲録』と並び、日華学堂の教育および学生たちの日常生活を理解するには欠けてならない一次資料である。

（9）このほかに徐蘇斌「戦前期日本に留学した中国人技術者に関する研究」、韓立冬「『五校特約』下の一高特設予科」、洪涛「清末留日学生―江蘇省を中心に―」、横井和彦・高明珠「中国清末における留学生派遣政策の展開―日本の留学生派遣政策との比較をふまえて―」、張允起『日本法政思想研究』、史洪智「日本人法学者と清朝末期の政治改革」、劉建雲「清末早期的留日政策與郭開文的日本留学」、胡穎「清末の中国人日本留学生に関する研究―主に留学経費の視点から―」などがそれぞれ日華学堂の学生に触れた。

（10）求是書院は一八九七年に創立され、中国において最も早い近代的教育機関の一つ、一八九八年から日本に留学生を派遣し、一九〇一年に浙江求是大学堂に改称、一九二八年に国立浙江大学となった。

（11）何橘時は浙江省紹興府諸曁県出身で二一歳、陳榥は浙江省金華府義烏県出身で二一歳、陸世芬は浙江省杭州府仁和県出身で二三歳、銭承誌は浙江省杭州府仁和県出身で二三歳である（アジア歴史資料センター所蔵の「在本邦清国留学生関係雑纂陸軍学生海軍学生外之部」〈請求番号 3-2530-40~43〉を参照）。

（12）一八九八年六月一〇日『読売新聞』に神戸発電報「清国留学生来る」の題で九日夜に海路で神戸を発ったと報道

された。一二日の同紙に留学生らの氏名を明らかにした。また、浙江省巡撫廖寿豊の指示を受け、知県候補張大鏞は蒋錫之（嘉銘）と共に引率し、日本各種学校を視察して八月に帰国した。

(13) この民家の所有者は吉澤栄吉である（『東京本郷区地籍台帳』内山模型製図社、一九三二年一一月を参照）。

(14) 中島裁之（一八六九～一九四二）が熊本出身。京都西本願寺の大学普通教校を卒業。上海に渡り、中国国内を視察のため踏破した。一時帰国したが、日清戦争がおこると通訳として中国に再び渡る。一八九七年、三度目の中国行では、呉汝綸の蓮池書院に入門したが、一年で帰国。一八九八年七月一九日から日華学堂の初代堂監に就任、同年九月二〇日に辞任した。

(15) 一八九八年三月二日に、高楠順次郎は東京帝国大学講師のまま、逓信大臣末松謙澄の秘書官となったが、六月以降、日華学堂の仕事に集中するため、七月八日に逓信大臣秘書官を依願免官となった。

(16) 『要覧』設立趣旨を参照。筆者訳。

(17) 『読売新聞』（一八九八年六月一〇日、一二日）の来日報道を参照。この四名の学生は全員浙江省出身の学生であるが、銭承誌は紹興府諸暨県出身で二三歳、陸世芬は杭州府仁和県出身で二三歳、陳榥は金華府義烏県出身で二一歳、何橘時は紹興府諸暨県出身で二一歳である。

(18) 『要覧』と『汪康年師友書札』（上海図書館編、上海古籍出版社、一九八六年）「汪有齢十九」（一〇八九頁）を参照、汪有齢は浙江省杭州府銭塘県出身で二一歳である。

(19) 章宗祥は浙江省湖州府烏程県出身で二一歳、雷奮は江蘇省松江府華亭県出身で二〇歳、以上二名は師範の学生である。富士英は浙江省嘉興府海塩県出身で一九歳、胡礽泰は江蘇省太倉州宝山県出身で二一歳、楊蔭杭は江蘇省常州府無錫県出身で二一歳、楊廷棟は江蘇省蘇州府呉県出身で一九歳、以上四名は中院生である。『要覧』と青木外務大臣への宝閣善教の「御届」（『在本邦清国留学生関係雑纂　陸軍海軍学生外之部』〈請求番号 3-2520-0052〉を参照。

(20) 北洋頭等学堂からは三名で、出身地として、黎科は広東省新会県出身で二〇歳、張煜全は広東省広州府南海県出身で一九歳、王建祖は広東省広州府番禺県出身で二一歳である。二等学堂から三名で、張奎は江蘇省松江府上海県出身で一八歳、金邦平は安徽省徽州府黟県出身で一八歳、周祖培は江蘇省蘇州府呉県出身で一八歳である。残りの六名は北洋水師学堂の学生で、安慶瀾・蔡成煜・張鍈緒は直隷省天津府天津県出身でそれぞれ二〇歳・二〇歳・二三歳である。高淑琦は浙江省杭州府銭塘県出身で二二歳、沈琨は直隷省天津府天津県出身で二三歳、鄭葆丞は福建省福州府閩県出身で一九歳である。

(21) 呉振麟は浙江省嘉興府嘉善県出身で一九歳、来日する前に、上海育才書塾で二年間英語を学んで卒業した。一八九八年一〇月二二日に日本陸軍大演習を見学するために派遣された雷芸桂と共に上海を出発した（アジア歴史資料センター所蔵の「在本邦清国留学生関係雑纂陸軍学生海軍学生外之部」〈請求番号 3-2530-0045~46〉を参照。

(22) 陳玉堂は広東省潮州府海陽県出身で一九歳、その兄陳歩鑾は広東の豪商である。

(23) 清国参事官代理羅庚齢の依頼により三橋は日華学堂への入学を紹介した。鄭康耆は広東省広州府香山県出身で一九歳、当時横浜居留地二二一番館に寄寓していた（『在本邦清国留学生関係雑纂　陸軍海軍学生外之部』〈請求番号 3-2520-0074〉を参照）。

(24) 南洋公学は一八九七年三月に創立され、師範学生を受け入れる。中国の師範教育の先駆であり、一九〇四年に上海商務学堂に改称、一九〇六年郵伝部高等実業学堂になり、一九一二年上海工業専門学校、一九二一年に上海交通大学となった。

(25) 『在本邦清国留学生関係雑纂　陸軍海軍学生外之部』（請求番号 3-2530-0061）を参照。

(26) 学年暦は『在本邦清国留学生関係雑纂　陸軍海軍学生外之部』「日華学堂支那留学生教育」と『要覧』第二章で若干異なるが、本章は『要覧』を参照。

(27) 「日華学堂支那留学生教育」『要覧』第二章「学科課程」に基づき、筆者が作表した。

(28) 田代直樹は同年九月一日に時事新報社に移り、新聞記者になった。上田三徳は清国へ行くため、学堂を辞した。高嶋米峰はわずか二ヵ月ほどで舎監を辞任した。
(29) 一週間の手当てとして、宝閣は一五円、梅原は二〇円、海野は一二円、林田は七円、吉川は八円、桜井は五円、酒匂は七円、浅田は六円である（アジア歴史資料センター所蔵の「在本邦清国留学生関係雑纂陸軍学生海軍学生外之部」〈請求番号 3-2530-66〉を参照）。
(30) 同年三月一〇日付で高楠が外務省に提出した「南洋公学堂学生就学概況報告」には浅田に代わり、美濃田琢磨（代数）の名前が見える。
(31) 『在本邦清国留学生関係雑纂　陸軍海軍学生外之部』（請求番号 3-2530-0066）を参照。
(32) 『国士』の「日華学堂在学の清国学生」前出を参照。
(33) 『日誌』一八九九年二月七日・八日・一五日・二〇日・二一日および三月七日の項を参照。
(34) 『日誌』一八九九年二月一七日の項を参照。
(35) 『日誌』一八九九年四月一一日の項を参照。
(36) 『在本邦清国留学生関係雑纂　陸軍海軍学生外之部』（請求番号 3-2530-0065）甲乙級の時間割を参照。
(37) 『日誌』一八九九年三月六日の項を参照。
(38) 上海図書館編『汪康年師友書札』（上海古籍出版社、一九八六年）「汪有齢二十六」（一〇九六頁）と『在本邦清国留学生関係雑纂　陸軍海軍学生外之部』（請求番号 3-2530-0121~0129）を参照。
(39) 『在本邦清国留学生関係雑纂　陸軍海軍学生外之部』（請求番号 3-2530-0101~0117）を参照。
(40) 『日誌』（一八九九年九月二五日）を参照。
(41) 『在本邦清国留学生関係雑纂　陸軍海軍学生外之部』高楠の「上申」（請求番号 3-2530-0155）を参照。本来、何橘時は退学、帰国を命じられるところだが、その後、前非を悔い改めて謝罪状を書いたため、一件落着した。

(42)　日華学堂はいつ閉校したのかはっきりした記録がない。『日華学堂日誌』の記録は一九〇〇年一〇月二六日までで、同年に学生が入学した記録がなかった。しかし、学生監督として高楠順次郎は一九〇二年一一月に求是書院派遣と南洋公学派遣の学生六名のために学資金増額の申請書を提出したため、卒業まで学業の監督者を務めたと思われる。

(43)　初代幹事は全部で一二名、日華学堂出身者は主に、書記・会計・庶務・書報・招待などを担当した。范源廉・蔡鍔・王璟芳・曹汝霖・張紹曽・呉禄貞など、中国近代史に名高い人物が初代幹事として活躍した。

(44)　唐才常（一八六七～一九〇〇）は湖南省の改革リーダーで戊戌変法後に一時的に日本に避難したが、『日誌』一九〇〇年五月八日と二二日の項に唐生が日華学堂で宿泊を求める件があった。「唐生」とは唐才常であろうと思われる。その後、唐は上海に戻り、立憲君主を唱えて「自立会」を組織し、義和団事件の中で「勤王蜂起」を企てたが、計画が漏洩したことにより、失敗した。

参考文献

『日華学堂章程要覧』（『皇朝蓄艾文編』第一六巻所収、上海官書局、一八九九年六月）

大里浩秋・孫安石編『中国人日本留学史研究の現段階』（御茶の水書房、二〇〇二年）

実藤恵秀「中国人日本留学史稿（五）」（『日華学報』第六二号、一九三七年七月）

さねとうけいしゅう『中国人日本留学史』（くろしお出版、一九八一年）

上海図書館編『汪康年師友書札』（上海古籍出版社、一九八六年）

鷹谷俊之『高楠順次郎先生伝』（武蔵野女子学院、一九五七年）

中央商業学校編『宝閣先生追悼号』（三秀舍、一九四〇年）

前嶋信次「史話　高楠順次郎」（『大法輪』一九五一年七月号～一〇月号）

武蔵野女子大学仏教文化研究所編『雪頂・高楠順次郎の研究―その生涯と事蹟―』（大東出版社、一九七九年）
欒殿武・柴田幹夫編『日華学堂とその時代』（武蔵野大学出版会、二〇二二年）

第三部　ネットワークからデータベースへ

第一章　雑誌『現代仏教』に見る高楠順次郎の交友関係

真名子晃征

はじめに

今から一〇〇年前、『現代仏教』と題する雑誌が創刊された。大正から昭和初期にかけて刊行された本誌では「現代」そして「社会」が強調される。当時の社会的課題に対して、仏教界がいかにしてそれらにアプローチしていくかという点が大いに意識されたものであった。歴代編集者の一人である松岡譲は次のように語っている。

雑誌は特集号でない限り、大体今日のトピックに三分の一を、研究論文に三分の一を、さうして残りの三分の一を随筆や文芸物にといふ風な方針で編輯して見るつもりだ……
この雑誌の名は「現代仏教」であるが、私達は狭い窮屈な意味に於いてこれを解して居るのではなく、むしろ資生産業すべてこれ仏教といつた大きな意味に於いてこれをかゝげてそこにこそ使命を感じて居るのであるから、強いて抹香くさがる事もいらなければ、又徒らに骨董的な仏いじりをして満足して居るものでもない。だから世の大雑誌プラス仏教の意図で進むつもりだ。(1)

この言葉通り、掲載されるのは学術研究・時事問題・文芸と幅広く、各分野の大家から新進気鋭の若手まで、多くの著名人が名を連ねている。「骨董的な仏いじり」という言葉には、既成仏教あるいは既成教団のあり方への批判も表れている。当時の「現代」はどういった状況で、「社会」はどのような課題を抱えていたのであろうか。

主筆の高楠順次郎（一八六六〜一九四五）の残した数多くの業績についてはここで言い尽くすことはできない。ただ、それらは一個人の手によって成し遂げられるものでもない。そこには当然のことながら多くの同志がいた。その同志とのつながりを雑誌『現代仏教』をもとに辿っていこうというのが本章の意図するところである。本章の執筆にあたって、『現代仏教』全一三七号の目録を作成した。約五〇〇人の執筆者の顔ぶれを眺めると、高楠の交友関係への想像が膨らむ。また、二五〇〇本を超えるタイトルを一瞥すれば、当時の社会問題、世間の関心、仏教界の動向なども見えてくる。

本章では多くの執筆者のなかから、数人をとりあげて論じていく。構成は大きく三つに分けた。まずは、雑誌の方向性や主要な執筆陣について概観しつつ、初代編集者の山崎精華を紹介する。次に、「仏教社会事業」とも呼ばれる活動に従事した人物である浅野研真・真田増丸・好村春基の生涯における高楠との接点を探ってみる。(2)そして、松岡譲・佐々木信綱・九条武子を基点に文学界や歌壇とのつながりを見ていく。各人物については多くの研究の蓄積があるため、ここでは記事の内容や寄稿の経緯、高楠との関係といった点を中心に人物ネットワークを辿っていく。

なお、高楠の人物ネットワークをより立体的に把握するために、「高楠日記」を用いてみたい。「高楠日記」は高楠自身が自筆で記した計一三年分の日記で、二〇一一年（平成二三）に武蔵野大学出版会の編集・制作で翻刻が行われた。内部資料に位置づけられており、未だ一般公開されていないが、公開に向けての作業に関わるなかで閲覧の機会を得た。「高楠日記」の執筆は、『現代仏教』刊行時期ともおおよそ重なっている。「高楠日記」の有用性を示す一助となればと思う(3)。

1　雑誌『現代仏教』

——山崎精華——

高楠の出版メディアとの関わりは学生時代に遡る。明治期以降の印刷・出版事業の進展は、仏教界にも大きな変化をもたらした。その最初期の例として挙げられるのが、一八八七年（明治二〇）、西本願寺普通教校の学生有志による組織「反省会」が刊行した『反省会雑誌』（後の『中央公論』）である。学生時代の沢井洵、後の高楠順次郎はそこで中心的役割を担った。そして、その約四〇年後、高楠を主筆とする雑誌が新たに創刊される。

雑誌『現代仏教』の刊行は一九二四年（大正一三）五月にスタートする。一九三七年（昭和一二）三月の一三七号までほぼ毎月刊行された。発行所は、彼の息子である高楠正男（一八九七〜一九六六）が社長を務める大雄閣（書房）であった。後に発行元の社名も現代仏教社となる。『現代仏教』とはどのような雑誌であったのか、まずは目次に沿って概観してみよう。

創刊当初からの最重要トピックが、同年に開始された『大正新脩大蔵経』（以下、『大正蔵』）の刊行であった。その歴史的意義については誌面で度々論じられ、ほぼ毎月となった『大正蔵』の配本にあわせて、『現代仏教』にも各巻の目録が掲載された。第一期の正蔵五五巻、第二期の続蔵三〇巻の刊行を終えた際にはそれぞれ特集が組まれ、責任者の一人である小野玄妙をはじめとした関係者の回顧、各界の著名人からの賛辞が寄せられた。(4) 一〇〇年前の大偉業完遂の歓喜の瞬間を、当時の人々の言葉で追うことができる。

『大正蔵』関連の記事以外にも、仏教の教義や歴史に関する学術的論考が掲載されている。ただ、その多くが当時の社会が抱えていた課題の解決に向けて、仏教が持つ価値や有用性が主張されるものとなっている。これは本誌の特徴といえるだろう。なかでも、仏教の大衆化、女性の地位向上は大きなテーマとして取り扱われた。

仏教の大衆化のために多く論じられたのが、生没年の特定を含む釈尊の生涯であった。一九三四年（昭和九）の第一一三号は、釈尊の降誕二五〇〇年として特集が組まれるが、これらは単に史実を探るものではなく、その意図するところは、仏教をより大衆向けにすることにあった。その具体策が、釈尊の生誕を祝う「花まつり（灌仏会）」の利用であった。宗派を問わず行われるこの行事をきっかけに既存の宗派的仏教の流れから超宗派での活動へ、というアピールが見てとれる。

第一〇九号は「仏教女性号」とした特集号で、仏教史上の女性の位置づけ、仏教典籍刊行において女性が果たした役割などが紹介されるが、これも女性の社会進出、女子教育の重要性を強調する傾向が見られる。他の号の目次を見ても、仏教に深く傾倒した小説家・歌人の岡本かの子（一八八九〜一九三九）、同じく小説家の清谷閑子（一八九〇〜一九三九）などが度々寄稿し、女性文芸雑誌『青鞜』を創刊した平塚らいてう（一八八六〜一九七一）や青鞜社メンバーの名も見える。

海外の著名人あるいは渡海経験者の執筆が多いことも特徴の一つといえよう。ここには高楠のもつ国際的ネットワークが生かされている。なかでも、インドの詩聖と呼ばれるラビンドラナート・タゴール（一八六一〜一九四一）の作品の翻訳、あるいは彼に関する記事が最も多い(5)。タゴールがインド西ベンガル州のシャーンティニケータンに設立したヴィシュヴァ・バラティ大学（タゴール国際大学）に日本語教員として赴任した佐野甚之助（一八八二〜一九三八）も寄稿している(6)。

その他、仏教学・宗教学・哲学を中心としながら、文化・芸術に関する論考も多く、医学・理学といった分野からの執筆も見られる。執筆陣も研究者・文筆家・社会実践者と多彩な顔ぶれで、目次には毎号多種多様なタイトルが並ぶ。詩人・歌人の多さも目につく。目次を眺めるだけでもまだ多くの情報が得られるが、これだけで雑誌の幅広さを感じることができる(7)。

では、主要な執筆者について見ていこう。高楠自身は毎号欠くことなく、複数の原稿が掲載されることも度々であった。その総数は一七〇を超える。それに続くのが、小野玄妙・高楠正男・松岡譲・山崎精華・浅野研真・土井晩翠といった人物で、いずれも創刊当時からのメンバーである(8)。

高楠とともに『大正蔵』編纂責任者を務めた小野玄妙（一八八三〜一九三九）は、仏教天文学や仏教芸術に関する多くの論考を寄せた。二楞学人の号でも寄稿している。同じく責任者であった渡辺海旭（一八七二〜一九三三）はそもそも筆を執ることが少なかったこともあり、雑誌への寄稿はなかったが、多くの記事にその名が登場し、死後は追悼記事も載せられた。編集側、特に編集責任者として関わった正男・松岡・山崎は、自身の随筆、編輯後記のほか、出版部の近況報告などを担った。浅野は後述するように、社会学の視点から仏教を論じた。文学界では、詩人の土井晩翠（一八七一〜一九五二）が随筆の連載をはじめ、最も多くの記事が残る。先の渡辺逝去の際には弔歌を送った。[9]

ここでは、当初から関わりをもつ山崎精華をとりあげてみよう。

山崎精華

山崎精華（一八九五〜一九四九）は、『現代仏教』の立ち上げから参画し、初代編集担当を務めた人物である。[10]

東京帝国大学を卒業した翌年の一九二三年（大正一二）、山崎は高楠のもとで『大正蔵』編纂と『現代仏教』創刊という重大な任を負う。このような立場から『現代仏教』誌上において、『大正蔵』編纂の意義や対照に用いる版本・写本についての解説、進捗報告や告知までも行った。同時に、雪山浩一というペンネームで仏教説話を中心に執筆しており、その掲載は高楠に次ぐ数であった。一旦編集担当を離れるも、その間も執筆は続いた。同時期には東洋大学・千代田女子専門学校などで教鞭を執った。

そんな山崎に転機が訪れる。国外では日露戦争から世界大戦へと進み、国内では米騒動をきっかけに格差・貧困・労働などの問題が表面化する状況で、仏教各派も社会的課題への対応が急務となった。本願寺教団においても、一九二二年（大正一一）に社会課を設置、一九二七年（昭和二）に社会部へ拡大するなどの組織改編が行われた。

そんななか、過去に築地別院で要職を務め、京都で本願寺執行長に就任した後藤環爾（一八七一～一九三六）から、当時の社会部長であった藤音得忍（一八九四～一九七二）の後任として、山崎に声がかけられたのである。これを機に、山崎は雑誌編集の任を辞することになった。

この人事については、山崎自身「寝耳に水」と驚いたようだが、それを後押ししたのは高楠の言葉であった。高楠に相談に行った際のやりとりが残されている（本文中の「先生」は高楠、「故師」は後藤を指す）。

事の由をお話した。先生も驚かれたやうに感ぜられたが、「案外面白いかも知れぬ。行くがよからう。」とのお返事であった。

その通り故師に御返事して、九月赴任したのであつたが、「案外面白い」どころか、重い役目であることを日を逐うて知り、観念生活者が現実事務家となるために、暫くは模索の努力に忙殺されたのであつた。[11]

山崎自身が述べるように、学問研究に身を置いた「観念生活者」が、宗務のなかでも実践的要素が強い「現実事務家」へと転身したのである。その後、教育部長を務め、一九三三年（昭和八）からは中央仏教学院院長にも就任し、僧侶育成に尽力した。拠点を京都に移した山崎ではあったが、以降、本願寺教団の要職として高楠と席をともにしたという記録が「高楠日記」にも残っている。

2　仏教と社会
――浅野研真・真田増丸・好村春基――

浅野研真

浅野研真（一八九八～一九三九）は誌上に三〇本ほどの原稿が掲載されており、常連の執筆者の一人である。ただ、その関わりは一執筆者以上のものであった。

浅野についての先行研究の評価は必ずしも定まっていない。社会学者・教育研究者・仏教者・社会事業研究者といったさまざまな紹介がなされ、あるいは彼が研究者・実践者のいずれであったのかも見解の分かれるところである。それも彼の経歴を見れば納得である。浅野研真とはどのような人物であったのか。その生涯を概観しつつ、『現代仏教』での立ち位置を探ってみよう。[12]

浅野は愛知県中島郡祖父江町（現稲沢市）の真宗大谷派寺院の永龍寺に生まれる。宗門系の尾張中学校卒業後、他宗寺院となる京都の大徳寺で二年間、禅の修行に励んだ。その後、京都を離れ、北海道の函館刑務所に教誨師として赴任している。大変稀な経歴の持ち主といえよう。それらを経て、日本大学文学部社会学科に入学する。一九二八年（昭和三）から二年間、社会学・社会教育の調査のため文部省派遣でフランス留学も経験した。

彼の経歴に関して驚くべきは、膨大な著書・論文・翻訳などの執筆活動である。大学在学中に翻訳した『レニンの社会学説』（文化学会出版部、一九二三年）を皮切りに、社会主義を扱ったものから、留学後は教育に関する著述も増えていく。そして同時に、仏教に重心を置いたスタンスが確立されていく。

浅野の研究活動は、帰国後に実践へとつながっていく。マルクス主義やプロレタリア教育といった自身の研究内容が形作られていくのである。フランス留学中に、高楠とも親交が深く、『現代仏教』にも度々登場するシルヴァン・レヴィ（一八六三～一九三五）らと日仏仏教学院を創立した。その際に浅野は仏教の社会学的研究の必要性を指摘し「仏教社会学」を提唱する。一九三三年（昭和八）に彼が設立した仏教社会学会は、社会の現実から離れた観念的な仏教研究から脱却し、研究成果を実践へ適用することを目的に掲げた。さらに二年後には、時代に適応する組織・僧侶の育成のための仏教社会学院を設立する。その後も諸団体の設立に関わりつつ、並行して、個人誌『仏陀』をはじめ、いくつもの機関誌を発行した。

この浅野と『現代仏教』との関係はいかなるものであったのか。浅野が初めて『現代仏教』に寄稿したのは、大学卒業後すぐとなる一九二七年（昭和二）、「一向一揆史考」と題した論考の連載であった(13)。テーマそれ自体が仏教と社会の関係を問うものであるが、浅野が関心をもつ仏教と社会という研究と、具体的テーマとしての一向一揆のいずれが先だったのかは定かではない。ただ、浅野はこんな言葉を残している。

思へば私の一向一揆の研究は、もう十数年の歴史を持つ。尾張の西端、木曽川畔の寒村の一貧寺に、農民出身の真宗僧侶を父として生を享けた私は、その物心ついた時分から父の物語つてくれた一向一揆の史話に、心ひそかに興味を感ぜしめられてゐたものだ……その後、上京して、社会科学を学び、エンゲルスの『ドイツ農民戦争』等を披見するに至つて、一向一揆の社会史的研究を企図するに至つた。而してその第一回の研究発表は、既に昭和二年の交、極めて不完全なもの乍ら、先ず数回にわたつて『現代仏教』誌上に為された[14]。

歴史的事象、彼が唱えた仏教社会学、そして自身のルーツ、これらが必然的に結びついたのが一向一揆史の研究であったのだろう。以後も仏教社会事業・仏教婦人といったテーマの論考があり、彼の研究してきた社会学と仏教・宗教といった学問分野との融合がみてとれる[15]。その間、精力的に活動するなかで、後述の松岡譲とともに『現代仏教』に入社した。仏教と社会というテーマ設定は、雑誌の企図する路線とも一致しており、一つの大きな軸となっていたと考えられる。単なる執筆陣という位置づけ以上に深い関係であったことは、松岡について論ずるなかで再度触れることとする。

真田増丸・好村春基

次に、真田増丸（一八七七～一九二六）をとりあげよう。真田は大日本仏教済世軍（以下、済世軍）を発足した人物として知られている[16]。

一九一五年（大正四）に正式に発足した済世軍の活動は、布教伝道と社会事業をその柱とした。その社会事業は、孤児院・免囚保護・女学校・幼稚園・日曜学校と多岐にわたる。福岡県八幡市（現北九州市）に本部を置く済世軍は、九州地方の寺院を中心に支援を受け、日本全国、朝鮮・台湾にまで一〇〇を超える支部を有した。

この真田と高楠との関係はいかなるものだったのか。高楠は前田慧雲（一八五五～一九三〇）・島地大等

（一八七五〜一九二七）とともに済世軍の顧問となる[17]。「高楠日記」には、静岡県御殿場に高楠が建設した楽山荘に済世軍メンバーが団体で宿泊したこと、高楠自身が八幡を訪問し、三日間済世軍に対して講話を行ったことなどが記されている。

真田は『現代仏教』創刊間もなく没しており、雑誌に寄稿したこともなく、直接の関与はない。その著書が誌上で紹介される程度である。ただ、興味深いのは、高楠が同じく済世軍の顧問を務めた島地の追悼号のなかで、真田の言葉を引用しつつ追悼の言葉を述べている点である。

武蔵野女子大学としては注意深き顧問を失った、仏教女子青年会としては熱誠なる講師を失った、予が家庭としては最も同情ある法話の師主を失ったのである、「現代仏教」も、大雄閣出版部も、大正一切経も有力な後援者を失った。逝ける真田増丸君は「人は死ぬ」と言った、殊に有為の人は死ぬやうである[18]。

真田の言葉を用いた高楠の意図については知る由もない。それでも、単に顧問に名を提供しただけではなく、真田の活動に対する高楠の評価の一端が垣間見られるエピソードといえよう。高楠と済世軍との関係は、真田の意志を継ぐ好村春基を通じて続いていく。

好村春基（一九〇〇〜一九四二）は広島県賀茂郡に生まれる[19]。一五歳から四年間所属した呉海軍工廠附属吉浦火薬試験所を退所した好村は、広島市修道中学校四年に編入する。この年、好村は恩師となる真田増丸と出会い、生涯を捧げて活動することになる済世軍の一員となった。その後の生涯を決定的なものにしたと好村は語っている[20]。

一方で、その好村に対しては、真田からも大きな期待がかけられていた。中学卒業後、関東へと移り、早稲田第一高等学院文科、東京帝国大学文学部印度哲学科と進学するが、いずれも済世軍の内地留学生として扱われ、学資金も済世軍門司支部の経済的援助でまかなわれた。真田が好村を門司支部へ紹介したことがきっかけであったという[21]。

東京帝大時代には島地大等の指導を受けた。当時のエピソードが残っている。卒業論文提出の年、好村は志願兵として入隊していた。もともと虚弱であった好村にとって、軍隊での訓練と論文の執筆という両立は過酷を極めた。論文提出直前ついに体調を崩し、基地内での療養を余儀なくされる。師である真田の死も重なった。その際に好村を気遣い、提出の手続きなどに力を貸したのが島地であった。島地への追悼文では、厳しい状態に置かれた自身を気遣ってくれた感謝の念を述べている[22]。

さて、大学在学中の一九二四年（大正一三）、好村は刊行初年の『現代仏教』に参画する[23]。卒業論文「親鸞の信仰過程に就て」は二回に分けて掲載され、前編冒頭にはこの年没した真田に向けて「この貧しき一篇を恩師真田増丸先生の霊に捧ぐ」と記されている[24]。そして、東京帝大卒業後、本格的に『現代仏教』へと関わることとなり、一九二七年（昭和二）からは雑誌の編集を担当する。済世軍の活動が多忙になったことで一時期担当を外れるが、その間には読売新聞社宗教部記者としても活動した。そんな多忙な好村の雑誌への復帰を喜ぶ正男の言葉が記事に残ることからも、その期待度が知られる。フランスから帰国した友松円諦（一八九五〜一九七三）の加入も重なり、雑誌の再スタートと意気込んでいる[25]。

一九三二年（昭和七）に編集担当を辞してからは、活躍の場を世界へと拡げていく。一九三三年（昭和八)、全日本仏教青年会連盟主事に就任、第二回汎太平洋仏教青年大会を開催する。仏教青年活動の礎を築くと同時に、国際的な仏教ネットワークの構築に尽力する。中国との関係をめぐるさまざまな問題にも対処した。仏教による日中の親善、研究の発展を目的とした日華仏教学会の代表として、国内においては、東京の日華仏教学会と、京都の日華仏教研究会という二つの団体の統一を図った。理事会メンバーには前述の浅野研真の名も見られる。また、日華仏教学会の代表として中国の要人を訪問、帰国後は中国仏教の現状をまとめ発表した。[26]

一九三八年(昭和一三)には、占領地において住民から理解を得るために活動する宣撫官として北京へと渡る。北支方面軍宣撫班教化主任であった好村は、活動と同時に広報の役割もこなした。これらの国際的な活動は『中外日報』においても注目され、その動向が逐次報告された[27]。さまざまな活動に携わり、世界を飛び回った好村には、本格的な海外展開を前に没した真田の意志が受け継がれていた。

3　仏教と文芸
―松岡譲・佐々木信綱・九条武子―

松岡譲

一九三三年(昭和八)、『現代仏教』は一〇年目に入り、一月号は通号一〇〇号となるなど一つの区切りを迎えた。この一〇〇号から編集担当として起用されたのが、この時期入社した松岡譲(一八九一～一九六九)である。雑誌の新たなスタートとなる。この時に発行所として大雄閣とは別に現代仏教社が設立された。

真宗大谷派寺院に生まれた松岡譲は、寺院の後継となる道を選ばず、第一高等学校・東京帝国大学文学部哲学科へと進学する。[28]そこで、一高時代の同級生で親しくしていた芥川龍之介（一八九二〜一九二七）・久米正雄（一八九一〜一九五二）の勧めによって、夏目漱石の門下に入るとともに、松岡・芥川・久米に、菊池寛（一八八八〜一九四八）・成瀬正一（一八九二〜一九三六）を加えた五人で第四次『新思潮』を創刊する。作家としての道を歩みはじめた松岡であったが、漱石の長女筆子との結婚をめぐる騒動によって一時期執筆活動を中断することになる。

その松岡は代表作となる『法城を護る人々』で活動を再開する。[29]雪国の真宗大谷派寺院の長男として生まれた主人公の、住職である父との確執、既成宗教との対立を描いたこの作品は彼の自伝的小説と言われる。

ちょうどこの頃、創刊したばかりの『現代仏教』に松岡は関わっていくこととなる。文学を志す高楠正男が師事していたのが松岡であった。松岡は発行初年から原稿を寄せた。随筆を主としていたが、特筆すべきは編集担当としての役割であろう。それまで編集を務めていた正男が「松岡・浅野両氏を迎へて」として、松岡と前述の浅野研真の二人を迎えたことを喜び、謝意を表している。そのなかで正男は「父、松岡、浅野のトリオは、吾が仏教界の近頃での愉快なるコントラストではないか」とし、誌面は以降「三氏統制下」となり、自身は出版部にて活動すると述べている。[30]

松岡への評価の一つには、編集の手腕に加えて、文学界とのつながりもあったであろう。その一例が、三二歳という若さで世を去った、同じ漱石門下の前田利鎌（一八九八～一九三一）のプロデュースである。[31]前田は『現代仏教』において「荘子考」の連載など五本の記事を執筆し、生前に大雄閣から『臨済・荘子』を刊行した。それは没後、遺稿論文集となる『宗教的人間』にも収録された。[32]松岡はこの論文集の責任編集を担当し、宣伝活動までも行った。[33]

松岡と浅野が雑誌に新たな風を吹き込む者として期待されたことは想像に難くない。実際、高楠からは雑誌編集について「いかやうにでもやつてくれ、一切合財まかせて全然異議はないから」と一任されていたことを、松岡は辞任する際に明かしている。[34]松岡に対する全幅の信頼がみてとれる。それに対して松岡も真摯に応えた。松岡が編集担当を辞した理由は、熱心になれなくなったというものであった。正男がいかに引き止めようとも首を縦に振ることはなかった。辞任の言葉には、自身が関わるものへの一切の妥協なき態度が示されている。

佐々木信綱・九条武子

『現代仏教』の目次には多くの歌人の名が並ぶ。刊行当初からその名が見えるのが、佐々木信綱（一八七二～一九六三）である。一方で、それよりも二〇年ほど前に、佐々木を中心に刊行された歌誌に、高楠のインド・仏教に関する原稿が数回掲載されている。時に巻頭も飾った。[35]長い付き合いであった高楠と佐々木、そして両者とつながりをもつ九条武子を加えた三者の交流をもとに、高楠の歌壇との関係を見ていこう。[36]

歌人であった父弘綱の影響で、佐々木信綱は幼い頃から和歌に親しんできた。宮内庁の御歌所長を務め、明治天皇の歌を点した高崎正風（一八三六～一九一二）に和歌を学んだ。自身も後に御歌所で『明治天皇御集』編纂に携わっている。その佐々木は父の号にちなむ短歌結社「竹柏園」（竹柏会）を主宰し、歌誌『心の華』（『こころの華』、後に『心の花』）を発行した。多くの女性歌人を輩出した同誌の代表的歌人の一人が九条武子であった。

九条武子（一八八七～一九二八）は父である大谷光尊（明如、一八五〇～一九〇三）の考えにより、幼少期より和歌に親しんできた。光尊が高崎正風に師事した縁もあり、毎年夏休みには御歌所から歌人が招かれた(37)。その後、武子は佐々木に師事し、『心の華』に入会、多くの歌を残した。佐々木は、武子の詩集に度々序文を寄せ、その死にあたっては伝記・書簡集を編んだ(38)。

『現代仏教』には、佐々木の他、竹柏園同人である石榑千亦（一八六九～一九四二）・相馬御風（一八八三～一九五〇）・柳原白蓮（一八八五～一九六七）なども稿を寄せている。武子自身の寄稿はなかったが、亡くなった翌月発行分は「九条武子夫人追悼号」として、予定していた記事が大幅に差し替えられ、多くの関係者がその死を悼み、生涯を振り返った(39)。高楠による巻頭論文「往相廻向と還相廻向」は教義的内容を思わせるも、これもまた武子への追悼文であった。序盤こそ仏教・真宗における廻向の解説であるが、それを前置きに婦人界・文学界・社会事業界・宗教界における武子の偉業を讃える内容となっている。武子の訃報に接して急遽執筆したものであった。高楠と佐々木によって、武子に送る歌も詠まれた。

佐々木や武子との交流に関連して、女性の社会進出に向けて活動した高楠の事例を一つ紹介しておきたい。一九三四年（昭和九）、高楠と佐々木の二人によって『散華法楽集』が大雄閣から刊行された(40)。釈尊降誕二五〇〇年にあたり、信仰厚い女性同人が集まり、約三〇〇首の仏教和歌を選んだ和歌撰集であった。選者には高楠夫人しも子の名も見える。『現代仏教』『心の華』ともに多くの女性が起用されている。高楠は武蔵野女子学院を設立、武子は京都高等女学校を運営しつつ大学設立に尽力したことは広く知られている。高楠・佐々木・武子は歌壇という世界で交流した。そこには女性の活躍を願うという共通点もあったのかもしれない。

おわりに

本章では、『現代仏教』に関係した人物として、山崎精華・浅野研真・真田増丸・好村春基・松岡譲・佐々木信綱・九条武子をとりあげ、彼らを中心とした高楠の交友関係を辿ってみた。個々人の直接的なつながりに加え、それぞれがまた別のところでつながり、大きなネットワークが形成されていく。冒頭に述べたように、今回紹介した人物各々が「現代」や「社会」といったことを強く意識した。その上で仏教界のあるべき姿を模索し、実践へと移していった。それは仏教の社会貢献であり、旧来的な教団運営の改革であり、女性の活躍でありと多様なものであった。その枠も、一教団レベルから超宗派の連携へ、一国家としての日本から国際社会へと大きく展開していく。もちろん、その中心には仏教の思想が据えられている。このようなことを考えるとき、『現代仏教』とは、理論と実践とをつなぐ、いわば実践論を提示した媒体だったと見ることもできるだろう。

そのような実践者のネットワークのなかで、高楠は各種団体の顧問や理事を務め、活動の理念を示す論考を発表し、さまざまなかたちでの援助を行っていく。決して第一線で実践したわけではないが、その立ち位置を考えるとき、それは学者としての理論構築、そして、幅広い人脈を活かした政治的・経済的な活動支援であった。

雑誌『現代仏教』で課題とされたこと、それは二一世紀の現在において仏教界に求められるものと、さほど違いはないように思える。本誌がいかに先進的であったかを知ると同時に、それから一〇〇年もの間、「社会」は未解決の課題を抱えたままであったともいえる。時代的な制約であろうか。何の予告もないままに雑誌は一三七号をもって終刊となった。文明の発達、科学技術の進歩など、物質的豊かさは格段に増している。ただ、当時の「現代」は今尚続いているのかもしれない。

注

（1）　松岡譲「僕と雑誌」（『現代仏教』一〇〇、一九三三年、一月号）一〇六頁。

雑誌『現代仏教』は「国立国会図書館デジタルコレクション」にて全号公開されており、全文の閲覧が可能となっている。検索における利便性を考慮し、基本的にはその巻号表記に従うが、ここで書誌的情報を整理しつつ、本章の凡例として若干補足しておく。

一点目に、デジタルコレクションでは発行年と通号が併記される。創刊号は第一年目の通号第一号なので一（一）、最終号は第一四年目の通号第一三七号なので一四（一三七）となる。発行年の表記には一部誤りも見られるため、本章では通号のみを記すこととする。

二点目に『現代仏教』は通算一三七号を数える。そのうち五三号と一〇四号の二冊がデジタルコレクションでは表示されず、国会図書館の検索機能「国立国会図書館サーチ」を用いても確認できない。五三号は他館に収蔵されており、続く五四号の「前号目次」でもその概要が確認できる。一方、一〇四号は欠号であり、一〇五号の松岡譲「僕と雑誌」に、一ヵ月分の合併号のはずが編輯の遅れから三ヵ月分の合併号となったと説明されている。その際に未発行分が一〇四号としてカウントされ、『現代仏教』では以降の巻号表記に実際とはズレが生じている。このカウントはデジタルコレクションも同様である。未発行分も含め、通号カウントはこれらに従うこととする。

(2) 近代の宗教界における諸活動の展開については、島薗進・末木文美士・大谷栄一・西村明編『近代日本宗教史第三巻　教養と生命―大正期―』(春秋社、二〇二〇年)のなか、永岡崇「第六章　社会事業と宗教的共同体」にいくつかの事例とともにその概要が示され、参考文献として主要な研究が紹介されている。社会的活動については、感化救済事業・慈善活動・社会事業などさまざまな呼称で呼ばれており、ある程度の定義づけが必要となるだろうが、『現代仏教』においても「社会事業」「仏教社会事業」という言葉が度々用いられているため、本章でもそれらを用いることとした。

(3) 高楠日記の概要および研究事例を紹介するものとして、石上和敬「高楠日記を読み解く」(石上和敬代表パネル発表「高楠順次郎とその時代」『宗教研究』八九―別冊、二〇一六年)を参照。

(4) 「大正新脩大蔵経完成記念号」「大正新脩大蔵経内容一覧」「大正一切経刊行会関係者一覧」(『現代仏教』五五、一九二八年、一一月号)、「大正新脩大蔵経の完成を祝ひて」「大正蔵経の完成を喜びて」「聖業の完結を祝ふ」(『現代仏教』九一、一九三二年、四月号)。

(5) タゴールと高楠の関係については、小川原正道『日本政教関係史』「第七章「大東亜共栄圏」と仏教哲学者」(筑摩書房、二〇二三年)を参照。

(6) 佐野の招聘については、岡倉天心・福沢諭吉・川口慧海といった人物たちが関わったとされる。ナビン・クマール・パンダ「二〇世紀初頭のインドにおける日本語教育」（『近代日本研究』三四、二〇一七年）を参照。

（7）執筆陣や記事の多様さといっても、それをどのように計るかは難しい問題である。ただ、小さなコミュニティでの同人誌ではなかったことが、大谷栄一・吉永進一・近藤俊太郎編『増補改訂　近代仏教スタディーズ』（法藏館、二〇二三年）における人物関係に関する研究から知られる。「第四章　近代仏教ナビゲーション」では、近代における人脈相関図として、所属や立場、あるいは方向性をもとに仏教者を一三のグループに分類し、当時の人物関係を整理している（西本願寺系・浩々洞・求道学舎・新仏教運動・国柱会・ユニテリアン・明治二〇年代の海外仏教者たち・大正～昭和初期の海外仏教者たち・哲学館系・東京帝国大学系・京都帝国大学系・女性仏教者・大正大学系）。複数のグループに高楠の名が見られることが、彼の交友の広さを物語っている。『現代仏教』執筆者それぞれも同じくさまざまなグループに分類されていることからも、多種多様さを本誌の特徴の一つとして問題ないであろう。

（8）一九三一年（昭和六）から翌年にかけて「人物スナップ」と題する記事が連載された。執筆数とは関係なく、『現代仏教』あるいは高楠自身と関係の深い人物たちであることが想像できる。そこで紹介された人物に、長井真琴・常盤大定・高楠順次郎・花井卓蔵・松岡譲・宇井伯寿・河合哲雄・友松円諦・井上増次郎・鈴木大拙・鷹谷俊之・土井晩翠・岩波茂雄がいる。

（9）土井晩翠「渡辺海旭上人弔歌」（『現代仏教』一〇三、一九三三年、四月号）。前注の通り、土井は「人物スナップ　土井晩翠氏」（『現代仏教』九七、一九三二年、一〇月号）でもとりあげられており、高楠との関係も深かったことが予想される。

（10）山崎精華の生涯については、『宗教大観』第四巻（読売新聞社、一九三三年）、妹尾正義編『島根県人物誌』（島根県人社、一九二九年）などにも紹介されるが、いずれも生前中の出版である。後半生まで記されたまとまった先行研究が見当たらず、いくつかの断片的な情報にも不一致が見られるため、下記文献を参考にして整理した。

永竹浩洋「庭の月見草」（『真理』一六―九、一九五〇年、五月号）

花山信勝「序」（山崎精華『歎異抄講讃』、明治書院、一九五一年）

なお、山崎は晩年、地元島根県平田町（現出雲市）の町長も務めている。島根県立教育研究所・平田部教育振興会編『地域教育計画の研究Ⅰ』「平田地方歴史年表」（研究紀要第四集、島根県立教育研究所、一九五一年）を参照。

(11) 山崎精華「不思議の厚恩」（後藤環爾師追想録刊行会編『後藤環爾師追想録』富山房、一九四〇年）六一頁を参照。当時の人事について、山崎自身は「突飛的人事」といい、声をかけた後藤の「全的牽引力」であったに違いないと振り返っている。

(12) 浅野研真の生涯については下記を参照。

峰島旭雄「浅野研真」（峰島旭雄編『近代日本の思想と仏教』東京書籍、一九八二年）

菊池正治「浅野研真研究」（『久留米大学文学部紀要　社会福祉学科編』一・二、二〇〇一年）

菊池正治「浅野研真研究（その二）」（『久留米大学文学部紀要　社会福祉学科編』一二、二〇一二年）

赤松徹真「浅野研眞の思想と社会的実践」（『仏教史研究』六〇、二〇二二年）

(13) 浅野研真「一向一揆史考」（『現代仏教』三八・三九・四〇・四二・四三、一九二七年、六・七・八・一〇・一一月号）。なお、既発表のものに書き下ろしを加えた遺稿『一向一揆史』の目次が峰島前掲論文「浅野研真」にて紹介されている。

(14) 浅野研真（『仏陀』三―一〇、一九三五年、一〇月号）一四頁。『仏陀』通巻六九号は菊池正治解説で復刻（三人社、二〇一三年）。

(15)「日本社会事業の父としての聖徳太子」（『現代仏教』五一・五二、一九二八年、七・八月号）、「明治時代の仏教社会事業」（『現代仏教』一〇五、一九三三年、七月号）、「仏教婦人と社会事業」（『現代仏教』一一六、一九三四年、七月号）などを参照。

(16) 真田増丸の生涯および済世軍については、藤井健志・菊川一道の一連の研究に詳しい。いずれも現在では入手困難な資料に基づく研究であり、本章でもこれらに多く依拠した。下記の論考を参照。
藤井健志「大日本仏教済世軍の性格」（孝本貢編『論集日本仏教史　第九巻　大正・昭和時代』雄山閣出版、一九八八年）
藤井健志「大日本仏教済世軍の展開と真宗教団」（『東京大学宗教学年報』三、一九八六年）
菊川一道「東洋学寮とその実践論の研究」（龍谷大学学術機関リポジトリにて公開、二〇一七年）

(17) その他、別の済世軍関係資料にも当時の仏教界を牽引する人物たちが多く名を連ねる。済世軍東京会館が建設された際の後援会には、常盤大定・鷲尾順敬・高島米峰・木村泰賢・矢吹慶輝・長井真琴・梅原真隆などがいる。いずれも『現代仏教』の執筆陣である。

(18) 高楠順次郎「島地大等の面目」（『現代仏教』四一、一九二七年、九月号）三七頁。なお、この追悼号では、島地大等と同年同月に没した芥川龍之介への追悼の言葉も記され、彼が大雄閣の後援者の一人であったことがわかる。

(19) 好村春基の生涯については、好村春基『光を仰いで』（大日本仏教済世軍出版部、一九四四年）を参照。本書は二一歳から四四歳までに書いた随筆・書簡・小論・報告が収録されるほか、巻末に略歴が付されている。なお、『現代仏教』も含め、いくつもの文献で、好村春輝の名が散見される。いずれも内容から同一人物と考えられるが、検索の利便性を考慮し、以下の脚注においても訂正・統一は行っていない。

(20) 好村前掲書『光を仰いで』「自序」二頁。

(21) 好村前掲書『光を仰いで』「即証院様の霊に捧ぐ」二四頁。

(22) 好村春基「島地大等先生追悼号　追憶一篇」（『現代仏教』四一、一九二七年）、好村前掲書『光を仰いで』「三島地大等先生の追憶」一六頁。

(23) 「目白台より」（『現代仏教』八、一九二四年、一二月号）。

(24) 好村春基「親鸞の信仰過程に就て」（『現代仏教』二五・二六、一九二六年、五・六月号）。

(25) 高楠正男「身辺十二ヶ月」(『現代仏教』八八、一九三二年、一月号) 八四頁。
(26) 好村春基『中華仏教の現状』(日華仏教学会、一九三五年)。好村春輝「支那仏教的現状」(『南瀛佛教』一四―七、南瀛仏教界会報、一九三六年)。
(27) 槻木瑞生「『中外日報』紙のアジア関係記事目録」(『同朋大学仏教文化研究所紀要』一七、一九九八年) では、好村の名前を含む記事タイトルが三三本確認できる。好村自身の執筆記事に「宣撫班の任務」上・下 (一九三八年九月二一・二二日付) がある。好村は北支宣撫班教務主任の肩書きで「北支宣撫班員第三次内地募集について」が付される。また「北京だより」と題した連載が、一九三九年二月から五月の間に二二本掲載されている。
(28) 松岡の生涯については、関口安義『評伝松岡譲』(小沢書店、一九九一年) を参照。『現代仏教』誌上においても「人物スナップ　松岡譲」(『現代仏教』九〇、一九三二年、三月号) として紹介されている。
(29) 松岡譲『法城を護る人々』全三巻 (第一書房、一九二三～二六年)。一九八一年に法藏館より再版。
(30) 高楠正男「松岡浅野両氏を迎えて」(『現代仏教』九九、一九三二年、一二月号)。
(31) 前田利鎌の生涯および松岡との関係については、安住恭子『禅と浪漫の哲学者・前田利鎌』(白水社、二〇二二年) を参照。
(32) 前田利鎌『臨済・荘子』(大雄閣、一九二九年)。前田利鎌『宗教的人間』(岩波書店、一九三二年)。
(33) 神奈川県中郡の徳富蘇峰記念館 (公益財団法人 徳富蘇峰記念塩崎財団) には、松岡から徳富に送られた『宗教的人間』の出版を知らせる書簡が所蔵されている。日付は一九三二年 (昭和七) 一月二四日となっている。同じく高楠順次郎と正男および関係各所から徳富に送られた書簡一二通も所蔵される。これらについては「高楠順次郎と徳富蘇峰」(『武蔵野大学仏教文化研究所紀要』三三、二〇一七年) にて論じた。
(34) 辞任の経緯や、その際の関係者とのやりとりが、松岡譲「編集辞任の言葉」(『現代仏教』一一六、一九三四年、七月号) に詳細に記されている。

(35) 高楠順次郎「古代印度の叙情詩」(『こころの華』一一、一九〇一年、一一月号）など。

(36) 佐々木との交流は「高楠日記」にも散見される。佐々木と会ったある日の項には、短歌が載せられている。また、佐々木は一九三四年（昭和九）に学士院会員に任命されたが、「高楠日記」同年六月の項に、高楠がこの選考に関わったことが記されている。

(37) 佐々木信綱『麗人九条武子』（弘文社、一九三四年）一二二頁には次のように記される。

『……京都在住華族の歌道奨励の為め、御歌所より一員を常在せしめられ、京都の和歌界も漸く賑しくなり、殊に御歌所の植松、阪、大口などの歌人が、毎年夏休に、本刹、または三夜荘に滞泊せらるる事となり、かかる家庭に養育せられし婦人は、父君の庭訓と、自己の天稟と相俟つて』武子君の情操は、いやましに豊けさを加へていつた。

ここには、御歌所から派遣された人物として植松有経（一八三九～一九〇六）・阪正臣（坂正臣、一八五五～一九三一）・大口周魚（大口鯛二、一八六四～一九二〇）が挙げられている。光尊没後に編まれた歌集『六華集』上・下（本願寺室内部、一九〇九年）には、高崎正風の序文、大口周魚の跋文が付されている。大口は『西本願寺本三十六人家集』を発見して世に紹介した人物としても知られる。また、浄書は阪正臣によるものとなる。八木意知男「阪正臣研究（承前）」（『立命館文学　中西健治教授退職記念論集』六三〇、立命館大学人文学会、二〇一三年）七四二頁を参照。

(38) 佐々木前掲書『麗人九条武子』、同編『九条武子夫人書簡集』（実業之日本社、一九二九年）。

(39) 『現代仏教』四七、一九二八年、三月号。

(40) 高楠順次郎・佐々木信綱選、見尾勝馬編『散華法楽集』（大雄閣、一九三四年）。

第二章　知識人と南方ブームの時代
——最晩年の高楠順次郎——

大澤広嗣

はじめに

本章は、第二次世界大戦期における仏教学者の高楠順次郎（一八六六～一九四五）を中心に、南方仏教をめぐるアカデミズムと時局の関わりを論じるものである。

日本は、「大東亜共栄圏」の確立を目指して、東南アジアにおいて勢力圏を拡大した。一九四〇年（昭和一五）から翌年にかけて、日本軍はフランス領インドシナに武力進駐して、南進の拠点にした。一九四一年一二月、日本は英米蘭に対して宣戦布告を行い、日本軍は東南アジアを急速な勢いで攻略を行った。イギリス領マレー・シンガポール・ビルマ、アメリカ領フィリピン、オランダ領東インドなどを占領した。独立国タイとは、開戦直後に日本国タイ国間同盟条約（日泰攻守同盟条約）を結び、連携を強めた。さらには、イギリスの植民地下にあるインドの独立を画策したのである。

急速なアジア全域への勢力膨張は、日本での知的な空間に変化を与えた。特に、南方地域の人文・社会・自然に関するあらゆる事物への関心が、官界のみならず学界や民間の各方面で高まり、いわゆる「南方ブーム」が起きたのである。学術機関については日中戦争以降に組織化が進み、一九四一年の開戦以降はさらに加速した。アジアの宗教を調査した主なところでは、財団法人東亜研究所（一九三八年）、財団法人善隣協会の回教圏研究所（同年）、帝国学士院東亜諸民族調査室（一九四〇年）、東京帝国大学東洋文化研究所（一九四一年）、天理教亜細亜文化研究所（一九四二年）、文部省所管の民族研究所（同年）、台北帝国大学南方人文研究所（一九四三年）などと陸続と設置されていった。また南方各地に関する出版物や論文の発表が相次いだが、研究書よりは入門書のような内容が多く刊行された。

これらの動きに呼応して、書誌学者の天野敬太郎（一九〇一～九二）が編纂した『大東亜資料総覧』（一九四四年）は、実に興味深い[1]。当時の南方ブームの最中、出版界と学界がいかなる成果を産出したのか、地域や事項ごとに網羅的に整理されており、傾向が把握できる。この中で項目の「第三編　東亜一般一八　宗教・教育・思想」における「イ　宗教」を見ると、高楠をはじめ複数の仏教学者が名前を連ねる。彼らの多くは文献研究が専門であるが、戦時中は時局の動向に応じて、東南アジアの仏教文化の諸事情を紹介したのである。このように南方ブームにおいて、仏教学は国策貢献を求められた。学界の主導者である高楠には、発言を求められる場面が多々あったのである。

こうした動きは、単なる知的な好奇心の勃興だけではない。占領地での円滑な統治に際して、あるいは今後に占領を想定した地域に関する情報が必要とされたからである。それは、人々の慣習や生活には宗教と密接に関わったため、宗教対策が念頭にあったからである。東南アジアの宗教は、多様である。日本の大乗仏教と現地の上座仏教は大きく異なり、専門知識を持つ高楠や門弟が活躍したのである。
なお本章は、知識人の戦争協力を問うことが直接の目的ではない。当時の仏教学が、日本のアジア侵攻に伴う勢力拡大の中で、その知が利用・応用された様相を描くことを狙いとする。

1　南方宗教講座で講義する

文部省は、宗教局が日本内地の宗教行政を所管したが、外地の宗教事情についても情報収集を行い、今後に現地へ赴く宗教者に向けた講習会を行った。一九四二年（昭和一七）六月一六日から二〇日にかけて、東京市芝区（現東京都港区）の浄土宗大本山増上寺内にある明照会館にて文部省主催「南方宗教講座」が開催された。開戦から半年余りが経過して、日本軍による初期の南方攻略作戦が終了して、南方のほぼ全域の確保を終えた時期であった。

同講座の目的は、「南方諸地域に行はれてゐる、仏教、基教〔キリスト教〕、回教其他民族的宗教は、住民の凡ゆる生活部面に透滲して居り、従つて宗教工作を除外しては南方文化工作は成立しない。而して之が宗教工作を樹立せしめる為には南方宗教事情を知悉せしむる必要ありとの主旨」(2)から開催された。つまり日本の南方進出に宗教問題が注視されていたからである。

参加した宗教界の関係者に南方宗教工作の重要性について講習を行い、教派神道系・仏教系・キリスト教系の四四団体から、二〇二名が参加した。例えば真宗本願寺派（現浄土真宗本願寺派）から宗派の一三名、附属機関の日本教学研究所五名、計一八名が出席していた。講座の題目および講師は、次のとおりである。[3]

第一日（一九四二年六月一六日〈火〉）阿原謙蔵（文部省宗教局長）「挨拶」、伊東延吉（国民精神文化研究所長）「大東亜戦の意義」、亀山孝一（企画院第三部長）「大東亜共栄圏の建設に就て」

第二日（六月一七日〈水〉）板沢武雄（東京帝国大学教授）「南方圏文化問題総論」、小牧実繁（京都帝国大学教授・文学博士）「南方の地政学」

第三日（六月一八日〈木〉）山本快龍（東京帝国大学講師）「泰及仏印の仏教事情」、長井真琴（前東京帝国大学教授・文学博士）「ビルマの仏教事情」、木村日紀（立正大学教授）「印度の仏教と印度教との関係及其の現状」

第四日（六月一九日〈金〉）斎藤惣一（日本基督教青年会同盟総主事）「南方諸地域に於ける基督教事情」、大久保幸次（回教圏研究所長）「南方回教圏の特質」

第五日（六月二〇日〈土〉）宇野圓空（東京帝国大学教授・文学博士）「南方の民族的宗教」、高楠順次郎（東京帝国大学教授名誉教授・文学博士）「大東亜共栄圏の文化と宗教」

南方に仏教国が多いことを反映して、南方仏教に詳しい複数の仏教学者が動員されたのである。講演者を見ると、高楠のほか、その門弟である山本快龍（一八九三～一九四八、新義真言宗智山派僧侶〈当時は真言宗で一派合同〉）および長井真琴（一八八一～一九七〇、真宗高田派僧侶）の名前が見える。また東洋大学出身でインド留学経験がある木村日紀（一八八二～一九六五、日蓮宗僧侶）が参加して、「南方共栄圏」の仏教について講義をしている。歴史学者の板沢武雄（一八九五～一九六二）は、日蘭交渉史を研究して、オランダ領東インド（現インドネシア）の事情に詳しいことから招かれたが、板沢自身は天台寺門宗の僧籍（当時は天台宗で一派合同）があった。

第五日（六月二〇日）に、二時間にわたって行われた高楠の講義「大東亜共栄圏の文化と宗教」の概要は、次のとおりである。語句への振り仮名は原資料による。

中央亜細亜に栄えたる崑崙（クル）族

　スメル山高原の原住

小亜細亜に移住せるスメル族

　二千五百年のバビロン文明（西期前四千年）

印度に栄えたるクル族

　マハーバーラタ大戦史／印度とスメル族との接触（西紀前三千年）／アリヤ民族の印度征服（西紀前千五百年）／先住民族の奴隷化／山の崑崙族としてのスメル族／海の崑崙族としてのスメル族／太平洋に存する同語系民族（ポリネシヤ、オーストラシヤ、メラネシヤ、インドネシヤ、ミクロネシヤ／崑崙族の中心としてのマレーシヤ／唐代に於ける海の崑崙族の中心地方）／スメル族・クル族・モンクメール族と大東亜圏／その言語の対比

南洋として汎称せる二大国群
　海涯国群／海洋国群
室利仏逝（シュリービジヤヤ）帝国と印度パーラ王朝
室利仏逝帝国（唐代・六百五十年から九百年まで）
　領有地方　南海十余洲　首都パレンバン（スマトラ）
三仏齊（サンブッセー）帝国時代（宋代・九百年から一二二〇年まで）
　領有地方　海涯・海洋十五洲　首都ジヤンビ（スマトラ）
印度馬来文明、主として大乗仏教文化
大扶南の文化／大真臘（チヤンラ）の文化／大瞻波（チヤンバ）の文化（臨邑又は林邑）／天竺船・馬来船・波斯船・大食（タジク）（アラビヤ）船の来往／印度馬来文明と日本との交渉／緬甸の文化／柬埔寨・泰の文化／モン・クメール族としての崑崙族の発展／密教大乗の中心としての河陵／印度教の中心としての婆里／ジヤワ国シヤイレンドラ王朝と真臘との交渉／ジヤワ国満者伯夷（マジヤパイト）王朝と元帝との交渉
大東亜史の文化と宗教、これに対する現代方策(4)
　当日の模様が、記録されている。教派神道の一つである黒住教に所属した村松正蔵（青年隊常任委員・権中講義）は、この講座に出席して、同教の機関誌『日新』に、各講義を要約して発表していた。これによれば高楠による講義のポイントは、次のとおりである。
　南方の現在のみ研究してはいかぬ、歴史を研究する事が必要だ。

ヒマラヤ山の一番高い高原地帯に頭の秀でたスメル族が住んでゐたが今から五千年程前インドに出て生活してゐたがアーリヤン族（西洋族）に亡ぼされた、所がインドの自然がこのアーリヤン族を滅して又スメル族の社会であつたものを再びアーリヤン族に攻められ完全に負けたので之を救ふのが大東亜戦争といつてもよい。

勿論日本も太古から直接交渉があつて、太陽崇拝であり言語が似てゐるからスメル民族とスメラ民族は同族であると言つてよい。[5]

後に、南方宗教講座の講義録は、『南方宗教事情とその諸問題』（一九四二年）として、財団法人大日本仏教会の編集により、初版の四〇〇〇部が刊行された。[6] 仏教界を中心に知識の普及を進めるため、多くの部数が印刷されたのである。

研修会の席上で高楠が発言したとされる、南アジアを起源とするシュメール人と日本人の祖先とされたスメラ族を同族とする趣旨は、学説というよりは会場の参加者に向けた世辞であろうか。事実、後述する自著の『大東亜海の文化』（一九四二年）は、この講座が行われた直後に刊行されたが、そこには同族説は触れていないからである。同書では、スメル語と日本語の間に見られる、偶然の類似性を指摘するに留めている。[7]

2　宗教教師教学講習会で講義する

文部省は、戦時中に各種の講習会を頻繁に行った。高楠が招請された研修会が他にもある。この頃は戦時体制による行政簡素化のため、一九四二年（昭和一七）一一月一日から宗教局から教化局宗教課へ格下げとなった。さらに一九四三年一一月一日には、教学局宗教課に再編されている。

「宗教教師教学講習会」は、一九四二年一一月一六日から二〇日まで、東京市麹町区（現東京都千代田区）にある文部省の第一会議室で開催した。講習会の名称に、「宗教教師」とあるのは、文部省が所管する教派神道・仏教・キリスト教の各教団に属する宗教者を対象にしたからである。国体観念や日本古典、国際事情とともに、東南アジアの宗教事情を扱ったのは、目下の時局における基礎教養として、宗教教師に求められたからであろう。題目および講師は、次のとおりである。(8)

第一日（一九四二年一一月一六日〈月〉）阿原謙蔵（文部省教化局長）「挨拶」、井上孚麿（国民精神文化研究所員）「国体の本義」

第二日（一一月一七日〈火〉）折口信夫（慶應義塾大学教授・國學院大學教授・文学博士）「記紀購説――随神及鎮魂」、石橋智信（東京帝国大学教授・文学博士）「国家と宗教」

第三日（一一月一八日〈水〉）折口信夫「記紀購読――随神及鎮魂（続）」、吉村又三郎（情報局情報官）「最近の国際情勢」

第四日（一一月一九日〈木〉）高楠順次郎（東京帝国大学名誉教授・文学博士）「大東亜建設と宗教家の使命」、滝精一（東京帝国大学名誉教授）「日本美術」

第五日（一一月二〇日〈金〉）久松潜一（東京帝国大学教授・文学博士）「万葉集と日本精神」、山本快龍（東

京帝国大学講師）「南方の宗教——仏教と印度教」

参加者に配布された小冊子『宗教教師教学講習会要項』には、折口と久松のみ講義の概要と参考資料が掲載されているが、高楠を含む他の講師は、題目だけで内容は白紙である。したがって、講習会における高楠の講義内容は確認できないが、表題から勘案するに、今後にアジアへ進出する宗教者に対して、「宗教家の使命」を訴えたものである。

3　一般向け「宗教文化叢書」の一書として

文部省では、一般向けの啓蒙書として、シリーズ「宗教文化叢書」の刊行を企画した。叢書第一集は、宗教学者の古野清人（一八九九～一九七九）に委嘱した『大東亜の宗教文化』（一九四三年）である[9]。続く叢書第二集が、高楠に委ねた『大東亜に於ける仏教文化の全貌』（一九四四年）である[10]。その後に第三集は刊行された形跡はなく、戦争末期のため途絶した。高楠による同書の構成は、次のとおりである。

第一　序説、第二　釈尊の生涯と態度（一　釈尊の生涯／二　釈尊の態度）、第三　釈尊滅後に於ける仏教の進運（一　南伝大蔵経と南伝仏教／二　北伝仏教と南北両伝の相違）、第四　仏教印度の文化、第五　印度馬来文化、第六　海涯国群の仏教文化（一　セーロン／二　ビルマ／三　タイ／四　カンボジヤ／五　安南）、第七　支那の仏教文化、第八　満洲の仏教文化、第九　西蔵及び蒙古の仏教文化（一　西蔵／二　蒙古）、第十　日本の仏教文化、第十一　結論本書は、「大東亜共栄圏」における仏教事情が主題であるが、あくまで学術的な立場から概要を述べたものである。各地域の仏教の歴史的経過を踏まえた文化事情の紹介に努めている。仏教は、地域によって多様であり、単一の文化様式ではない。日本の勢力下にあった地域で、仏教が主流であったアジア各地へ進出する人々を念頭に執筆されたのであろう。

『大東亜に於ける仏教文化の全貌』は、高楠の没後に刊行された『高楠順次郎全集　第二巻』（一九七七年）に再録された。[11] ただし原本は、随所に時局の影響を受けた記述が見られたため、全集の再掲に際して「第十一　結論」の最末尾にある次の文言は削除された。

今や我が国はこの道の東洋を再び広く実現せんとして大東亜諸民族を率ゐて立ち上がつた。大東亜の民族は物心一如の仏教精神に徹し、道の東洋を実現すべき千載一遇の好機に直面してゐる。理想実現の機は眼前に見えてゐる。後は自覚と精神とあるのみである。この意味に於いて、大東亜の安定を確保し道義に基く共存共栄の文化圏を建設し、各民族の創造性を伸暢し大東亜の道の文化を益々昂揚し万邦共栄の世界平和を建設せんとする大東亜共同宣言こそ、正に世界史に一新紀元をなす画期的創造の金字塔といふべきである。仏教がその真生命を発揮するは正に此の秋であると確信するものである。[12]

文中にある「大東亜共同宣言」とは、一九四三年（昭和一八）一一月五・六日に東京の帝国議会議事堂（現国会議事堂）で開かれた「大東亜会議」にて、採択された宣言文である。会議には、日本、中華民国の南京政府、タイ、満洲国、独立したフィリピン共和国、ビルマ国が公式に参加して、自由インド仮政府も陪席した。右記のほとんどの地域には、仏教が伝わり、「大東亜」の地域とアジアの仏教文化圏は重なるところが多いため、この文章で「大東亜共同宣言」に言及したのである。

4　文化工作のアイテムとされた『南伝大蔵経』

近代日本の仏教学研究における共同事業といえば、『大正新脩大蔵経』と並んで、『南伝大蔵経』である。『南伝大蔵経』（全六五巻、七〇冊）は、上座仏教の三蔵（経・律・論）を集約して、日本語に訳したものである。高楠順次郎博士功績記念会により、一九三五年（昭和一〇）から四一年にかけて大蔵出版から刊行された。

全巻が完成した『南伝大蔵経』を携えて、門弟の山本快龍がタイに向かった。山本は、当時は智山専門学校（一九四三年大正大学に合流）の教授であった。山本によるタイへの渡航は、仏教各宗派が協同で設立した興亜仏教協会（後に財団法人大日本仏教会へ再編）から派遣されたもので、友好・親善を通じて両国間の関係を深めて、日本の立場と主張を浸透させる、文化工作が主目的にあった。山本と共に、真宗大谷派の朝鮮布教に尽力した藤波大圓（一八九三〜一九四五）も派遣された(13)。

ちょうど、出発直前である一九四一年（昭和一六）の一月に『南伝大蔵経』最終巻が完成していた。かつて高楠は、一八九七年（明治三〇）に海外留学から帰国して、南条文雄（一八四九〜一九二七）の後を受けて東京帝国大学の講師となったが、この頃からパーリ語仏典の翻訳を志しており、ようやく結実した成果であった。

また、日本からの『南伝大蔵経』の贈呈は、訳出に際して協力を受けたタイ王室への返礼でもあった。翻訳に際しては、イギリスのパーリ聖典協会がローマ字に転写した文献を参考にしたほか、一八九七年と一九三一年の二回にわたって刊行されたタイ国皇室版を参考に、さらに「ミリンダ王問経」など一部の経本がタイから寄贈されていたのである。

従前から高楠は、「かねて本蔵経が完訳の上は之を南伝仏教関係諸国に贈つて仏意の疏通と文化提携に資せん[14]」と考えていたという。山本と藤波の出発直前に、高楠は読売新聞から取材を受けている。記事は次のようにある。

高楠博士は今年七十六歳を数へるにいたつた。思へば博士にとつてはまさに生涯をかけての仕事であつた。府下武蔵野町吉祥寺の自邸で博士は語る／「〔明治三十年頃に日本語翻訳を志して〕四十余年間の宿願をやつと果したわけだ。タイ国にとつては南伝大蔵経は国教であり最高の聖典なのだから私たちの完成した日本語版が日泰両国親善の上に少しでも貢献するところがあれば学徒としての本望これにすぎるものはない[15]」。

当時の日本とタイの親善交流は、極めて戦略的かつ政治的な意味を持っていた。注目すべきは、記事にある次の文言である。

日本の居中調停を快く容れて仏印国境の干戈を収めて喜びに沸く共栄圏の友邦タイ国に東亜の兄貴分たる日本が贈る親善昂揚の聖典である[16]

この「仏印国境の干戈」とは、従前からフランス領インドシナとタイとの間で生じていた国境紛争を指す。ドイツに降伏したフランスでは一九四〇年に親独のヴィシー政権が誕生したこともあり、同年から翌年にかけて日本軍がインドシナに武力進駐を行い、その勢力下に置かれた。日本の仲介でタイ側に領土が割譲されたが、これを機会に日本はタイへの影響力を強めていった。つまり、『南伝大蔵経』という聖典かつ学術成果は、日本とタイの同盟と友好の象徴としてのアイテムに用いられたのである。

山本と藤波は、『南伝大蔵経』の全巻三セットを携えて、一九四一年一月三〇日に、大阪商船（現商船三井）所属の盤谷（バンコク）丸に乗り、神戸港から出発した。タイへの文化工作の一環として、『南伝大蔵経』はタイ王室・総理大臣・文部大臣の三者に贈呈された。学術調査や各種交渉を行い現地での約三ヵ月の滞在を経て、同年五月一九日に、盤谷丸にて神戸に帰着している。帰国後の山本は、大東亜共栄圏の一翼を担うタイの仏教に関する有識者として発言の機会が増えていった。

5　真如親王の物故地を探し求めて

戦時下の仏教と南方をめぐる重要な事案と言えば、真如親王（七九九〜八六五頃？）の物故地の特定である。高丘親王としても知られる真如親王は、平城天皇の第三皇子で薬子の変で廃位後、弘法大師空海のもとで出家した皇族である。インドに向けて仏教求法の途中で、「羅越国」にて虎に襲われ没するが、その物故地は未確定であった。

日本がシンガポールを占領する前後から、羅越国は同地とする見解がにわかに高まった。つまり真如親王は、「南進」、「仏教」さらには「皇室」という、時局にとって重要要素が三点セットで揃っていたゆえに注目される存在であった。南進した皇族として唯一無二の存在であり、国家主義者はその存在を称揚して、仏教界にしてみれば、戦時下で自らの存在意義を高める好適任の人物であった。そのため、立場と主張を超えて、真如親王を顕彰する動きが急速に勃興したのである。

その流れの中で、官民と仏教界が一体となり設立した真如親王奉讃会に、高楠は顧問に就任した[17]。例えば『読売新聞』において、高楠は次のように発言している。

> 明治廿年頃は南方の羅越国は仏印東京〔トンキン〕州の西方ラオスと間違へたが、その後南方地理志〔誌〕の研究が発達して来て羅越国が今の昭南島付近であることが確実になつたのである。ペリオ〔Paul Pelliot, 1878-1945〕は新唐書の地理志にある海峡をマラッカ海峡と認定してゐるが、これは穏当な説で真如法親王の薨去された羅越国はその北岸に当る。／自分は大正元年から五年間聖教調査のため毎夏高野山に滞在したが、遍明院（修禅院）に止宿してゐたので法親王の御遺跡に朝夕起臥したことがある。単に真言宗の方々が法親王を讃仰するのみでなく、全仏教徒、否、日本国民が昭南島に法親王の一大記念碑を建設して、大東亜文化工作の基石とせられんことを希望して止まない[18]。

注意すべきは、シンガポールから改称した「昭南島付近であることが確実になった」とあるが、あくまで推定であり明確な断定は行っていないことである。

そうした中で、門弟の渡辺楳雄〔一八九三～一九七八、曹洞宗僧侶〕が、昭南島に赴任することになった。渡辺は、東京帝国大学の出身で駒澤大学の教授にあったが、在職中に、学長の宇井伯寿〔一八八二～一九六三、曹洞宗僧侶〕体制での内紛が起きた。前身となる曹洞宗大学系の教員と、東京帝国大学系の教員との対立であり、結局は宇井らと共に、渡辺は辞職することになる。渡辺は、一九四二年〔昭和一七〕に陸軍司政官〔高等官三等〕に任命され、日本軍政下のシンガポールで宗教の行政と調査に関与することになったのである。[19] 渡辺は、この頃の様子を回想している。

私〔渡辺〕がすぐる戦争中、南方軍所属の軍属として将に出征せんとするや、〔高楠〕先生は軽井沢かどこかの避暑先〔静岡県御殿場の高楠の別荘楽山荘〕からわざわざ上京して私の送別会に臨まれ、私の行を盛んにしてくださった。／……先生が文化勲章を受章せられたとき、南方から祝電を差し上げたら、「これがおそらく君に送る最後の手紙になるだろう。望むらくは公務の余暇に、マライ半島の諸地方をへ巡って、昔渡印の雄図むなしく確かマライ辺りで病没せられた真如法親王様の五輪塔の一部をでも探し出し、全日本仏教徒を代表して、法親王様ご供養の寺院を一つ建立して貰いたい」、こういうご返書を、罫紙五枚に、例の文字で細々と認めて送ってくださった。私はこの記念すべき高楠先生の手紙を、今はやはり亡き兄〔異父兄で日本画家の橋本関雪〕の手紙ともども懐の奥深くしまいこんで、長く記念したいと願っていたら、文書なるが故に、〔敗戦後の収容所にて〕マライ駐在の英国官憲のために、両方とも取り上げられてしまった。[20]

渡辺にとって、兄と恩師の手紙を失したことは、さぞかし無念であったかもしれない。また渡辺は、占領地での公務が多忙であり、とても調査には手が回らなかったろう。マレー半島における真如親王ゆかりの史跡は、現在に至るまで学術的に特定された場所はない。

6 中山文化研究所の所長になる

高楠は、アジア研究を行った民間の研究所にて要職を務めていた。すなわち中山文化研究所の所長である。そもそも同所は、一九二四年（大正一三）の「紀元節」、すなわち二月一一日に、中山太陽堂（現株式会社クラブコスメチックス）が創立二〇周年記念事業として設立されたものである。創業者の中山太一（一八八一〜一九五六）は、「国家を益し、社会を益することこそ実業家としての夢」との持論から、当初は、大阪の堂島ビルヂング内と東京の丸の内ビルヂング内において開所した。事業内容は、女性文化研究所・整容美粧研究所・口腔衛生研究所・児童教養研究所の四部門に分かれそれぞれ活動した。

最初の所長は、医学者で真宗信仰が篤い富士川游（一八六五〜一九四〇）であった。一九四〇年（昭和一五）に富士川が死去してからは永井千秋を経て、高楠が所長に就任して以降、日本文化やアジア事情を研究した。一九四二年八月時点の研究所は、東京市麴町区内幸町一丁目二番地東拓ビルヂング四階に所在したが、「東拓」とは国策会社の東洋拓殖株式会社の略称であった。この会社の建物に研究所が入居したことは、同時期の研究所の方向性を知ることができよう。

この中山文化研究所からは、高楠が執筆した『大東亜海の文化』が、一九四二年（昭和一七）八月に発行されている。高楠の最晩年におけるアジア観が出ているので目次を示す。

緒論　大東亜の文化、一　南洋とスメル族、二　南洋と崑崙族、三　大東亜海、四　大東亜の宗教文化、五　海涯国群、六　海洋国群――シユリー・ヴイジヤヤ帝国運動前期　室利仏逝時代　唐代（西六五〇―九〇〇）、七　印度馬来文明（一　南洋文化と印度との関係／二　南洋文化と日本との関係）、八　海洋海涯合流――シユリー・ヴイジヤヤ帝国運動の後期　三仏齊時代　宋代（西九〇〇―一二二二）、九　菲律賓群島、十　南洋仏教文化と真如法親王、十一　印度精神文化の顕現、附録　南洋に関する文献

内容について簡述すると、同書は、それまで漠然と南洋と呼ばれていた地域を「大東亜海」と言い換えて、さらに現在の東南アジア大陸部を「海涯国群」、同じく島嶼部を「海洋国群」と独自に創出した概念を用いて、歴史と文化を概述していることである。同書の中で、時局に関する発言から、同書が成立するに至った背景が読み取れる。

　従来、欧米勢力の為に抹殺されつゝ、あつた民族過去の歴史を憶ひ起さしめ、ありし昔の文化の記念を尊重せしめ、新らしき文化を創造せしむることが大東亜指導者の使命であることは言ふまでもない。……我が国人としては、南洋に対する関心の度が比較的少なかつた為に、研究も断片的であり、知識も粗笨的であることも止むを得なかつたのである。今その全面が日本大鵬の翼下に置かれて見ると、南方海洋の全面が初めて明白な地図として一般の眼底に反映する光景となつたのである。(21)

これは、日本が指導的な役割を強く主張するものであった。日本勢力下の諸宗教について、次のよう

に位置づけをしている。

　大東亜共栄圏は、大東亜民族の共栄圏たるのみならず、実に世界宗教の共存界である。世界三大宗教と名けらる丶基督教・仏教・回教が初めて共存の立場に於て同一圏内に対立するのである。その上に一民族を代表する強力なる国民教とせられたる印度の印度教・支那の道儒教・日本の神道教も、亦大東亜の共栄圏に於ける同一壇場に活躍するのである。仏教に於ても、殆ど七百年間曽て同住せしことなき大小乗即ち南伝仏教と北伝仏教とが、茲に始めて一堂に会して新文化の創造に歩武を進めんとして居るのである。[22]

　アジアが多様な宗教事情であることは自明であるが、さらに「新文化の創造」と言及している。戦時中は、盛んに「大東亜」の文化建設が喧伝されたが、その動きを体現していたのであった。またこの時期には、仏教が発生したインドでは、いまだイギリスの植民地下にあり、アジアの盟主を自任していた日本は、「白色人種」から「黄色人種」に仏教遺跡を取り戻すべきとの主張も巷間に現れていた。

　研究所では、一九二九年（昭和四）に学術雑誌『中山文化研究所紀要』が創刊され不定期に発行した。注目すべきは、一九四五年（昭和二〇）九月に発行された、第五号の特集「精神文化研究」である。掲載論文は次のとおりになる。

　高楠順次郎「明治天皇御下賜の一切経」、結城令聞「歴代天皇の仏教に関する御撰、御法系、及び御信仰に就いて（一）」、鷹谷俊之「日本仏教の特殊性」、三枝博音「東西哲学の綜合研究の可能とその限界に就いて」、坂三野雄訳「タゴール詞宗著「人の宗教」の付録二　実在の本質に就いて」、高楠順次郎「タゴール哲学後評」、高楠順次郎「スメル族とコルム族」、高楠順次郎「文化性馬来族の本土崑崙国たるセレベス」、三明永無「カウティルヤ実利論に就いて」、坂本幸男「極微論」、水野梅暁「玄奘塔の沿革に就いて」、野生司香雪「南方仏教を一瞥して日本仏教を想ふ」、寺本慧達「教育への反省」、藤谷自昇「仏教と生物学」、遠山諦観「念仏懺悔」[23]

論題を見ると、時代を反映して、日本精神およびアジアに関する論文が目立つ。なかでも所長である高楠は、計四本の論文を寄稿している。発行の直前の同年六月に高楠が没していたが、同号は追悼出版という位置づけではない。没前から準備していた企画で、印刷用紙が不足する中で、発行日は敗戦直後となったのである。連合国による軍国主義的要素を排除する占領政策が具体的に着手されていないため、日本主義的な性格を帯びた論文が掲載された号でも、まだ出版ができたのである。

おわりに

第二次世界大戦の最中、にわかに南方ブームが起きて、その影響は学界に及んだ。日本の東南アジアの勢力拡大を背景に、その知が必要とされたのである。研究者が動員され、書籍の刊行を通じて一般知識の普及に関与した。高楠は、学界で指導的な立場にあったことから関わったのである。高齢ではあったが、それでも発言の機会が多々あり、門弟たちも、東南アジアの仏教事情やインドに関わる知識の普及と啓発に駆り出され、特に長井真琴と山本快龍は、目立つ活動をしていた。

比較すべきは、仏教学の隣接領域の宗教学である。とりわけ民族学的な研究がこの時代に求められていた。宗教対策のため、東南アジア諸民族の民俗や文化は、文献からではなく、生活の実態から知る必要があった。その中に、東京帝国大学東洋文化研究所の教授で宗教民族学の第一人者であった宇野圓空（一八八五〜一九四九）がいた[24]。宇野は、京都にある浄土真宗本願寺派寺院の出身でもあった。東南アジアの宗教文化について研究成果がある宇野も、また南方ブームにおいて、複数の啓蒙的な講演や論説を発表した人物である。本章の冒頭で触れた「南方宗教講座」に講師として名前を連ねている。

本章では、南方ブームのなかの知識人として、最晩年の高楠を取り上げた。一九四五年（昭和二〇）の六月に没しており、同年八月の敗戦を知ることはなかった。高楠は、度々にわたり時局に関する発言をしていたが、その真意はどこにあったのか。現在の価値観から分析することではなく、当時の文脈から考える必要がある。つまり、東京帝大名誉教授として学界内外に影響力を持ったことゆえ、指導的な立場を自覚していたからではないか。何より、当時の仏教学は地政学的な性格を帯びており、アジアの拡張とは無縁ではいられなかった。当時の仏教学研究について、殊にインド仏教と南方仏教の研究は統治に資する実用の学問、すなわち実学であり、仏教学者はその担い手であったと言えよう。南方ブームは、学問を取り巻いた時代と社会を考える、一つの教訓となろう。

注

（1）　天野敬太郎編『大東亜資料総覧』（大雅堂、一九四四年）。

（2）無署名「文部省主催の南方宗教事情講座／神・仏・基各派の中堅戦士を養成」（『高野山時報』第一〇二〇号、高野山時報社、一九四二年六月一四日）一〇頁。
（3）文部省宗教局編『南方宗教講座要項』（文部省宗教局、一九四二年）一～二頁。
（4）前掲『南方宗教講座要項』二一～二三頁。
（5）村松正蔵「南方宗教講座受講感想記」（『日新』第三四巻八号、黒住教本部出版部、一九四二年）三〇頁。
（6）大日本仏教会編『南方宗教事情とその諸問題』（東京開成館、一九四二年）。高楠の講演録は、同書に含まれてはいない。
（7）高楠順次郎『大東亜海の文化』（中山文化研究所、一九四三年）四～八頁。
（8）文部省宗教局編『宗教教師教学講習会要項』（文部省教化局、一九四二年）一～二頁。
（9）古野清人著・文部省教学局宗教課編『大東亜の宗教文化』（宗教文化叢書一、印刷局、一九四三年）。
（10）高楠順次郎著、文部省教学局宗教課編『大東亜に於ける仏教文化の全貌』（宗教文化叢書二、印刷局、一九四四年）。
（11）高楠順次郎『高楠順次郎全集』第二巻（アジア民族の中心思想・シナ、日本編、大東亜における仏教文化の全貌、教育新潮社、一九七七年）。
（12）前掲『大東亜に於ける仏教文化の全貌』一五六頁。
（13）大澤広嗣「昭和前期の仏教界とタイ―藤波大圓と山本快龍の視察―」（高野山真言宗タイ国開教留学僧の会編『泰国日本人納骨堂建立八十周年記念誌』高野山真言宗泰国開教留学僧の会、二〇一七年）。
（14）無署名「泰国御皇室に南伝大蔵経献上／仏教使節に託して」（『中外日報』第一二四三一号、中外日報社、一九四一年一月三〇日）三頁。
（15）無署名「タイ親善の聖典／高楠博士の「南伝大蔵経」日本語版完成して／あす愛弟子が船出」（『読売新聞』第二

二九九八号、読売新聞社、一九四一年一月三〇日夕刊）二頁。翌日には、無署名「南伝大蔵経泰へ船出」（『読売新聞』第二二九九九号、同年一月三一日夕刊）二頁、が報道された

(16) 前掲「タイ親善の聖典／高楠博士の「南伝大蔵経」日本語版完成して／あす愛弟子が船出」二頁。

(17) 大澤広嗣『戦時下の日本仏教と南方地域』（法藏館、二〇一五年）二八五頁。

(18) 高楠順次郎「往古の南方文化と真如法親王」（『読売新聞』第二三三九〇号、一九四二年二月二八日朝刊）、四頁。同じ見解は、高楠順次郎「南洋仏教文化と真如法親王」（仏教研究会編『南方圏の宗教』大東出版社、一九四二年）においても、「兎に角、羅越国は昭南港海峡の北岸にあつたことは確かである。真如御親王の御事歴が昭南島に於て適宜の方法に依て記念せらるべきは、大東亜海指導国の責務である」（二六頁）と述べている。

(19) 前掲『戦時下の日本仏教と南方地域』二二〇頁。

(20) 渡辺楳雄「高楠博士全集の刊行を喜ぶ」（小端静順編『宗教　増刊―高楠順次郎博士特集号―』教育新潮社、一九七六年）二六頁。

(21) 前掲高楠順次郎『大東亜海の文化』一～三頁。

(22) 前掲高楠順次郎『大東亜海の文化』一五頁。

(23) 中山文化研究所編『中山文化研究所紀要』第五号（特集「精神文化研究」、中山文化研究所、一九四五年）。

(24) 宇野圓空については、鈴木正崇「宗教民族学と総力戦体制」（『宗教研究』第四〇七号、特集・戦間期の宗教と宗教研究、日本宗教学会、二〇二三年）を参照。

第三章　高楠順次郎の偉業を礎として
――二一世紀の『大正新脩大蔵経』――

チャールズ・ミュラー
碧海寿広訳

はじめに

高楠順次郎（一八六六～一九四五）の経歴は非凡なものであり、彼の業績のうちどんな小さな面をとっても、多くの学者が一生のあいだに成し遂げる仕事を上回った。まずもって、明治の日本の若者がヨーロッパへ渡り、いくつかの一流大学において英語・フランス語・ドイツ語で学んだこと自体、驚くべき偉業である。さらに、そうした状況のもとオックスフォード大学で修士号を取得したことは（帰国後に名誉博士号を取得）、なおさら注目すべき業績だ。しかし、これは始まりに過ぎない。高楠は帰国後、日本の最も権威ある学術機関に地位を得て、そこにヨーロッパ流の研究方法を導入する。さらに、いくつかの大学の創設や運営にもかかわった。彼の学問的なリーダーシップは、同じように海外留学し帰国後に大学を設立した明治の他の偉大な教育者たちとは一線を画し、若い女性たちの高等教育の進路を保証することを誰よりも強調した。彼はまた、以下に紹介する複数の重要な出版事業に関与している。

実際のところ、高楠の国際的な名声は主に、これらの巨大な出版事業を完遂したその努力のためである。それらの事業によって、アジアの非常に重要な哲学的・宗教的な古典を、日本と世界の学者がはじめて広く利用できるようになったのだ。協力者のチームとともに、彼はインドの古典『ウパニシャッド』の全集を編纂・出版した。(1) また、南伝仏教の基本的な典籍の編纂・出版も監修した。(2) とはいえ、彼を世界中――アジアだけでなく西洋でも――の仏教研究者や学生たちのあいだで正真正銘の「有名人」にしたのは、もちろん、その最大かつ最も影響力のある著作『大正新脩大蔵経』である。この作業を遂行する上で、彼は当然ながら多大な助力を得ていた。しかし、中心人物である彼のビジョンと行動力があったからこそ、その仕事は完成に至った。本章で筆者は、まず高楠と彼のチームがこの画期的な事業に取り組むようになる経緯から見ていき、それからデジタル化の時代におけるこの大蔵経の変化について論じる。

1　日本における仏教研究の近代化

明治大正期は日本の学問の世界にとって変革の時代であり、この間に、中国に由来する伝統的な研究・教育方法から、主としてドイツ・フランス・英国に学んだ西洋モデルへの移行がなされた。この時期、高楠のみならず他の多くの日本の知識人がヨーロッパへ留学し、帰国後、大学を設立し西洋流の研究・教育方法を確立した。かねてより東アジアの文化と言語の伝統に基づいていた仏教研究は、伝統的な東アジア流の研究と出版のパラダイムから抜け出せない傾向がおそらく強かった。東アジアの大蔵経（すなわち「三蔵（Tripiṭaka）」として知られる経・律・論の全集）は依然として、基本的に一三世紀の朝鮮で出版された木版本（現在は『高麗版大蔵経』の名で知られる）[3]によって定義された。『高麗版』に続き中国でいくつかの写本版（たとえば元と明の写本版）が出版されるも、総合的な仏典を編むための一次資料という意味では、決して『高麗版』を凌駕するものではなかった。実際、ランカスターは次のように述べている。「これらの木版本は近代の大蔵経の各版において主要な役割を果たし、日本で出版された大蔵経の三つのバージョンの基礎となった。すなわち、一八八〇～八五年に出版された『縮刷大蔵経』[4]、一九〇二～〇五年の『卍字蔵経』[5]と『続蔵経』[6]、そして『大正新脩大蔵経』である。[7]」

『高麗版』は当時としては驚異的な内容で、インド・中国・朝鮮のずらりと並んだ膨大な数の典籍を正確なかたちで収録していた。しかし、ヨーロッパの文献学を豊かに修得して帰国した高楠順次郎や渡辺海旭のような学者たちにとって[8]、近代的な学問の強固な基盤とするのに、これは十分なものではなかった。非常に多くの典籍が収集・出版された一方で、ジャンル、時代、教義上の分類などの観点からして、その整理の仕方には明確な原則が見出せなかったのだ。また、集められていたのはほぼ漢籍――漢文の訳書と原著、それから一定数の朝鮮語の著作――に限定された。それゆえ、当時の東アジアの大蔵経は、飛鳥時代にまで遡る日本の学者が編纂した相当量の文献がまったく反映されていなかった。ゆえに、『高麗版』は出発点としては十分ではあれ、新しい文献学の観点からは、東アジアの大蔵経の現状には改善の余地がまだ大いにあった。

こうした状況は、ヨーロッパで訓練された新世代の仏教学者たちにとっては、もはや受け入れ難かった。それは近代的な大蔵経の編纂に着手する十分な理由となり、ついには高楠とその仲間たちが事業に取り掛かる。急速に近代化する日本での新しい大蔵経の創造は、国家的なプライドの源泉とも見なしうる、といった指摘もなされてきた。確かに、この種の仕事は日本の学者たちをインド学・仏教学の領域における世界的リーダーとして確立することにもなった(9)。しかし、高楠はその徹底した学識ゆえに、これがどの程度の仕事になるのかをよく理解していたため、その巨大な事業に取り組むことに当初はいくらか躊躇していた。

2　大正版以前

しかし、ゼロから始めなければならなかった、というわけではない。明治期から大正期にかけて、新版の大蔵経を出版するための準備作業が既に数多くなされていたのだ。『大正蔵』が創造される以前にも、一九世紀後半から二〇世紀初期にかけての日本では、大蔵経の完全版を編纂・出版するための初期の企画がいくつか手がけられていた(10)。このうち最も重要なのが、『大日本校訂縮刷大蔵経』(11)と『卍字蔵経』である。『縮刷大蔵経』はその題目が示す通り、小さな版で刷られた。入念に編集され、他の大蔵経との比較もなされ、句読点も加えられた。「校訂」という言葉は、この典籍が厳格な基準をもとに認証されたことを明確に示す。

『卍字蔵経』（一九〇二年に刊行開始。正式名称は『大日本校訂訓点大蔵経』）は中野達慧（一八七一〜一九三〇）と前田慧雲（一八五五〜一九三〇）が編纂し、中国の初期の大蔵経に見える典籍や、既存の大蔵経より後の中国人の著作を広範に収集したため、学問的価値をさらに高めた。これら先行する大蔵経や他の関連する企画のおかげで、『大正蔵』の編纂者たちはまずもって『高麗版』の編集を行うところから始める必要はなかった。彼らは、編集や句読点、学問的な注釈その他の工夫が施された大量の典籍を自由に使うことができたのだ。

3　『大正蔵』の編纂

残念ながら、この編纂プロジェクトの開始時において、やがて『大正新脩大蔵経』と呼ばれることになる新しい大蔵経が創造される過程を、余すところなく記録しておこうと考えた者はいなかったようだ。また、現代の学者にしても、そのすべての過程を本格的に記述しようとは試みてこなかった。ただし幸いなことに、永崎研宣が自身のブログにおいて、一連の出来事を要約するための基本的な枠組みを提供している。[12]永崎が説明する通り、この事業を手掛けたいと願った約三〇人が集まり最初の会合が開かれるも、この時点での高楠はやや懐疑的であった。彼は協力者になろうとしている人々に対し、『卍字蔵経』と『続蔵経』が出版されたばかりだと指摘した。さらに、新しい大蔵経の刊行を望むのであれば、多くの一次資料（写本や版本など）を慎重に比較検討しなければならないとした。彼はまた、現在ある『明蔵』は写本の形態ではあれまったく最新のもので、大抵の目的はこれで十分に果たせるとも指摘した。高楠が自身の考えを変えたのは、石山寺で一切経を熟読した後のことのようで、その一切経には『明蔵』所収の典籍の徹底した校訂版が含まれていた。この事実を高楠から聞いた英国大使のチャールズ・エリオット（一八六二～一九三一）――植物学者で海洋生物学者――は、この奈良天平期の写本を編纂・出版すべきだと強く勧めた。ドイツ大使でサンスクリット学者のヴィルヘルム・ゾルフ（一八六二～一九三六）も、このエリオットの提言を支持した。

高楠が出版を決意してから後、本格的な出版に至るまで、数多くの予期せぬ障害を乗り越える必要があった。資金源の問題、資料の収集と比較、地震という自然災害の克服などである。[13] 出版は一九三四年に完了し、このわずか二〇年足らずのあいだに、日本の仏教研究は世界を主導する立場に躍り出た。日本全国から助力が寄せられたが、その作業の中心は東京大学（東京帝国大学）であり、この新しい大蔵経の出版によって、東京大学は仏教研究の世界的拠点の一つとしての地位を確立する。

それ以来、『大正蔵』は仏典研究の主要な資料として用いられてきた。それは東アジアの仏典だけではない。というのも、『大正蔵』に所収の多くの翻訳はインドの原典の唯一残された訳であり、ゆえに、それはインド・チベット・東南アジアの仏教を研究する者にとっても貴重であった。また、『大正蔵』所収の翻訳は、たとえば達意の訳者である鳩摩羅什と玄奘による訳業のように、しばしば最も優れた訳文と見なされた[14]。かくして、まっとうな仏教学者であれば、『大正蔵』にアクセスし、これを読みこなし、依拠し、引用することが不可欠となる。

4　デジタル化の時代へ

私が大学に入学したのは、パソコンが普及しはじめた最初の頃であり、よって私が仏教研究を開始してからの数年間は、印刷版の『大正蔵』に依拠した。『大正蔵』に所収の典籍を参照しているすべての学問的業績は、頁・段落・行の番号をもとに引用することが求められた。それゆえ、デジタル化以前の時代の学者たちは、引用された行を見つけようとしてページに目を通すという物理的な作業に無限の時間を費やした——最近の若い世代の学者たちには想像もつかないことである。一九八〇代の初頭、パソコンは世間に進出し、膨大な数の典籍を肉眼ではなくコンピューターで検索できる可能性を人々が想像するようになるまでに、そう時間はかからなかった。しかし、その夢が現実化するには、テクノロジーのさらなる進化が必要だった。コンピューターのメモリーは当初は非常に限定的であり、平均的なユーザーがクラッシュすることなく大きなファイルを容易に扱えるようになるのは、八〇年代半ば頃になってからである。だが、コンピューターが十分な力を持ちはじめてからも、グループが集まり大規模なテキストの集合体を組み立てるのに必要なコミュニケーションや協力をすることは、依然としてかなわなかった。これを実現するには、インターネットが必要だった。

事態が動き出したのは、ワールド・ワイド・ウェブがやって来る直前のことである。一九九〇年代初頭、ウルス・アップという花園大学の研究者が数人の同僚と協力して、浩瀚な禅の典籍を収録したCDを開発した。アップはすぐにUCバークレーのルイス・ランカスターと知り合い、彼らは共に電子仏典イニシアティブ（EBTI）と称する組織を立ち上げる。その組織のねらいは、多様な文化的伝統に由来する仏教の古典をすべてデジタル化することに関心を持つ、先進的な学者たちを集めることにあった。EBTIの設立集会は一九九二年にカルフォルニア大学バークレー校で開催され、ランカスターの家で会合がもたれた。EBTIは、大蔵経のデジタル化や、仏教研究にコンピューター技術を応用することに関心のある人々が、テクノロジーや戦略について議論し情報共有するための場を提供し、発展していく。集会は一九九三年から二〇〇八年まで半ば定期的に開かれた。東アジアの大蔵経をデジタル化する三つの主要なプロジェクト、すなわちCBETA、SAT、Tripitaka Koreana の関係者は皆、これらの集会に少なくとも一度は参加している[15]。

東アジア大蔵経の主要なプロジェクトのうち、最初にその作業を開始し完成させたのは、サムソンの協力を得て韓国で遂行されたTripitaka Koreana であり、これにはダブルタイピングの入力方法が用いられた[16]。一九九六年一二月、Tripitaka Koreana 研究所（RITK）は、一九六五年に東国大学が拓本した『高麗版』に基づき作成された全四八巻の写真製版の内容を転写したCD-ROMを作った[17]。このCDには、『高麗版』のプレーンテキストのみが収録された。その後、このプロジェクトはより洗練されたCDアプリケーションを作成することになる。だが、このプロジェクトは次第に拓本の画像自体を文化財として研究・公開することに重点を置くようになり、オンラインで検索可能なテキストデータベースの開発に力を尽くすことはなかった。それでもなお、このプロジェクトによって作成されたデータは、基本的に『大正蔵』の最初の五五巻に相当する。したがって、そのデータ自体が『高麗版』に基づく画期的な業績であるだけでなく、将来的に台湾と日本で作られる『大正蔵』のデジタル版が開発される上での重要な礎ともなった。

次に、『大正蔵』の二一世紀への軌跡を紹介するという、本章の主題へ移ろう。二つの主要なプロジェクトが、『大正蔵』のデジタル版を開発してきた。すなわち、SATとCBETAである。本章では前者の理解に重点を置くが、それは、こちらが東京大学での高楠のミッションをより直接的に継承しているからである。よって、以下ではCBETAの歴史と成果を少し概観した後、SATのプロジェクトについて詳細に論じよう。

5　CBETA（中華電子佛典協會）

台湾の中和仏教学院（後に法鼓仏教学院と改称）を拠点とするCBETAプロジェクトは、[18]一九九八年二月にその活動を開始した。主導したのは主に国立台北芸術大学の教員を務めていた恵敏師であり、また中央研究院の謝清俊の技術指導も受けていた。驚くべきことに、彼らは二〇〇〇年には五六巻分（一〜五五および八五）を完成させる。その後、CBETAは『新纂大日本續藏經』（二〇〇七年に完了）や『嘉興藏』（二〇一〇年に完了）といった他の典籍群のデジタル化に着手した。『大正蔵』をはじめて完全にデジタル化し広く利用可能にしたCBETAは、デジタル版大蔵経の主要な参照元としての地位を確立する。CBETAは、その成果を他のデジタルツールと共にCDで配布した。それからウェブへと移行し（https://www.cbeta.org）、広範な大蔵経のテキストと、参照の際に使えるデジタルツールを提供している。このプロジェクトは現在も活動を続けている。

6　SAT大正新脩大藏經テキストデータベース

次に、SAT大正新脩大藏經テキストデータベースを紹介する[19]。

二〇世紀は日本の仏教研究にとって分水嶺となる時期であった。というのも、同時期にこの研究分野は、宗教的な組織や制度という厳格な領域から、西洋の歴史学や文献学といった科学的原理に沿ったものへと世俗化や再編成がなされ、また世俗的な国家機関で教育が施されるという、主だった変化を遂げたのだ。こうした環境のなかで、『大正蔵』は文献学・歴史学的な原則のもと編纂・組織され、その編纂は日本の仏教学のみならず日本という国にとっても最高の功績となる。『大正蔵』は、その編纂の包括性、明快さ、厳密性、また近代的な活字による印刷によって、一九三〇年代から現在に至るまで、東アジアの大蔵経を研究する上での標準的な資料となった。

日本での仏教研究が世俗化／科学化を遂げた結果、仏教は日本の世俗的な国立大学、とりわけ最高学府の東京大学（東京帝国大学）における主要な研究対象の一つとなる。東京大学は日本の仏教研究にとって事実上、学問の総本山となり、同大学院の梵語学科（後のインド哲学科）では、高名な学者たちを教員とする、日本最高のプログラムが供されるようになった。戦後には、この学科に日本印度学仏教学会（ＪＡＩＢＳ）の本部が置かれ、その機関誌もここから発行されるようになる。

一九八〇年代半ばまでにパソコンの時代が到来し、日本の仏教学の核となる文献資料のデジタル化について考える必要が避けられない現実となった。少なくとも仏教研究の領域で活動する数名の日本人学者たち（とりわけ東京大学の）は、その目の前に現れた新たな可能性、ひいては責任を、徐々に意識せざるを得なくなる。東京大学でデジタル化の問題に最初に本格的に着手した教員の一人は平川彰（一九一五〜二〇〇二）であり、彼は一九八四年に日本のインド学仏教学論文データベース（INBUDS）の構築に率先して取り組んだ。このデータベースは当初、日本印度学仏教学会の出版物のみを扱ったが、後には対象とする論文の範囲を幅広い学術的出版物へと拡げた。[20]平川によるデジタル化への取り組みには、一九九三年になると江島恵教（一九三九〜九九）が加わった。

『大正蔵』の版元である大蔵出版は、『大正蔵』三巻分を三つのＣＤに収録し、デジタル化の作業を開始しようと試みた。しかし、作業は遅々として進まず、またＣＤ一枚あたり二五〇ドルという価格は、平均的な研究者が現実に購入するにはあまりにも高額過ぎた。けっきょく、大蔵出版はこのプロジェクトを、先んじて平川からINBUDSデータベースのデジタル化の責務を継承していた江島の指導下に委ねた。一九九〇年代初頭までに両方の文献群のデジタル化に向け取り組んでいた江島は、この両方を同時に自らの監督下でデジタル化するのは自分の能力を超えていると認識するに至る。そこで、江島は『大正蔵』のデジタル化のプロジェクトを、一九九四年に下田正弘に引き継いだ。

初期の資金源は、日本学術振興会のデータベース研究助成金であり、この助成金によって、プロジェクトはデジタル化作業のための基本的な継続支援金を確保できた。加えて、高崎直道（一九二六〜二〇一三）と奈良康明（一九二九〜二〇一七）によって組織された、複数の仏教寺院から成るSAT後援会からの重要な継続的支援も得られた。これは仏教学術振興会と称し[21]、全費用のおおよそ半分を負担した。日本全国からの（約二五〇名の）無私の協力者たちが、テキスト入力を行うタイピストとして奉仕した。

技術的な課題は山積みであり、なかでも紙のテキストをデジタルの形態に変換する基本的な方法が最大の問題であった。当時、ローマ字のテキストを五〇字程度のASCII5文字でデジタル化するには、OCR入力が有効な方法であった。しかし、使い古された字体の一万二〇〇〇種類もの旧字を含む中国語と日本語の漢字データベースを、OCRを用いて判読可能なレベルでデジタル化するのは不可能だった[22]。それゆえSATチームは、他の主要なテキストデータベースのプロジェクト、たとえば中央研究院のテキストデータベース[23]やTripitaka Koreanaが行っているダブルタイピングの入力方法を用いるしかなかった。だが、入力すべき文字は一億もあり、その多くは日本語のコンピューターの文字セットには含まれていなかった——より新しいJIS-x 0212の文字セットに五八〇〇の新規の漢字が追加されたとしても。ユニコード（ISO-IEC 10646）の文字セットは一九九〇年代半ばに利用可能になりつつあったが、日本のソフトウェア技術者はそれを受容し実装するのが遅かった。ゆえに、大量の欠落した文字（外字）をどうやってコード化し、その後に表示するのかについて、非常に厄介な技術的決断を下さねばならなかった。漢字をどうカバーするかという基本的な問題にとどまらず、『大正蔵』には図表や絵画、悉曇文字その他の中国語以外の文字も含まれている。解決すべき問題は多かった。

場合によっては、仏教研究の電子化の分野で開発される新たな規格によって、技術的な問題は解決されたかもしれない。数々のデジタル化のプロジェクトが世界中で進行しており、その多くが同様の問題に取り組んでいた。(24) ユニコードの段階的な実装やコンピューターの基本的な機能など、コンピューターの一般的な世界標準の発展もあった。とはいえ、それでも進歩は遅かった。

プロジェクトの運営戦略の転換は二〇〇〇年にやって来た。この年、ＩＴ部門の専門家から得た情報に基づいて、プロジェクトはそのデジタル化の戦略を著しく改善することができたのだ。その後の段階では、二〇〇五年にプロジェクトに参加した永崎研宣が設計し実装したウェブ・コラボレーション・システムに基づき、入力システムも顕著に改良された。二〇〇七年には、丸一〇年間以上の作業を経て、基礎的なテキストのデジタル化の作業が完成に向かいつつあった。作業が完成間近となるにつれ、ＳＡＴのメンバーは、これを公開する方針として最善なのは、ＣＤやオフラインのアプリケーションに基づくやり方ではなく、ウェブ中心のアプローチであるという確信に至った。この点で、ＳＡＴはＣＢＥＴＡや Tripitaka Koreana といった他の主要な東アジア大蔵経のプロジェクトとは一線を画した。ＳＡＴのチームは、人文学のリソース開発の未来はＣＤやハードドライブではなく、オンラインのウェブサービスにあるという結論に達した。それは単なるオンラインのテキストリポジトリではなく、他のウェブを基盤とした仏教研究の資料群の中心に位置する正典的なリソースである。

永崎は二〇〇七年にデータベースの技術的管理を引き継ぎ、現在利用可能なＳＡＴテキストを高速で検索可能なデータベースの形態にセットアップすることから作業を始めた。その後、彼はINBUDSの記事データベースを皮切りに、相互参照機能を追加しはじめた。利用者が『大正蔵』のテキストから言葉を選ぶと、その言葉がINBUDSの記事データベースに収録された記事のタイトルやキーワードに含まれるかを直接確認できる環境を作り上げたのだ。

7　ウェブ上の協力

相互運用機能の開発における大きな一歩は、二〇〇八年に踏み出された。この年、ウェブＡＰＩの技術を用いて、ＳＡＴデータベースに仏教デジタル辞典（ＤＤＢ）[25]とのインタラクティブな機能がセットアップされたのだ。このデータベースでは、ＸＭＬ（文章の見た目や構造を記述するためのマークアップ言語）のリソース定義ファイル（データベースなどのリソースに接続するための情報を定義するファイル）のタイプに基づき、ＳＡＴデータベースの利用者がテキストの一部を選択すると、ＤＤＢに収録されたテキスト内の用語のリストが、基本的な意味、発音、ＤＤＢ内のすべてのエントリーへのリンクとともに表示される。この時点でのウェブ上では、このように二つの別個のリソース間の相互運用を整備することは比較的新しかった。だが、ＤＤＢのデータセットをすべてＳＡＴのデータベースにロードする代わりに、Ｓ

ATとDDBの双方がそれぞれ別個の情報体としての独立性を維持しながら、同時に互いに大きな価値を付与できたため、これは非常に重要なものであった[26]。このXMLに基づくDDBから抽出されたデータを使用して、永崎は英語またはハングルの入力に基づく検索機能など、他の特徴的な検索機能をSATに追加できた。

ここから、APIに基づく相互運用と、SATとさまざまな範囲での近接性を有しながら開発されてきた他の種類のデータセットの両方を含む、SATデータベースのエコシステムの開発が始まった。そこでポイントとなったのは、これらの新しいアプローチ――やがて「デジタル・ヒューマニティーズ」という名で知られるようになるアプローチ――に馴染みのない人々にも認められるだけの十分な説得力のある、人文学の「知識ベース」を作成することであった。最も基本的なレベルでは、ウェブベースの入力作業と、基礎的なテキストの校正作業がここに含まれる。DDBとのリンクから始まった一連の翻訳ツールを補完するために、まず仏教伝道協会（BDK）によるTripiṭaka英語訳のプロジェクト[27]から並列テキストデータが加えられ、BDKのテキストの訳文と一致する『大正蔵』テキストの行が別のポップアップ・ウィンドウに表示されるようにリンクがなされた。さらなる書誌情報は、SARDSデータベース[28]へのリンクによって提供された。二〇〇九年には、INBUDSを通じて、CiNiiに収録されたPDFをタイトルやキーワードで検索できる機能を確立した。SATの二〇一二年版では、この他にもいくつかの新機能が追加された。二〇一二年版では、検索エンジンの刷新とテキストの内容の大規模な修正がなされ[29]、さらに利用者はINBUDSとSARDSの記事データベースに加えデジタル仏教辞典にもアクセスできるようになった。小さなところでは、CHISE[30]とUnihan[31]データベースの漢字情報リソースへのアクセス権も付与された。

『大正蔵』のテキストが完全にデジタル化されても、プレーンテキストの表示だけでは不十分な場合が多いことがわかった。たとえば注釈のほか、意図的な文字サイズの変更のように原文に何か追加されている場合などである。そこで、『大正蔵』のページもスキャンして画像形式にした上で、検索されたページへのリンクを介して並べられた画像を直接利用できるようにし、また画像の拡大や縮小も可能なようにセットアップされた。画像の実装については、その後さらに発展していくことになる。

基本的なデータセットに関しては、デジタル化の主な作業は二〇〇八年に完了していた。だが、未解決の問題がいくつも残っていた。その最たるものが、外字の問題である。『大正蔵』には、国際文字標準ではまだ利用できない数千もの文字が含まれていた。ユニコードの発展、特にユニコード2.0と3.0において日中韓統一の漢字が継続的に拡大したことで、ＧＩＦ画像で表現する必要のある漢字の数は徐々に減少していた。しかし、ユニコードが約四万の漢字をカバーしているにもかかわらず、ＳＡＴデータベースにはＧＩＦ画像で表示する必要のある漢字がまだ六〇〇〇以上も含まれていた。何らかの方法でこれらの漢字をユニコードに登録しなければ、こうした状況はいつまでも続く可能性があった。

この時点まで、ユニコード・コンソーシアム（ユニコードの開発を調整する非営利団体）は、ＩＲＧ（ユニコードに助言を行う組織）を介した各国の標準化団体からのみ、新しい文字の申請を受け付けていた。言い換えれば、各国の文章中に見える漢字は、その国が公式に指定したＩＲＧからの提案によってのみ、ユニコードに追加できたのだ。幸いなことに、日本のＩＲＧメンバーの親切な支援と介入によって、主要な国際研究機関やプロジェクト（この場合はＳＡＴプロジェクト）から候補となる漢字を提出できるようにする提案がなされた。ＩＲＧの漢字委員会はこの提案を受け入れ、これによりＳＡＴが特定した六〇〇〇の漢字を包含する道が開かれた。[32]

二〇一二年のアップデート後の数年間に、他の機能が追加された。ＳＡＴとTripiṭaka Koreana（ＴＫ）プロジェクトのあいだに協力関係が取り決められ、ＳＡＴデータベース内のテキストの集積をＴＫの対応箇所で閲覧できるようになった。『大正蔵』内の悉曇文字や画像の取り扱い方が模索され、他の機関や場所に所蔵されている経典の写本や版本へのリンクも、急速に拡大している。ＳＡＴのテキストは現在、早稲田大学、東京大学、大英図書館、国立国会図書館などの図書館の画像とリンクしている。このように、ＳＡＴは多様なメディアやテクノロジーを介して、さまざまな方向にその機能とリンクを着実に拡大しつつある。ＳＡＴは二〇一二年版以降、二〇一五年・二〇一八年・二〇二一年にもバージョンアップを行った。

近年の開発のうち最も重要なのは、画像の操作と表示の機能を強化する分野である。国際画像相互運用フレームワーク（IIIF）[33]が提供する新たな可能性を活用し、ＳＡＴはIIIFを用いて、『大正蔵』の（図像部と呼ばれる）一二巻分に含まれる僧侶、曼荼羅、儀式などの画像や、東京大学附属図書館所蔵の『嘉興蔵』のテキスト画像を公開している。[34]

データベース自体の完成度がここまでのレベルに達した今、ＳＡＴはデータセットを利用する上でのデジタル・ヒューマニティーズの技術の応用をさらに検討している。現在の最も重要なプロジェクトは、『大正蔵』の全文データへの TEI-xml の適用である。先行する他のプロジェクトではスキーマの拡張を用いた試みがなされてきたが、ＳＡＴではできるだけ基本スキーマの範囲内で作業を進めようとしている。(35)

おわりに

もし明治・大正期に高楠順次郎がいなかったら、どうなっていただろうかと考えてみるのもよいだろう。東アジアの大蔵経の完全版や改良版を開発しようとする活動は、『大正蔵』の数十年前に出版された複数の「改訂」版に見られるように、すでにかなり活発に行われていた。また、新しい大蔵経の必要性を認識し、その作業に着手することに十分な関心を持つ有能な学者が数多くいたことも確かである。しかし、非常に重要な経験と技術を自らの内に持っていたのは、高楠であった。誠実かつ熱心な仏教徒であるという点では、彼は特別な存在ではなかった。だが、そのヨーロッパでの研究、とりわけマックス・ミュラーの指導下で得た訓練と知識のレベルにおいて、彼は他に類を見ない存在であった。『大正蔵』以外にも二つの主要な聖典全集の編纂を成し遂げたという事実は、彼がこうした大規模なプロジェクトを完成に導くリーダーとしての資質とともに、編集の才能と技術を備えていたことを示している。また、優れた学問と教育に対する彼の関心も際立っていた。このように、高楠は唯一無二の存在であり、もし彼がいなかったとしたら、同じような地位の人物が現れ、これらの重要な仕事を率先して行うようになるまでには時間がかかったと想像せざるを得ない。彼は長く記憶に残るだろう。

注

（1）『ウパニシャット全書』（全九巻）。作業は一九二二年に開始され、一九二九年から刊行された。

（2）『南伝大蔵経』。一九三五年から刊行された。

（3）そのスキャンの歴史の概要については以下を参照。Lancaster and Park, *The Korean Buddhist Canon: A Descriptive Catalogue*, p. ix-xvi, また、Jiang Wu and Ron Dziwenka, "Better Than Original: The Creation of Goryeo Canon And the Formation of Giyang Bulgyo 祈禳佛教," in Jiang Wu and Lucille Chia, *Spreading Buddha's Word in East Asia : The Formation and Transformation of the Chinese Buddhist Canon*, New York, Columbia University Press, 2016.

（4）『大日本校訂縮刷大蔵経』（四一八冊、弘教書院、一八八〇～八五）。

（5）『大日本校訂大蔵経』（七〇八二巻、蔵経書院、一九〇二～〇五）。

（6）『大日本続蔵経』（七一四〇巻、蔵経書院、一九〇五～一二）。

（7）Lancaster and Park 1979, p. xv.

（8）渡辺は一九〇〇年から一〇年までストラスブール大学でドイツ語を学び、そこでサンスクリット語・パーリ語・チベット語などの仏教研究に関連する言語や、比較宗教学に没頭した。Stone, Jackie, and J. Thomas Rimer. 1990. "A Vast and Grave Task: Interwar Buddhist Studies as an Expression of Japan's Envisioned Global Role." In *Culture and Identity: Japanese Intellectuals During the Interwar Years*. Princeton: Princeton University Press. p. 222.

（9）Stone and Rimer, 1990, p. 220-222

（10）その過程の詳しい説明がグレッグ・ウィルキンソンによってなされている。"Taisho Canon: Devotion, Scholarship, and Nationalism," in Jiang and Chia, *Spreading Buddha's Word In East Asia*, p. 291-294.

（11）一八八〇年から八五年にかけて、島田蕃根（みつね）の指導下で刊行された。中国の大蔵経が初めてモダンな金属製の活字で印刷され、近代的な書籍の標準に達したものであった。"A Brief Survey of the Printed Editions of the Chinese Buddhist Canon," by Li Fuhua and He Mei in Jiang and Chia, *Spreading Buddha's Word In East Asia*, p. 316.

（12）https://digitalnagasaki.hatenablog.com/entry/20140226/1393417764（最終アクセスは二〇二一年九月二日）。永崎は主に三つの資料に依拠した説明を行っている。（1）雑誌『ピタカ』一九三五年一月号の大正三蔵一〇〇巻完結記念号、（2）当時発行されていた雑誌『現代仏教』の記事、（3）『大正新脩大蔵経会員通信合本』（一九九八年、大正新脩大蔵経刊行会編）に収録された資料。

（13）これらの出来事の詳細な説明については、永崎のブログを参照してほしい。

（14）その結果、チベット仏教の研究者はチベット語訳の経典の正確さを確認するための方法として中国語を学ぶことが望まれる、という状態にすらなった。

（15）ＥＢＴＩの役割に関するより詳しい説明については以下の文献を参照。Wittern "The Digital Tripitaka and the Modern World" p.156. 一九九四年から二〇〇八年までのＥＢＴＩの活動記録は、以下のウェブサイトから入手できる。www.buddhism-dict.net/ebti/index.html

（16）二人のタイピストが同じテキストを別々に入力した後、プログラミング・スクリプトを使ってその結果を比較し、差異を修正する。この方法が最初に採用されたのは中央研究院であり、Ｃ・Ｃ・シェ教授の指導下で、中国の歴史と古典の完全なテキストデータベースが初めて開発された。

（17）Wittern, p. 158.

（18）ＣＢＥＴＡプロジェクトの発展に関する二つの解説が最近出版された。一つは"The Creation of The CBETA

Chinese Electronic Tripitaka Collection in Taiwan," by Aming Tu, in Wu and Chia, *Spreading Buddha's Word in East Asia: The Formation and Transformation of the Chinese Buddhist Canon*, p. 321–335. もう一つは以下の文献。"The Digital Tripitaka and the Modern World," by Christian Wittern in Wu and Wilkinson, *Reinventing the Tripitaka: Transformation of the Buddhist Canon in Modern East Asia*, p. 154–173.

(19) 「ＳＡＴ」は Saṃghaṇikīkṛtaṃ Taiśotripiṭakaṃ の略語である。より完全な説明については次の文献を見よ。Muller, A. Charles, Masahiro Shimoda, and Kiyonori Nagasaki. "The SAT Taishō Text Database: A Brief History," in *Reinventing the Tripitaka: Transformation of the Buddhist Canon in Modern East Asia*, edited by Wu and Wilkinson, p175–185. 以下の議論の一部は、この記事に基づいている。

(20) http://21dzk.l.u-tokyo.ac.jp/INBUDS/search.php.

(21) この組織は現在も仏教研究のデジタル・プロジェクトを積極的に支援している（http://butsugakushin.org.)。

(22) 実際のところ、『大正蔵』の主な典拠である『高麗版』には三万種以上の文字が含まれていることを考えれば、一万二〇〇〇字というのは比較的小さな数である。『大正蔵』の活字組版に使用できた文字の数は一万二〇〇〇字よりも少なく、つまり印刷の過程で多くの文字が恣意的に正規化されたことになる。

(23) http://hanji.sinica.edu.tw.

(24) デジタル化の問題に関する解決策を生み出す主要な場の一つが、先に紹介したＥＢＴＩであった。

(25) Ａ・チャールズ・ミュラーによって編集された仏教用語の辞書・事典。一九九五年に漢字の見出しに基づいてオンライン化され、現在七万六〇〇〇を超える項目が収録されている。 http://www.buddhism-dict.net.

(26) このファイルは、これを適切な方法で使用したいと望む他のいかなるオンライン・ウェブ・リソース・プロジェクトでも利用可能である。現在、たとえば以下のプロジェクトで用いられている。Smarthanzi ウェブアプリケーション（http://www.smarthanzi.net）、DDB アクセス・プログラム（http://download.smarthanzi. net/ddbaccess）、

Sutta Central の Chinese Āgama ページ（http://suttacentral. net)。

(27) http://www.bdk.or.jp/english. 米国仏教伝道協会（BDK America）は、一八九六年に沼田恵範によって設立され、『大正蔵』の英訳を主な目的の一つとする。現在までに九〇点以上の著作を翻訳している。

(28) 南アジア・リサーチ・ドキュメンテーション・サービス（書誌データベース）。http:// www.sards.uni-halle.de.

(29) SATの二〇一二年版データベースの校正や修正に携わった人物のリストについては、以下のサイトの一番下の部分までスクロールしてほしい。http://21dzk.l.u-tokyo.ac.jp/SAT/members_en.html

(30) 文字情報サービス・エンバイロンメント（CHISE）のプロジェクトは、世界中の書き物に見える文字に関する情報を収集し、知識ベースとして整理しようとするものである。http://chise.zinbun.kyoto-u.ac.jp.

(31) http://www.unicode.org/charts/unihan.html

(32) これらの漢字をユニコードへ包含する試みは今も進行中である。この原稿を書いている時点で、およそ三六〇〇のSATの漢字が承認されている。

(33) IIIFのウェブサイト（http://iiif.io）から引用する。「世界をリードする研究図書館と画像リポジトリのコミュニティが、画像配信のために相互運用可能な技術とコミュニティの枠組みを共同で構築する取り組みに着手した。IIIF（International Image Interoperability Framework）の目標は以下の通りである。（1）世界中に設置されている画像ベースのリソースへのアクセス権を、前例のないレベルの統一性と豊富さのもと研究者たちに提供する。（2）画像リポジトリ間の相互運用性を支援する一連の共通アプリケーション・プログラミング・インターフェースを設定する。（3）画像の閲覧、比較、操作、注釈付けにおいて、世界最高水準のユーザー体験を提供する画像サーバーやウェブクライアントなどの共有技術を開発、育成、文書化する。

(34) http://dzkimgs.l.u-tokyo.ac.jp/kzz/

(35) Yoichiro Watanabe, et al. "Towards a Structured Description of the Contents of the Taisho Tripiṭaka" in the

proceedings of the JADH 2021 conference https://www.hi.u-tokyo.ac.jp/JADH/2021/Proceedings_JADH2021_rev0905.pdf, p. 161–163.

コラム　混迷の世界状況にあって、高楠順次郎博士の国際的視座を想う

村石恵照

「ゆく河の流れは絶えずして、しかももとの水にあらず。よどみに浮かぶうたかたは、かつ消えかつ結びて、久しくとどまりたるためしなし。」

これは『方丈記』冒頭の言葉である。現在、地球的規模でさまざまな価値観が未曽有の混迷を極めている。歴史を大河の流れとして見つめる発想は、諸行無常・諸法無我の縁起観に合致しており、此岸の眼前に流れてゆく八〇余億の人類の大河がイメージされ、わたしの心の深いところで、その大河を超えた彼岸への憧憬を呼び覚ます。

わたしは現在（二〇二四年）、四月一二日からワルシャワに滞在している。

北でバルト海に面しているポーランドは西でドイツ、南でチェコとスロバキア、東でウクライナとベラルーシとリトアニア、そして北東では二〇二二年二月二四日に〝侵攻〟を始めたロシア（バルト海に面したロシアの飛び地・カリーニングラード）と国境を接している。

一九八九年、ポーランド共和国となったが、それ以前の共産党政権下の状況をわずかに体験しているわたしは、ワルシャワにいて西欧の歴史の大河の流れをしみじみと感じている。

前置きが長くなったが、仏教的世界観の下に、当時一級のヨーロッパの学者たちの身近に学び、アジア文明の行末に想いをよせ、和国・日本の伝統に静かな自信を持っていた人物に想像をめぐらせたい。

その人物は高楠順次郎である。

彼の生涯には徳川慶喜、西郷隆盛、勝海舟、夏目漱石、正岡子規、岡倉天心、鈴木大拙などの人物が重なるが、唯一鈴木大拙先生とは、わたしが二十歳代に鎌倉の東慶寺で二人きりの時を過ごしたことが思い出される。今日まで、なんの業績もない自分であるが、よき時代に生まれたと感謝している。

高楠は一八九〇年（明治二三）から九七年まで滞欧、オックスフォード大学、ベルリン大学、ライプツィヒ大学などで英語を中心に使用して、当時の欧州における一級の学者たちについて学んだ。彼の地では、五歳から学んでいた漢文の素養を土台にして、仏教聖典の記述語であるパーリ語・サンスクリット語を習得した。西欧の知的伝統の文献学的精華ともいうべき「The Sacred Books of the East（東方聖書・全五〇巻）」の翻訳にも参画した。帰国後は、大正新脩大蔵経・ウパニシャット全書などの編纂・出版事業をなしとげ、仏教教理の名著『八宗綱要』の英文版を執筆した。

学術的な活動に加えて、高楠は仏教的精神のもとに女子教育の重要性を自覚して、一九二四年（大正一三）、築地別院（現在の築地本願寺）内に武蔵野女子学院を創設した。ちなみに、わが家は別院創建以来、職員として山号・寺号を与えられて代々奉職し、わたしは三歳ごろまで築地別院内に居住した。

わたしが初めて高楠順次郎の著作に触れて以来感じている学恩は、彼における仏教の核心の把握、東洋の叡智と日本の伝統の本質に対する洞察、そして明治時代の優れた知識人に共通する大局観である。

今、手元に高楠の著作『大東亜における仏教文化の全貌』（一九四四年）がある。本書を一読すれば高楠による仏教の基本的理解（縁起論や人種差別への批判等）と当時の東洋諸国の現状を大局的視座で学ぶことができる。細部の記述について、当時の時代状況と異なる現代において異論・異議があるのは当然だろう。

が、問題は本書や当時の出版物に使われているそれぞれの著者の意図する肯定的意味の用語が、戦後は否定的概念の語句とされるようになってしまったことだ。一九四六年（昭和二一）、日本を占領したGHQは、戦前まで刊行されていた日本人の伝統的自尊心や国際理解に資する内容の大量の書物を、文部省や各都道府県の警察を使い秘密裏に全国各地から〝没収・廃棄〟するよう日本政府に命令したと言われる。

明治維新期に短期間視察旅行しただけの当時の政治家たちによる西欧社会の皮相的理解、神仏分離・廃仏毀釈の愚策、そして一九四五年終戦後、特にGHQによる非覇権性の和国の理念と伝統的家族関係の破壊的政策などは、今日の日本政治と社会に多大な禍根を残している。

戦後の知識人は仏教の専門家も含めて、いまだに大東亜・支那・護国・国体・国粋・皇国・全体主義などの用語におぞましさを感じるかもしれない。各時代の特殊な政治的状況下で使用された政治的用語の概念は時代背景を考えて理解しなければならないが、特に戦後のいわゆる〝進歩的知識人〟に天皇・皇室などの用語は、否定概念の典型であるようだ。

「私（丸山）は天皇制が日本人の自由な人格形成、自らの良心に従って判断し行動し、その結果に対して、自らの責任を負う人間の形成にとって致命的障害をなしているという帰結に、ようやく到達したのである」（丸山眞男「昭和天皇をめぐるきれぎれの回想」一九八九年）。

過去と現在において「天皇制」のない国々では、どのように「自由な人格形成」がなされているのだろうか。さらに丸山の「自由」とは、なにか。J・S・ミルの On Liberty（自由論［一八五九］）で、歴史的事実として野蛮国の植民地化を是認する意味の、西欧の少数のエリートが多数の無知な大衆を支配する〝liberty〟のことなのか。世界を植民地化してきたイギリス王室の歴史的実態はどうなのか。

高楠順次郎博士の大局的視座をもった人格に集中して述べるつもりが、僭越にも「高楠博士をめぐるきれぎれの雑感」になってしまった。

四月二八日、久しぶりにワルシャワ蜂起博物館に行った。当時の暗澹たる状況が心に突き刺さるような気分になったが、館外に出れば、見事なまでの日本の初夏のような好天である。

われわれは未曽有の異様な世界史が展開している状況下にある。日本人は、戦略的・政治家的打算を超えて、各国の善意の市民たちと、高楠順次郎博士が目指した東アジア諸国の協働の中で、和国の世界史的意義を改めて再認識しなければならないと思う。

総括と展望

碧海寿広

最後に、本書の各論文の概要を述べた上で、これからの高楠順次郎研究に向けた総括と展望を示したい。

序文において石上和敬が論じる通り、本書は、これまで不十分ながらも蓄積されてきた高楠研究の成果を踏まえつつ、未だ語られざる部分の多い高楠という人物の全貌を、多角的に解明しようとする試みであった。そして、本書の各論によっておぼろげながら見えてきたその全貌とは、「仏教学者」という一言ではとてもくくれない、高楠のあまりにも多面的な相貌である。

本書に先立ち刊行された拙著『高楠順次郎―世界に挑んだ仏教学者―』（吉川弘文館、二〇二四年）では、副題の通り、もっぱら「仏教学者」としての高楠の事績を中心とした論述を行った。グローバル化の進行する近代世界における高楠の仏教学者ないし仏教者としての活躍と、その歴史的意義をもっぱら論じたのである。だが、高楠の活動や事業の意義を近代史のなかでさらに精密に評価していくには、むしろ「仏教」や「仏教学」といった枠組みをいったん外してみる必要があるのではないか。本書の各論が示唆するのは、そうした今後の高楠研究のための視点と方法の可能性である。

第一部第一章の高山秀嗣論文は、高楠の二十代の長い西洋留学とその成果を、近代日本のアカデミズムの文脈を踏まえながら振り返る。ゲーテの「一つの言語しか知らないものは、言語を知らないものである」という有名な言葉を宗教に対して当てはめていたミュラーの下で、高楠はサンスクリット語をはじめとする多様な言語を学び、また最先端の比較宗教学の知見を修得した。その新鮮な学識は、東大の博言学講座の担当であった上田万年の目に留まり、その後のアカデミズムにおける高楠の頂点的な地位を導いていく。

第二章の日野慧運論文は、高楠の文献学者としての業績について、そもそも「文献学（philology）」とは何かという根本的な問いを探究しながら検証する。留学時の業績である義浄『南海寄帰内法伝』の英訳、帰国後の『ウパニシャット全書』を筆頭とするインド古典籍の日本語訳、そして『大正新脩大蔵経』の編纂の実態と意義が見直される一方、高楠が自身の「言語学」の成果をなぜほとんど公にしなかったのかという、極めて重要かつこれまで不問に付されてきた問いが検討される。

第三章の新作慶明論文は、高楠による唯一のサンスクリット仏典研究の和文業績について、盟友かつライバルのインド学者シルヴァン・レヴィとの関係や、高楠のチベット語能力の実態などを検討しつつ、歴史的な位置づけを試みる。高楠の文献解読の厳密さについては同時代の研究者たちからの批判があったという指摘は注目すべきであり、その業績の意図は後世の狭義の（文献学的）仏教学者たちとは別のところにあったという見識も重要だろう。

第二部第一章の前田壽雄論文は、高楠の著書『親鸞聖人』を読み解くことから、その親鸞理解を明らかにする。高楠は親鸞を論じるにあたり、いわゆる「七高僧」の系譜や親鸞のテキストについて解説しつつ、彼独自の仏教史的な理解や教義の解釈を提示した。のみならず、親鸞の思想を「八大主義」というかたちで近代的に整理してもいる。このうち特に、親鸞が出家の教団（第一教団）に対して在家の教団（第二教団）を完成したという高楠の見解は、在家の真宗信徒かつ学者であった彼に特徴的な見立てであると思われる。

第二章の松岡佑和論文は、高楠の社会思想ないしは政治・法・経済に関する見方について論じられる。高楠は西洋由来の社会科学に学んだシステム的な社会観を持つ一方、日本に固有の天皇を中心とする「家族主義」という視点から、現代社会のあり方を把握することが多かった。西洋の「権利」に対し日本の「義理」を立てるという発想は、その典型的な表現である。ただし、彼は「日本主義」の一種としての「家族主義」を、「仏教主義」とは分けて考えており、この区別の仕方は注目に値する。

第三章の岩田真美論文は、高楠による仏教精神に基づく女子教育について考察する。高楠が組織した仏教女子青年会は、当時期待が高まっていた女性を主体とする女性運動の一種であり、「新しい女性像」を世に示すための活動であった。他方で、高楠が展開した女子教育においては当初から「母性」がキーワードとなっていた。これは女性の社会参加を動機づける言葉であると同時に、近代日本のナショナリズムにも接続する、含みの多い概念であった。高楠の率いた女子教育の全様については、ジェンダー論や国民国家論の観点から緻密に再検討していく作業がまたれる。

第四章の欒殿武論文は、高楠が学生時代の仲間たちと共に立ち上げた中国人留学生のための予備教育機関「日華学堂」を取り上げる。外務省の資金を基に運営された日華学堂において、高楠らはその教育カリキュラムを整え、教員を招聘し、また教育施設の拡大のため三井銀行などから資金の借り受けを行っていた。文化や言語の懸隔もあり教員たちと留学生のあいだにはトラブルも少なからず起きたようだが、その教育事業によって、近代中国の将来を担う有為の人材が育成された。

第三部第一章の真名子晃征論文は、高楠が主宰した雑誌『現代仏教』に寄稿した多彩な執筆陣に着目し、そこから高楠の広範な人的ネットワークの内実を明らかにする。フランス留学した社会学者の浅野研真や、社会事業団体の大日本仏教済世軍を立ち上げた真田増丸の協力があった一方で、作家の松岡譲や歌人の佐々木信綱のような文学者たちもこの雑誌に参与した。『現代仏教』は、狭義の宗教の枠内にはまったく収まらない、戦前日本の有力なメディアの一つであった。

第二章の大澤広嗣論文は、いわゆる「大東亜共栄圏」が目指された時代の、南方仏教とアカデミズムの関係と、そこでの高楠の役割について検証する。第二次世界大戦中には数多くの学者が国策に動員されたが、日本の南進に伴う「南方ブーム」を受けて、高楠もまた南方地域の宗教研究や現地人との文化交流に積極的に努めた。当時の仏教学は地政学的な性質を帯びており、南方地域の統治に貢献する学知としての仏教学は、一種の「実学」としてあった。

第三章のチャールズ・ミュラー論文は、『大正新脩大蔵経』の成立経緯と編纂過程を踏まえた上で、二〇世紀後半から現在に至るまで継続されている、大蔵経の電子化やデータベース間の相互接続の内実について詳論する。高楠の卓越したリーダーシップの下で戦前に完成した大蔵経の決定版は、この数十年のあいだに急速に進展してきた情報技術によって、グローバルな「知識ベース」と化しつつある。その抜本的な変化のプロセスには、かつて高楠が直面したのと重なる部分もありながら総じてごく新しい、さまざまな困難と挑戦が見られる。

以上の各論文の要点から分かる通り、高楠は近代日本を代表する言語学者の一人であり、社会思想家であり、女性運動の指導者であり、メディアの主催者であり、国策の担い手であり、現代のグローバルな知的データベースの基礎を築いた人物であった。むろん、その活動の根幹には、彼の仏教や真宗に対する信念があったことは疑いない。だが、高楠を単に戦前の「仏教（学）者」として捉えるだけでは、その驚異的なまでに多角的な思想と実践の意味や価値を取り逃がすことになるだろう。

今後の高楠研究では、まずもってその言語学者としての位置を、国内外の言語学の歴史と照らし合わせながら詳細に吟味していく必要がある。また、その政治思想や国家との関わり方を、近代日本のナショナリズムや対外関係の推移と相関させながら丁寧に検証していくべきだろう。加えて、現代の情報技術の発展を念頭におきつつ、翻って高楠が構築したＩＴ化以前の「知識ベース」とは何だったのかを、改めて検討していく作業も求められる。

こうした検証作業の積み重ねがあればこそ、高楠の「仏教（学）者」としての側面もまた、これまでとは違ったかたちで見えてくるはずである。高楠において「仏教」とは、それを信仰する人々の内面の問題にとどまるものでは断じてなかった。それは、翻訳を通してアジアの各地や西洋の国々に絶えず拡散していく重厚かつ柔軟な言語であり、日本という国や社会を動かす精神的な力であり、豊かな人的ネットワークを活用して編纂と発信を繰り返すべき情報の集積であった。ゆえに、高楠という仏教学者の全貌を解明するためには、むしろ、彼の仏教学者以外の側面に積極的に光を当てていかなければならない。

近代日本において、仏教はいったいどのような役割を果たしてきたのか。この点を明確にするためには、仏教以外の学問や思想、政治や社会現象、メディアやネットワークにも目を向ける必要がある。これは筆者の持論であり、また近代仏教研究の前提だが、こうした論や前提を当てはめるのが高楠よりも適当な人物は、ほかに思い当たらない。仏教を主眼としつつ、むしろ仏教からできるだけ遠いところまで視野を広げて、仏教の歴史的研究の範囲を、その臨界へと拡大していくような方向性。これからの高楠順次郎の研究には、そうした逆説的な視点や方法が欠かせない。

文献目録

凡例

・刊行または発表された年月順に記載し、項目の間に／を入力した。
・論文名は「　」、雑誌・書籍は『　』で括った。
・副題は——以下に記載した。
・著者名が「高楠順次郎」と異なる場合は〈○○○○名義〉とした。
・編著者、掲載雑誌・出典書籍、出版社を（　）で括った。情報が不明の箇所もある。
・日刊新聞は発行日、雑誌は巻号を付した。
・連載の場合、二回は（一）・（二）、三回以上は（一）〜（六）のように記載し、連載回数を付した。
・原則として論文名等は原文表記とし、旧字は新字に改めた。現代仮名遣いに修正した箇所がある。
・掲載回数の多い外国語雑誌は末尾にある略号表記とした。

一八八七（明治二〇）

「真理の花に月に遊ばんか」〈沢井洵名義〉（『反省会雑誌』首巻）八月／「フェノローサ宛書簡」〈沢井洵名義〉（『反省会雑誌』首巻）八月／「（社説）願くは清き生涯を送れ」〈無記名〉（『反省会雑誌』一号）一二月

一八八八（明治二一）

「（社説）反省会第三回の新年」〈無記名〉（『反省会雑誌』二号）一月／「（社説）甘んずべからざるに甘んじ安んず可からざるに安んずるは宗教家の職にあらず」〈無記名〉（『反省会雑誌』三号）二月／「（社説）青年仏教徒思想の光景」〈無記名〉（『反省会雑誌』五号）四月／「（社説）仏教上に関する隠闇の勢力」〈無記名〉（『反省会雑誌』六号）五月／「（社説）新旧思想の調和は西洋主義に依らざるべからず」〈無記名〉（『反省会雑誌』七号）六月／「（社説）地方僧侶の潜勢力」〈無記名〉（『反省会雑誌』八号）七月／「（社説）新思想と旧思想」〈無記名〉（『反省会雑誌』九号）八月／「（社説）禁酒・教会」〈無記名〉（『反省会雑誌』一〇号）九月／「（社説）宗体革新の初期」〈無記名〉（『反省会雑誌』一一号）一〇月／「（社説）万国禁酒公会報告の顛末・付、日本の禁酒運動（一）・（二）」〈無記名〉（『反省会雑誌』一二・一三号）一一・一二月／「（社説）終る一周年間の出来事」〈無記名〉（『反省会雑誌』一三号）一二月

一八八九（明治二二）

「（社説）明治二十二年の大問題」〈無記名〉（『反省会雑誌』一四号）一月／「（社説）仏事禁酒に付て（だれでも読めます）」〈無記名〉（『反省会雑誌』一五号）二月／「（社説）カーネル・オルコット氏」〈無記名〉（『反省

会雑誌』一六号）三月／「（社説）反省会の祝日」〈無記名〉（『反省会雑誌』一七号）四月／「（社説）禁酒事業の進まざる所以」〈無記名〉（『反省会雑誌』一八号）五月／「（社説）帝国禁酒公会」〈無記名〉（『反省会雑誌』一九号）六月／「（社説）夏期運動禁酒旨義拡張の方針」〈無記名〉（『反省会雑誌』二一号）八月／『日本僧侶の位置』〈小林洵編〉（興教書院）八月／「（社説）先覚者の責任」〈無記名〉（『反省会雑誌』二二号）九月／「（社説）仏事禁酒の解」〈無記名〉（『反省会雑誌』二三号）一〇月／「（社説）経済的反省の意義」「（社説）禁酒と青年」〈無記名〉（『反省会雑誌』二四号）一一月／「（社説）反省の極度は表裏相応にあり　附道義的反省の意義」〈無記名〉（『反省会雑誌』二五号）一二月

一八九〇（明治二三）

「（社説）青年意向の趨勢、現今青年の真相」〈無記名〉（『反省会雑誌』五年一号）一月／「（社説）僧俗統制の本府教会組織の困難」〈無記名〉（『反省会雑誌』五年二号）二月／「（社説）日本仏教の形勢、教家の実力」〈無記名〉（『反省会雑誌』五年三号）三月／「龍動〔ロンドン〕通信」（『反省会雑誌』五年一一号）一一月／「龍動〔ロンドン〕通信（つづき）」（『反省会雑誌』五年一二号・『亜細亜の光輝』第一巻〈篝村生名義〉）一二月

一八九二（明治二五）

「英国通信」（『反省会雑誌』七年二号）二月／「英国通信」（『反省雑誌〔反省会雑誌から改題〕』七年六号）六月／「在英国、小林順次郎氏の通信」（『海外仏教事情』三一号）一二月

一八九四（明治二七）

「嗚呼東温譲君」〈沢井洵名義〉（『反省雑誌』九年四号）四月／The Amitâyur-dhyâna-sûtra（*The Sacred Books of the East, vol. XLIX (49) : Buddhist Mahâyâna Texts part II*. Oxford Univ. Press. 1894）

一八九五（明治二八）

「海外雑信――六外国の学生日本に同情を表す」（『反省雑誌』一〇年六号）六月

一八九六（明治二九）

The Name of 'Messiah' Found in a Buddhist Book; The Nestorian Missionary Adam, Presbyter, Papas of China, Translating a Buddhist Sûtra（*T'oung Pao* vol. 7, no. 5）一月／Chinese Translations of the Milinda Paṇhao（*J.R.A.S.*, Jan.）一月／「伯林〔ベルリン〕通信」（『反省雑誌』一一年二号）二月／「伯林〔ベルリン〕通信」（『反省雑誌』一一年三号）三月／Pāli Elements in Chinese Buddhism, a Translation of Buddhaghosha's Samanta-Pāsādikā, a Commentary on the Vinaya, Found in the Chinese Tripitaka（*J.R.A.S.*, Jul.）七月／「独逸通信――西蔵〔チベット〕語及巴利〔パーリ〕語の研究に就て」（『反省雑誌』一一年九号）一〇月／「巴里〔パリ〕通信」（『反省雑誌』一一年一〇号）一一月／A Record of the Buddhist Religion as Practised in India and the Malay Archipelago（A.D. 671-695), by I-Tsing（『南海寄帰内法伝』唐三蔵沙門義浄撰、日本高楠順次郎訳、牛津大学印刷局）（Oxford: Clarendon）／An Introduction to I-Tsing's Record of the Buddhist Religionas Practised in India and the Malay Archipelago（Oxford : Printed for Private Circulation）

一八九七（明治三〇）

Buddhaghosa's Samantapāsādikā in Chinese：Correspondence to Prof. Rhys Davids（*J.R.A.S.*, Jan.）一月／「日本が印度から受けた大恩」（『新公論』一二年一～三号）一～三月／「東洋学者評伝　付、その訪問余談」（『反省雑誌』一二年二号）二月／「西蔵〔チベット〕国」（『無尽灯』二巻二号）三月／Professor Lanman and his Oriental Series（*Hansei Zasshi*, vol. 12, no. 3）三月／「東洋学者評伝　付、その訪問余談」（『反省雑誌』一二年三号）四月／「東洋学者評伝　付、その訪問余談」（『反省雑誌』一二年四号）五月／A Study of Chinese Inscriptions: 1. Notes on the earliest Chinese Inscription Found at Buddhagaya in India（*Hansei Zasshi*, vol. 12, no. 5）五月／「釈迦降誕地発見の事実及その学術上に及ぼす功力」（『東洋哲学』四編七号）七月／「豊公の用いたる朝鮮地図」（『反省雑誌』一二年七号）八月／「仏教演劇ナーガーナンダム」（『反省雑誌』一二年八号）九月／「仏教演劇ナーガーナンダム」（『反省雑誌』一二年九号）一〇月／「釈尊降誕地の碑文」（『反省雑誌』一二年九号）一〇月／「仏教演劇ナーガーナンダム」（『反省雑誌』一二年一〇号）一一月／「仏生地の発見、姉崎正治氏の駁論」（『東洋哲学』四編九号）一一月／Hiuen Tsang: A Great Traveler in India（*Hansei Zasshi*, vol. 12, no. 2）一一月／「仏教演劇ナーガーナンダム」（『反省雑誌』一二年一一号）一二月／「巴里における列国東洋学会」（『反省雑誌』一二年一一号）一二月

一八九八（明治三一）

「仏陀の用いたる言語」（『哲学雑誌』一三巻一三一号）一月／「蒙古の文明及其仏教」（『反省雑誌』一三年一号）一月／「マヌ法典における婦人の地位」一月／「古代文学における婦人の地位」（『帝国文学』四巻一号）一

月／The story of the Ṛṣi Ekaśṛga（独角仙人）（*Hansei Zasshi*, vol. 13, no. 1）一月／「歴史以前の印度支那人種及その大初同住の根源地」（『史学雑誌』九編二号）二月／「ゼームス、レッグ翁の逸事」（『反省雑誌』一三年三号）三月／「レッグ翁の咏詩編」（『反省雑誌』一三年四号）四月／「切手貯金に付いての諸問題（一）・（二）」（『読売新聞』七・八日）四月／『梵文学教科書――Readings in Sanskrit Literature For Beginners : With Glossary』（金港堂）九月

一八九九（明治三二）

「図版英文解説」（田島志一編『真美大観――Selected Relics of Japanese Art　全二〇冊』日本仏教真美協会）五月～明治四一年五月／「東洋学に関する近事」〈箒村生名義〉（『中央公論』一四年九号）九月／「金毘羅宮の古祭神について」〈高楠箒村名義〉（『読売新聞』二四日）一一月／「摩利支天と鬼子母神」〈高楠生名義〉（『読売新聞』二五日）一一月

一九〇〇（明治三三）

「得非得」〈高楠箒村名義〉（『中央公論』一五年一号）一月／「日本字書の完成（一）～（五）」（『言語学雑誌』一巻一～五号〈五回連載〉）一～五月／「梵学津梁目録に就て」（『言語学雑誌』一巻二号）三月／「仏骨に関する史伝」（『言語学雑誌』一巻五号）六月／「仏骨に関する史伝（釈尊の遺骨及びその史伝）」（『史学雑誌』一一編七号）七月／「仏骨に関する史伝」（『宗粋雑誌』四二号）七月／「仏骨に関する史伝」（『東洋哲学』七編七号）七月／「仏骨に関する史伝」（『史学界』二巻八号）七月／「覚王殿建築に就いて」（『宗粋雑

誌』四三号）八月／「一言一話」（『言語学雑誌』一巻八号）九月／「仏教清徒の任務」（『新仏教』一巻三号）九月／「希臘〔ギリシア〕哲学と印度哲学との関係」（『日本人』一二一号）九月／「景教碑の選者アダムに就て」（『言語学雑誌』一巻一〇号）一二月／「マックス・ミュラー氏逝く（史伝）」（『中央公論』一五年一一号）一一月／『巴利語仏教文学講本――A Pāli Chrestomathy : With Notes and Glossary Giving Sanskrit and Chinese Equivalents』（金港堂）一一月／「マックス・ミュラー博士の一生（一）～（六）」（『読売新聞』一〇～一五日〈六回連載〉）一一月

一九〇一（明治三四）

『律蔵文学』（『教務講究所講義録叢書　第四』）一月／『吠陀文学』（『教務講究所講義録叢書　第四』）一月／『哲学総論』（『教務講究所講義録叢書　第四』）一月／「学術と宗教」（『中央公論』一六年一号）一月／「マックス・ミュラー博士（一）・（二）」（『東洋哲学』八編一・二号）一・二月／「四体字経の保存（我国今やその二を得たり）（一）・（二）」（『読売新聞』七・一四日）一月／「マックス・ミュラー博士の遺言及び夫人の書簡」〈高楠篝村名義〉（『読売新聞』四日）三月／「馬博士の手簡（訳）」〈性海生名義〉（『東洋哲学』八編三号）三月／「マックス・ミュラー博士の遺言及び夫人の書簡」（『東洋哲学』八編四号）四月／「二千五百年前の会議制度」（『無尽灯』六巻四号）四月／「我国将来の音楽」（『中央公論』一六年五号）五月／「二千四百年前の会議制度」（『東洋学芸雑誌』一八巻二三七号）六月／「病的人民に対する政府の任務」（『中央公論』一六年六号）六月／「マックス・ミュラー文庫」（『読売新聞』八日）七月／Tales of the Wise Man and the Fool in Tibetan and Chinese（*J.R.A.S.*, Jul.）七月／「仏教文学の講究」（『高輪学報』一号）一〇月／「印度古代の抒情詩（一）〜（三）」（『心の花（こころの華）』四巻一一・一二号、五巻一号〈三回連載〉）／一一月「馬博士の一生（一）〜（六）」（『三宝叢誌』二〇一〜二〇四号〈六回連載〉）

一九〇二（明治三五）

「大小乗仏教と観世音菩薩（一）・（二）」（『帝国文学』八巻一・三号）一・三月／「大小二乗と南北仏教」（『伝灯』二五六号）二月／「初期仏教の年代学とヴィンセント・スミス氏の史的攻究（一）・（二）」（『東洋哲学』九編二・三号）二・三月／「国民三種の病態」（『中央公論』一七年三号）三月／「四体字経の保存」（『大蔵経報』二号）五月／『新訳英和辞典』（神田乃武・横井時敬・高楠順次郎・藤岡市助・有賀長雄・平山信共編、三省堂）六月／「大蔵結集とヴィンセント・スミス氏の史的攻究」（『東洋哲学』九編八号）八月／「塩原の夏（上）・（下）」〈高楠箒村名義〉（新聞（誌名不明）、八・九日）九月／「印欧思想の交通」（『伝灯』二七一〜二七四号）一〇月・一一月／「印欧思想の交通（一）〜（四）」（『三宝叢誌』二三一〜二三四号〈四回連載〉）一〇月／「南征記（一）・（二）」（『大阪朝日新聞』二三・二五日）一一月／「文学博士高楠順次郎氏」（『明治文豪硯海録』文明堂）一二月／La Sāṃkhyakārikā, étudiée à la lumière de sa version chinoise (Premier Congrès International des études d'Extrême-Orient, Hanoi) 一二月／La Voyage de Kanshin au Japon (742-754) (Premier Congrès International des études d'Extrême-Orient, Hanoi) 一二月

一九〇三（明治三六）

Notes on Chinese Buddhist Books: Correspondence to Prof. Rhys Davids（*J.R.A.S.*, Jan.）一月／「賄賂国

民・吾国の大学生と社会教育・万国東洋学会に就て」（『中央公論』一八年二号）二月／「（講演）奈良朝時代における海外交通について」（史学会例会に於いて、二八日）二月／「安南行（漢詩）」（『史学雑誌』一四編二号）二月／「安南の話（一）～（三）」（『国士』五四～五六号〈三回連載〉）三～五月／「空言」（『帝国文学』九巻四号）四月／「唐を中心とせる外国交通、殊にその航海に就て（一）・（二）」（『史学雑誌』一四編四・六号）四・六月／「仏国の南清経営」（『東邦協会会報』一〇〇号）六月／「律蔵文学（上）・（下）」（『新仏教』四巻六・七号）六・七月／「数論哲学」（『東洋哲学』一〇編七号）七月／『仏領印度支那――一名・仏国日南の新領土』（南条文雄・高楠順次郎共著、文明堂）九月／「仏教生活の理想」（『高輪学報』二四号）一〇月／「一言一語――仏領印度支那（一）・（二）」（『読売新聞』一一・一二日）一〇月／『梵語戯曲シャクンタラ』（カーリダーサ作『梵文学十二原書　第一篇』文明堂）一一月／「故清水黙爾氏修学の一斑」（『仏教文芸』二巻二号）一一月／「ゲーテ泣かせ」（『読売新聞』二三日）一一月／「続ゲーテ泣かせ」（『読売新聞』五日）一二月／「ゲーテ泣かせ」（『仏教文芸』二巻三号）一二月

一九〇四（明治三七）

「印度古代の文明（一）・（二）」（『東洋学芸雑誌』二六八・二六九号）一・二月／「数論哲学史の暗点」（『哲学雑誌』一九巻二〇三号）一月／「天平時代の婆羅門」（『心の花（こころの華）』七巻一号）一月／「アリストファネスの喜劇」（『帝国文学』一〇巻一号）一月／La Sāmkhyakārikā, étudiée à la lumière de sa version chinoise [I]［『金七十論（I）』］(*B.E.F.E.O.*, tome 4, no. 1-2) 一～六月／The Life of Vasu-bandhu by Paramartha (A.D. 499-569)（*T'oung pao, sér. 2*, vol. 5, no. 3）七月／K'uei-chi's Version of a Controversy between the

Buddhist and the Samkhya Philosophers. An Appendix to the Translation of Paramārtha's 'Life of Vasu-bandhu'（*T'oung pao sér. 2*, vol. 5, no. 4）七月／Notes to Paramārtha's Life of Vasu-bandhu（*T'oung Pao, sér. 2*, vol. 5, no. 5）七月／「鷲狩」〈高楠篝村名義〉（『読売新聞』三日）七月／La Sāmkhyakārikā, étudiée à la lumière de sa version chinoise［II］［『金七十論』（Ⅱ）］（*B.E.F.E.O.*, tome 4, no .4）一〇～一二月／The Abhidharma Literature of the Sarvāstivādins（*Journal of the Pali Text Society*, 1904・1905）一二月

一九〇五（明治三八）

Vindhya-Vāsin（*J.R.A.S.*, Jan.）一月／A Study of Paramārtha's Life of Vasu-bandhu：and the Date of Vasu-bandhu（*J.R.A.S.*, Jan.）一月／The Abhidharma Literature, Pāli and Chinese（*J.R.A.S.*, Jan.）一月／The Works of Samgha-bhadra, an Opponent of Vasu-bandhu（*J.R.A.S.*, Jan.）一月／Kātyanī-putra, as the Author of the Mahā-vibhāṣhā（*J.R.A.S.*, Jan.）一月／On Yuan-Chwang's Travels in India. vol. 1, By the lateThomas Watters（*J.R.A.S.*, Apr.）四月／『新式日英辞典』（A Japanese-English dictionary）（新渡戸稲造・高楠順次郎共編、三省堂）四月／『新式袖珍日英辞典』（A Pocket Japanese-English dictionary）（新渡戸稲造・高楠順次郎共編、三省堂）四月／『仏教聖典』（前田慧雲・南条文雄共編・高楠順次郎校訂、三省堂）七月／Geschichte der Japanischen. Literatur. By K. Florenz（*J.R.A.S.*, Oct.）一〇月／English Literature for Japan（*The Times*）

一九〇六（明治三九）

Buddhist and Christian Gospels, now First compared From the Originals. By Albert J. Edmunds（*J.R.A.S.*,

Jan.) 一月／「英国土産」（『愛国婦人』一〇二号）四月／「日本の家族本位と欧州の個人本位」（『新公論』二一年五号）五月／「此流行病（厭世煩悶）を助長する勿れ」（『新公論』二一年七号）七月／「英国図書受贈顛末」（『時事新報』八一九一号、六日）八月／「文殊所説宿曜録に見ゆる二十八宿、十二宮、七曜の名目について（一）・（二）」（『読売新聞』一二・一九日）八月／「禅宗に就て」（『和融誌』一〇巻九号）九月／「外国語研究心得」（『成功』一〇巻二号）一〇月／「家族主義と個人主義」（『新公論』二一年一〇号）一〇月／「外国語熟達の秘訣」（『新公論』二一年一一号）一一月／「家族制度と個人主義を論じて板垣伯に答う」（『和融誌』一〇巻一一号）一一月／Buddhism as We Find It in Japan（*Transactions and Proceedings of the Japan Society of London*（倫敦日本協会雑誌）, vol. 7, part II）一一月／『仏陀家庭訓』（常光得然著・高楠順次郎校閲、釈教書院）一二月

一九〇七（明治四〇）

「日本が印度から受けた大恩（一）～（三）」（『新公論』二二年一～三号〈三回連載〉）一～三月／「（講演）奈良朝の音楽に就て」（史学会例会に於いて、二六日）一月／「日本文明に於ける外来の原素」（『心の花（こころの華）』一一巻一号）一月／「雑録・国語問題「国語假名遣改定案」」（『東洋哲学』一四編一号）一月／「序」（石橋臥波著『夢』宝文館）二月／「日本の音楽」（『新公論』三号）三月／「獅子洲綺譚の序」（『六大新報』一八八号）三月／「華族世襲主義に就いて」（『愛国婦人』一二四号）三月／「高楠博士の演説（上）・（下）」（『信濃毎日新聞』九・一〇日）五月／「奈良朝の音楽、殊に林邑八楽に就て（一）・（二）」（『史学雑誌』一八編六・七号）六・七月／「弘法大師に対する感想」（『六大新報』一九九号）六月／「薫一切」（『大崎

学報』六集）六月／「外国語研究心得」（『現代受験法』成功雑誌社）七月／「国字改良に就いて」（羅馬字ひろめ会編『国字問題論集』三省堂）八月／「仏教生活の標準」（『霊光』一年六号）八月／「序」（梅原龍北著『雲煙過眼』宝文館）八月／「如何にすれば最も容易に学業を進歩せしめ得べきか」（『新公論』二二年一一号）一一月／*The Naval Battles of the Russo-Japanese War*. By Captain Togo, Translated by J. Takakusu (Gogakukyokwai)

一九〇八（明治四一）

Lessons in English Conversation（I）～（V）（高楠順次郎・斯波貞吉共著、松邑三松堂）一～三月／「私情と公事」（『警世新報』一三五号〈梅原竜北追悼号〉）二月／「宗教と国家に就いて・訪問談」（『東亜の光』三巻二号）二月／「釈尊に対する感想」（『六大新報』二四一号）四月／「現代の名流は奈何なる格言の感化を受けたるか（回答）」（『新公論』二三年四号）四月／「序」（阿満得寿著『梵文阿弥陀経』鶏声堂）六月／「仏耶の接触及び調和（上）・（下）」（『大阪毎日新聞』三〇・三一日）七月／「序」（阿満得寿著『悉曇阿弥陀経――Sukhāvatī-vyūha in the Siddha Character』丙午出版社）八月／「仏耶の接触及び調和（一）・（二）」（『六大新報』二五八・二五九号）八月／「序　清水黙爾君を追悼す」（清水黙爾著・島地雷夢編『紫風全集』鶏聲堂）九月／「仏耶の接触及び調和」（『婦人雑誌』二三巻九号）九月／「序」（エドウィン・アーノルド著『大聖釈尊』仏教図書出版協会）一〇月／「仏耶両教の共通的真理」（『信仰界』二一年一〇号）一〇月／「明治年間の宗教界」（『信仰界』二一年一一号）一一月

一九〇九（明治四二）

「印度より見たる弘法大師（一）〜（三）」（『婦人雑誌』二四巻一一・一二号、二五巻二号〈三回連載〉）／「校閲」（森林太郎・大村西崖同著『阿育王事蹟』春陽堂）一月／「観自在菩薩」（『三宝叢誌』二九八号）一月／「梵学者寂厳に就いて」（『帝国文学』一五巻一号）一月／「観自在菩薩」（『婦人雑誌』二四巻一号）一月／「梵学者寂厳に就いて（一）〜（四）」（『六大新報』二八六・二八八〜二九〇号〈四回連載〉）二月／「理想的顕現としての菩薩」（『大阪仏教』二年二号）二月／「日本人と宗教」（『霊光』三年三号）三月／「金比羅は鰐魚なり」（『大阪毎日新聞』二日）三月／「仏教発展の新機運」（『警世』一六〇号）四月／「摂信上人勤王護法録に寄せて」（『摂信上人勤王護法録』興教書院）四月／「仏教」（大隈重信撰・副島八十六編『開国五十年史』開国五十年史発行所）四月／「八正道と五戒の実践（上）・（下）」（『霊光』三年四・五号）四・五月／「金比羅事件鑑定書」（『六大新報』二九五号）五月／「新公論社主催学術時事講演会開会の趣意」（『新公論』二四年六号）六月／「インドより見たる弘法大師（上）・（下）」（『読売新聞』一九・二〇日）六月／「印度より見たる弘法大師（一）・（二）」（『有声』三七・三八号）七・八月／「印度より見たる弘法大師（一）〜（三）」（『智嶺新報』一〇一〜一〇三号〈三回連載〉）七〜九月／「平等主義の権化（一）・（二）」（『婦人雑誌』二四巻七・八号）七・八月／「平民主義の権化」（『警世』一六三号）八月／What Japan Owes to India（『日印協会雑誌』一・二号）九月／「印度より観たる弘法大師（一）〜（五）」（『六大新報』三一三・三一四、三一六〜三一八号〈五回連載〉）九月／「弘法大師と景教（一）〜（三）」（『六大新報』三一七〜三一九号〈三回連載〉）九月／『弘法大師と景教』（E・A・ゴールトン原著・高楠順次郎訳、丙午社）九月／「宗教」（『智嶺新報』一〇四号）一〇月／「益田孝君」（『中央公論』二四年一〇号）一〇月／「克己心修養の根本は此にあ

り」（『実業の日本』一二巻二一号）一〇月／「真宗と耶蘇教との相違」（『警世』一六六号）一〇月／「阿弥陀仏（一）・（二）」（『東亜の光』四巻一一・一二号）一一・一二月／『国民と宗教』（丙午出版社）一一月／「遵奉すべき四恩生活」（『信仰界』二二年一二号）一二月／「真宗と耶蘇教との相異」（『浄土教報』八八一号）一二月／「印度より観たる弘法大師（一）～（三）」（『婦人雑誌』二四巻一一・一二号、二五巻二号〈三回連載〉）一一月～一九一〇年二月

一九一〇（明治四三）

「印度思想発達の歴程」（『東洋哲学』一七編一号）一月／「理想仏の意義」（『警世』一六九号）一月／「人生の理想と宗教の理想」（『信仰界』二三年一号）一月／「新年の感」（『読売新聞』九日）一月／「偶感（一）・（二）」（『和融誌』一四巻一・二号〈常済大師降誕記念〉）一・二月／「世界的常識」（『新公論』二五年二号）二月／「印度古代の大礼より見たる婦人の地位」（『六条学報』一〇〇号）二月／「宗教と道徳、拙著『国民と宗教』に対する清水友次郎君の駁論に答う」（『新仏教』一一巻三号）三月／「如何にして英語の実力を養い得可き乎」（『学生』一巻一号）五月／「絶世の大人格――英皇追悼」（『太陽』一六巻八号）六月／「宗教論」（『六合雑誌』三五五号）七月／「第十週年の新仏教」（『新仏教』一一巻七号）七月／「校閲」（立花俊道著『巴利語文典』丙午出版社）八月／「日本の特長と仏教」（『警世』一七六号）九月／「密教研究に就いて」（『六大新報』三七二号）一〇月／「序」（武田明〈夢遊天外散士〉著『人生私見』武永商会）一〇月／「序」（オルデンベルヒ原著・三並良訳『仏陀』梁江堂書房）一二月

一九一一（明治四四）

「異問異答論と若有論」（『東洋哲学』一八編一号）一月／「太陽神話」（『新公論』二六年一号）一月／「密教研究会に望む」（『密教』一巻一号）二月／「平民的仏教の二大祖師」（『警世』一八三号）三月／「民間の宗教」（『無尽灯』一六巻四号）四月／「序」（冨田斅純編『秘密辞林』加持世界支社）四月／「民間の宗教」（『宗教界』七巻五号）五月／「師字到底二十四韻讃明照大師」（『宗教界』七巻五号）五月／「祖風の宣揚」（『信仰界』二四年五号）五月／「登嶺の記」〈高楠篝村名義〉（『警世』一八五号）六月／「日曜学校教案の統一」（『婦人雑誌』二六巻六号）六月／「宗教的自覚」（『信仰界』二四年六号）六月／「宗教的自覚心」（『六条学報』一一六号）五月／「宗教的自覚」（『成人』一二四号）七月／「田園の美的生活」（『新公論』二六年八号）八月／「父子本位の家族」（東亜協會研究部編纂『国民教育と家族制度』目黒書店）九月／『統一日曜学校教案』（統一日曜学校教案発行所、仏教主義統一日曜学校周カード〈六一種一組〉）九月／「予をして済生会長たらしめば」（『新公論』二六年九号）九月／「田園の美的生活」（『宗教界』七巻九号）九月／「克己心修養の根本は此に在り」（『実業の日本』一二巻二一号）一〇月／「祖風の賞揚、宗教的自覚」（中外日報社編輯局編『遠忌大観』中外日報社）一一月／『国民道徳の根底』（文泉堂）一二月／「統一日曜学校の作り方と教え方」（『婦人雑誌』二六巻一二号）一二月／Dhyāna〈姉崎正治共著〉（*E.R.E.*, vol. 4）

一九一二（明治四五／大正一）

「仏耶二教の統一」（『六大新報』四三二号）一月／「序」（青木充延著・澤井常四郎増補『三原誌稿〔増補〕』）三月／「尊王愛国と家族主義」（秋山悟庵編『尊王愛国論』金尾文渕堂）四月／『主義の親鸞聖人』（仏教伝道

協会）四月／「主義の親鸞聖人」（『婦人雑誌』二七巻四号）四月／「主義の親鸞聖人」（『警世』一九七号）五月／「宗教的自覚」（『婦人雑誌』二七巻五号）五月／「印度年代学」（高楠順次郎部分執筆・大日本百科辞書編輯部編『哲学大辞書――追加』同文館）六月／「印度哲学部分担執筆」（大日本百科辞書編輯部編『哲学大辞書　第三巻』同文館）六月／「希臘〔ギリシア〕の旅より――高楠博士の書信の一節」（『学士会月報』二九五号）九月／「龍動学士会報告」（『学士会月報』二九五号）九月／「日本の特長と仏教」（『婦人雑誌』二七巻一一号）一一月

一九一三（大正二）

「印度通信」（『六大新報』四八八号）二月／「ニポール（ネパール）の密教に就いて」（『密教』三巻二号）七月／「入竺中の所感」（『宗教界』九巻七号）七月／「西征記（一）～（三）」（『警世』二一一～二一二・二一四号〈三回連載〉）七～一〇月／「印度仏蹟とガンダーラ美術（上）～（下）」（『禅』七五～七七号〈三回連載〉）七～九月／「印度旅行談（一）～（四）」（『婦人雑誌』二八巻七～九・一一号〈四回連載〉）七～一一月／「印度旅行の目的」（『六大新報』五一七号）八月／「外遊漫吟」（『心の花』一七巻八号）八月／「慈覚大師と入唐求法巡礼記」（『四明余霞』三二六号）九月／「入雪山辺国途上（七言絶句）」（『心の花』一七巻九号）九月／「宗教と教育」（大谷大学尋源会編『宗教と教育に関する学説及実際』無我山房）一一月／「印度探見日誌・探見要項」（『官報』四〇九・四一〇号）一二月

一九一四（大正三）

「希臘印度の展覧会」（『婦人雑誌』二九巻一号）一月／「印度探見日誌（一）・（二）」（『婦人雑誌』二九巻一・二号）一・二月／「アテーナ女神に就いて」（『東亜の光』九巻三号）三月／「印度探検の要項」（『日印協会会報』八号）三月／「印度探見要項（一）～（三）」（『婦人雑誌』二九巻三～五号〈三回連載〉）三～五月／「仙覚律師に就いて」（『心の花』一八巻五号）五月／「印度霊跡（一）～（六）」（『婦人雑誌』二九巻五～九・一二号〈六回連載〉）五～一〇月／「序」（龍谷大学編『仏教大辞彙』冨山房）五月／「漢文の一短文」（『双鶴集天』出版社不明）七月／「国民性と仏教」（『婦人雑誌』二九巻八号）八月／「解題　悉曇叢書第一」（『仏書研究』二号）一〇月／『印度哲学宗教史』（高楠順次郎・木村泰賢共著、丙午出版社）一〇月／The Date of Vasubandhu "In the Nine Hundreds."（*J.R.A.S.,* Oct.）一〇月／「宗教と救済事業」（第七回感化救済事業講習会における講演［主催：内務省地方局］）一〇月／「梵語千字文の著者」（『仏書研究』三号）一一月／「奈良朝文明の外来的要素」（『心の花』一九巻一二号）一二月／Initiation（*E.R.E.,* vol. 7）／Kwan-Yin（*E.R.E.,* vol. 7）

一九一五（大正四）

「解題　誂遮要秘鈔及儼避羅鈔」（『仏書研究』五号）一月／「高野山と雪山」（『高野山時報』〈掲載号数不明〉）四月／「序」（泉道雄『信仰より見たる人生』至文堂）四月／「タゴール氏に就いて」（『日本及日本人』六五三号）四月／「金さえあれば何んでも出来ると云う米国主義」（『新公論』二九年四号）四月／「理想的宗教」（『新布教』二〇号）五月／「理想的宗教」（『六条学報』一六三号）五月／「理想の宗教」（『信仰界』二八

年五号）五月／「理想の実現として見たる仏陀」（『仏教界』六巻五号）五月／『日本外来語辞典』（上田万年・白鳥庫吉・村上直次郎・金沢庄三郎共編、三省堂）五月／『印度六派哲学』（木村泰賢著・高楠順次郎校閲、丙午出版社）五月／「慧超往五天竺国伝に就て」（『仏書研究』九号）五月／「インド詞宗タゴール（上）・（下）」（『読売新聞』一二・一五日）六月／『道徳の真義』（広文堂）六月／「仏教の世界的意義」（『禅学雑誌』一九巻六号）六月／「浄土教徒の使命」（『宗教界』一一巻六号）六月／「慧超往五天竺国伝に就て（『宗教界』一一巻七号）七月／「再び印度より見たる弘法大師（一）～（三）」（『高野山時報』四六～四八号〈三回連載〉）七月／「仏教の五大特徴」（『禅学雑誌』一九巻七号）七月／「宗教と救済事業」（『第七回感化救済講演集』内務省地方局）七月／「仏教文庫の選択」（『新仏教』一六巻七巻）七月／『印度宗教実見記』（長谷部隆諦著・大日本仏教会編纂局編、一喝社）七月／「印度の宇宙観」（『禅学雑誌』一九巻八号）八月／「解題　覚禅抄第二」（『仏書研究』一二号）八月／「解題　遊方伝叢書第一」（『仏書研究』一三号）一〇月／『御大典紀念講演』（矢田俊正著・発行）一〇月／「仏教と日本国民性」（『新布教』二五・二六合併号）一一月／「入竺倭僧金剛三昧」（『仏書研究』一五号）一二月／「印度仏教芸術史考」（『美術新報』一五巻二号）一二月／「大蔵経に就いて」（『大崎学報』四二号）一二月

一九一六（大正五）
「仏教演劇ナーガナンダム（龍王の喜び）」（『心の花』二〇巻一～一二号）一～一二月／「龍蔵経」（『高野山時報』五九号）一月／「美」（『日本及日本人』六七一号）一月／「理想の宗教（上）・（下）」（『婦人雑誌』三一巻一・二号）一・二月／「民間の宗教」（『新布教』三二号）三月／「仏教の自我観」（『禅学雑誌』二〇巻四

号）四月／「戦局後の精神教育」（『新布教』三四号）六月／「印度碩学ダース氏の功績」（『日印協会会報』一六号）六月／「印度の詞宗タゴール（上）・（下）」（『婦人雑誌』三一巻六・七号）六・七月／『仏教国民の理想』（丙午社）七月／「仏耶両教の接触と調和」（『禅学雑誌』二〇巻八号）八月／「理想と仏教」（『新布教』三六号）八月／「名士のタゴール観（回答）　理想の印度人」（『信仰界』二九年八号）八月／「釈尊と印度及日本の文化（上）・（下）」（『婦人雑誌』三一巻九・一〇号）九・一〇月／『真宗教と実生活』（道交会編、如是文庫）九月／『真宗教と実生活』（平楽寺書店）九月／*Le voyage de Kanshin en Orient* (*742-754*) : *par Aomi-no Mabito Genkai* (*779*)（『過海大師東征伝』の仏訳）一〇月／「戦乱と仏教徒の使命」（『新布教』三八号）一〇月／「絶対人格」（『信仰界』二九年一二号）一二月／「二個の陥穽と霊的自覚」（『新布教』四〇号）一二月

一九一七（大正六）

「宝性院所蔵の梵本」（『高野山時報』八二号）一月／「天竺の歌枕」（『心の花』二一巻一号）一月／「序」（織田得能著・高楠順次郎他監修『仏教大辞典』大倉書店）一月／「主義の人、山陽と大瀛師」（『新布教』四三号）三月／「人格教としての仏教」（『新修養』八巻三号）三月／「仏教か耶蘇教か」（『国民精神』五巻三号）三月／「仏教か耶蘇教か」（『新布教』四五号）四月／「人格教としての仏教」（『人道講話』八巻八七号）四月／「布教の根本要義」（『婦人雑誌』三二巻四号）四月／「人格教としての仏教」（『新布教』四六号）五月／「人格教としての仏教」（『密宗学報』四七号）五月／「序」（藤本慶祐『平叙日本仏教』洛陽堂）五月／「欧州戦乱と仏教徒の使命」（『国民精神』五巻六号）五月／「序」（イポポフ著・石川喜三郎訳『西蔵蒙古秘密喇嘛

教大観』日露出版協会・森江書店）六月／「理想」（『婦人雑誌』三三一巻七号）七月／「陳力布化の人、菅瀬君」（『警世』二五九号）七月／「大乗純界の理想」（『哲学雑誌』三三一巻三六六号）八月／「国民の生活と宗教」（『新布教』四九号）八月／「釈尊の理想」（『高野山時報』〈掲載号数不明〉）九月／「現代思潮と真宗」（『警世』二六二号）一〇月／「仏法僧」（『心の花』二二巻一〇号）一〇月／「仏教の通義」（『仏教夏期講習会講録』講演会印刷配布資料）一一月

一九一八（大正七）
「中阿合に就いて」（『中央仏教』二巻一号）一月／「解題　遊方伝叢書第二」（『仏書研究』三七号）一月／「解題　遊方伝叢書第三」（『仏書研究』三九号）三月／「日曜学校の歴史及其教訓（一）・（二）」（『婦人雑誌』三三巻三・四号）三・四月／『聖婆伽梵歌：和訳』（丙午出版社）五月／「見真大師」（『法爾』五号）五月／「霊仙三蔵と常暁律師」（『宗教研究』二年八号）八月／「如何にして国家の前途を料理するか」（『新布教』六三・六四号）一〇月／「龍華院大寂と梵漢字書」（『密教研究』一号）一一月

一九一九（大正八）
「人類活動の三方面――文芸主義の宣伝」（『改造』創刊号）四月／「朝鮮統治の一転機（上）――高等教育機関の不完備・（下）――朝鮮大学設立必要」（『時事新報』一二八七一・一二八七二号）五月／「教界長老諸師に呈す――連合教育機関を建設せよ」（『六大新報』八一二号）五月／「各宗連合と資力問題」（『浄土教報』一三六七号）五月／「世界としての説法（一）・（二）」（『宗教界』一五巻六・七号）六・七月／「教科大学設

置問題」（『六大新報』八二二号）七月／「三役記念碑文」（『郷里』）七月／「大人格の顕現」（『六大新報』八二三号）八月／「独逸の新文化をも見るつもりで、高楠博士欧州へ」（『東京日日新聞』一八日）八月／「梵僧指空伝考」（『禅学雑誌』二三巻八号）八月／「弘法大師の大人格」（『真言』二七三号）九月

一九二〇（大正九）

「ドイツの近状を報ず」（『読売新聞』二七日）一月／「文明と仏教」（『新布教』八〇号）三月／「独逸〔ドイツ〕の現状・高楠博士帰朝談」（『大阪朝日新聞』三日）三月／「独逸の惨状（学士会講演）」（『学士会月報』三八八号）三月／「改造中の欧羅巴（上）・（下）（学士会講演）」『報知新聞』二七・二八日夕刊）三月／「欧米最近の基督教」（『浄土教報』一四〇六号）三月／「独逸の近況」（啓明会第二回講演、大日本私立衛生会に於いて、四月一七日）四月／「独逸の近況」（『廓清』一〇巻四号）四月／「漢詩「楞伽山」」（『六大新報』八六五号）五月／「嗚呼オルデンベルヒ氏（上）・（下）」（『東京朝日新聞』二四・二五日）五月／「嗚呼オルデンベルヒ氏」（『新興』三巻六号）六月／「親鸞聖人の降世」（『法爾』二九号）六月／「独逸の惨状（学士会講演）」（『学士会月報』三八八号）六月／「戦後の欧州と思想学術方面の観察（一）～（三）」（『六大新報』八六八～八七〇号〈三回連載〉）六月／「徹底的人格教」（『新布教』八三号）六月／「敗残の独逸」（『中央公論』三五年六号）六月／「独逸の近況」（『啓明会講演集第二回（四月一七日講演）』啓明会事務所）七月／「新独逸建設の前途に就いて」（『六大新報』八七一号）七月／「西遊所感」（『弘道』三四〇号）七月／「新文化の建設」（『浄土教報』一四二一号）七月／「オ・ローゼンベルグ氏の訃」（『宗教研究』三年一二号）八月／「戦後欧州の宗教事情と仏教徒の態度」（『新布教』八五号）八月／「大正五年初に於ける戦争の状態」（伊東忠太

『阿修羅帖』第二巻、国粋出版社）九月／「耆那教聖典書後に題す」（高楠順次郎校閲・鈴木重信訳『耆那教聖典（世界聖典全集）』世界聖典全集刊行会）一二月／「新文化主義と宗教運動」（『六大新報』八九三号）一二月／「新文化に対する仏教」（『新布教』八九号）一二月／Sarvāstivādins（*E.R.E.*, vol. 11）

一九二一（大正一〇）

「政治家の猛省を望む」（『六大新報』八九六号）一月／『聖徳太子三経義疏（上）』（菅原得成・高楠順次郎共訳『世界聖典全集［前輯］第四巻』世界聖典全集刊行会）一月／「国家と社会と個人」（『新布教』九一号）二月／「米独国交断絶」（伊東忠太『阿修羅帖　第三巻』国粋出版社）二月／「朱紫両系統の思想観（一）〜（五）」（『六大新報』八九五・八九七〜九〇〇号〈五回連載〉）一・二月／『印度古聖歌』（『世界聖典全集［前輯］第六巻』世界聖典全集刊行会）三月／『婆羅門経［波羅門教］』（『世界聖典全集［前輯］第六巻』世界聖典全集刊行会）三月／「釈尊と日本文明」（飯塚哲英編『釈尊の新研究』中央仏教社）五月／「個性を重要視する英国教育」（『文華』五号）五月／「弘法大師を讃仰す」（『真言』大師降誕記念号）六月／「常識と理想」（『新布教』九六号）七月／『山路の時雨・母を衷ひて』（遺子順成）九月／「大正七年一月末日の分野」（伊東忠太『阿修羅帖　第四巻』国粋出版社）一〇月／「神社と宗教」（加藤玄智編『神社対宗教』明治聖徳記念学会）一〇月／Yuan Chwang, Fa-Hian, and I-Tsing（*E.R.E.*, vol. 12）

一九二二（大正一一）

「浄土宗の開宗記念とその信条」（『浄土教報』一四八七号）一月／「常盤大定博士著『支那仏蹟踏査古賢の跡

へ」に就いて」（『宗教研究』四年一五号）二月／「親鸞聖人の宗教」（『真宗講話』四号）二月／「児童の宗教性訓育」（『世界小学教育　中』〈『世界国民読本叢書　第一一巻』〉）三月／「弘法大師とその宗教」（『六大新報』九六一号）四月／『真宗の信仰と戯曲　『出家と其弟子』』（大日本真宗宣伝協会）五月／『巴利語仏教文学講本』（二冊（本体・字書）、丙午出版社）五・一〇月／『ウパニシャット全書』（『世界聖典全集［後輯］第三〜一一巻』世界文庫刊行会）六月〜大正一三年三月／「四恩生活」（『新興』五巻七号）七月／「宗教の本領」（『六大新報』九七八号）七月／「児童の宗教性教育（一）〜（五）」（『六大新報』九七九・九八一〜九八四号〈五回連載〉）八月／「親鸞聖人の究意主義」（『真宗の世界』二巻一一号）一〇月／「悉曇撰書目録」（仏書刊行会編『大日本仏教全書　第三〇巻』仏書刊行会）一〇月／「悉曇撰書目録」（仏書刊行会編『大日本仏教全書　第三〇巻』仏書刊行会）一〇月／「霊仙三蔵行歴考」（『仏教学雑誌』三巻九号）一〇月／「序」（ピッシェル著・鈴木重信訳『仏陀の生涯と思想』新光社）一一月／『印度哲学宗教史』（高楠順次郎・木村泰賢共著『木村泰賢全集　第一巻』明治書院）一一月／「〈最近の学説〉宗教教育の必要」（『変態心理』一〇巻六号）一二月／『大日本仏教全書　全一五〇冊』（南條文雄・高楠順次郎・望月信亨監修、仏書刊行会）

一九二三（大正一二）

「印度の博奕の話」（『心の花』二七巻一号）一月／「親鸞聖人について」（『婦人』一九巻一号）一月／「太子和讃（法隆寺所伝）」（『心の花』二七巻四号）一月／「国民必須の宗教教育」（『浄土教報』一五三〇号）一月／「序」（ヴインテルニッツ原著・中野義照・大佛衛共訳・高楠順次郎校註『印度仏教文学史』丙午出版社）四月／『釈尊より親鸞聖人へ』（森江書店）四月／『大正新脩大蔵経刊行趣旨』（大正一切経刊行会）四月／

「仏教の自我観」（『達磨禅』七巻五号）四月／「世界宗教概説」（『世界聖典外纂（世界聖典全集、後集第一五）』世界文庫刊行会）五月／「獅子吼」（『真宗の世界』三巻八号）七月／「今後の宗教」（日本真宗協会編輯部編・高楠順次郎・鷲尾順敬・松本文三郎共著『真宗叢書　第一輯』日本真宗協会）八月／「人格論」（長田暁玄編『現代社会問題文化大学十六講　第一講』稲淵堂出版部）一一月／「宗教性訓育」（『現代社会問題文化大学第十六講　第三講』）一一月／「主義の親鸞聖人」（『仏教済世軍』七巻一一号）一一月／『龍王の喜びナーガ・アーナンダム――印度佛教戯曲』（高楠順次郎訳・解説、世界文庫第一七、世界文庫刊行会）一一月／「仏教の世界化」（『親鸞教』四二巻一二号）一一月／「釈尊の出現とその背景」（『禅宗』三四三号）一二月

一九二四（大正一三）

「仏教の特質とその将来（一）～（六）」（『浄土教報』一五六四～一五七一号〈六回連載〉）四・五月／「法の文芸」（『現代仏教』一号〈創刊号〉）五月／「釈迦如来より親鸞聖人へ」（『第二回越佐夏季大学講演集　第五輯』越佐教育雑誌社）五月／「聖者の悩み」（『現代仏教』二号）六月／「技巧なき芸術」（『現代仏教』三号）七月／「宇宙の声」（『現代仏教』四号）八月／『生の実現としての仏教』（大雄閣）八月／「理の世界と智の世界」（『現代仏教』五号）九月／「附録　ナーガ、アーナンダム　高楠博士訳」（野々村修瀛『仏教十講』京文館）九月／「同情節」（『現代仏教』六号）一〇月／「一切経刊行に就いて」（『現代仏教』七号）一一月／「自内証の理想」（『現代仏教』八号）一二月／*Samantapāsādikā : Buddhaghosa's Commentary on the Vinaya Piṭaka*（長井真琴・高楠順次郎共編、Pali Text Society, vol. 1-5））一二月／「日本の特長と仏教」（『仏教済世軍』八巻四号）一二月／「宗教の本質的批判」（『高野山時報』〈掲載号数不明〉）四月／『人生に関する講話』

（光明閣）八月／『今後の宗教』（甲子社）九月／「獅子洲の仏足山」（『親鸞教』四三巻一〇号）九月／「現代の人心と信仰」（『新興』七巻一二号）一〇月

一九二五（大正一四）

「女性の力」（『アカツキ』一巻一号）一月／「大乗と小乗」（『現代仏教』九号）一月／「菩薩と仏」（『現代仏教』一〇号）二月／「煩悩と菩提」（『現代仏教』一一号）三月／「如来興世の現世的意義」（『中央仏教』九巻四号）三月／「如来と真如」（『現代仏教』一二号）四月／「声としての女性」（タゴール著・高楠順次郎訳『アカツキ』一巻四号）四月／「差別と平等」（『現代仏教』一三号）五月／「一色主義と多色主義」（『アカツキ』一巻六号）五月／「色法と心法」（『現代仏教』一四号）六月／「序」（逸見梅栄著『仏陀伽耶――仏教古芸術の精華』大塚巧芸社）六月／What Buddhists are Doing in Japan（*Y.E.*, vol. 1, no. 1）六月／「徳川頼倫侯」（『弘道』三九七号〈故徳川頼倫侯哀悼号〉）六月／「仏教の現代的意義」（『日刊ラジオ新聞』一〇日）七月／「智慧と慈悲」（『現代仏教』一五号）七月／India and Japan（*Y.E.*, vol. 1, no. 2）七月／What Japan Owes to India（*Y.E.*, vol. 1, no. 3-7）七月／「印度と日本」〈獅子王無畏名義〉（『現代仏教』一六号）八月／「法身と報身」（『現代仏教』一六号）八月／「仏教の現代的意義」（『アカツキ』一巻九号）九月／「印度は何ものを我国に与えしか」〈獅子王無畏名義〉（『現代仏教』一七～二〇号〈四回連載〉）九～一二月／「露国学士院の大業、世界に誇るべき梵本一切経の刊行」（『東京日日新聞』七日）九月／「仏教と普選問題（一）～（五）」（『読売新聞』二三～二六日・二八日〈五回連載〉）九月／「釈迦如来と阿弥陀如来」（『現代仏教』一七号）九月／「業力不滅と霊魂不滅」（『現代仏教』一八号）一〇月／「青年の宗教（一）～（三）」（『新布教』

一四八～一五〇号〈三回連載〉）一〇月／What Buddhists are Doing in Japan（*Maha-Bodhi*（Maha-Bodhi Society）vol. 33, no. 10-11）一〇～一一月／「勇の女性としての喜姫」〈獅子王無畏名義〉（『アカツキ』一巻一一号）一一月／『法宝留影』（大正一切経刊行会、発売：大雄閣）一一月／「法と律」（『現代仏教』一九号）一一月／「支那と日本」（『現代仏教』二〇号）一二月／「我が国民と宗教的自覚」（『浄土教報』一五九七号）一二月

一九二六（大正一五／昭和一）

「仏教美術とは何か」（『アカツキ』二巻一号）一月／「女青諸子に対する民族自覚の希望」（出典不明）一月／「已発願と当発願」（『現代仏教』二一号）一月／「支那と日本と朝鮮の仏教（一）・（二）」（『朝鮮仏教』三巻一・三号）一月／「迷信と邪信」（『現代仏教』二二号）二月／「仁の女性としての光明子」〈獅子王無畏名義〉（『アカツキ』二巻三号）二月／「照我日誌」（『現代仏教』二二号）二月／『巴利語仏教文学講本』（再版、本体と字書の二冊、丙午出版社）二月／「正信と正行」（『現代仏教』二三号）三月／「巻頭言」（『紫紅』一号〈創刊号〉）三月／『理智の泉としての仏教』（大雄閣）三月／「生の表現としての蓮華」（『アカツキ』二巻四号）四月／「仏像なき仏伝芸術」（『現代仏教』二四号）四月／『大正新脩大蔵経索隠』（第一巻、阿含部大正一切経刊行会）四月／What Japan Owes to India（*Y.E.*, vol. 1, no. 11-12）四月／「智活動と悲活動」（『宇宙』三巻四号）四月／「釈尊降誕の芸術化」（『読売新聞』八日「ラジオ記念講演（談）」）四月／「大乗仏教の精神」（『宇宙』三巻五号）四月／「釈尊降誕二千四百九十二年」（『朝鮮仏教』三巻五号）五月／「文字なき聖典文学」（『現代仏教』二五号）五月／「個性完成の芸術としての宗教」（『浄土教報』一六六〇号）五月／「歴史なき文

明」（『現代仏教』二六号）六月／「仏教の現代的意義（大正一四年七月一〇日講演）」（『ラヂオ講演集　四輯』）六月／「仏教の芸術化」（『アカツキ』二巻六号）六月／「一切経刊行以前の一切経に就いて（大正一四年一〇月一七日講演）」（『東京帝室博物館講演集　第三冊』）七月／「日本の大乗仏教」（『東方仏教』一巻三号）七月／「五天の風色」（『アカツキ』二巻七号）七月／「仏教の人格主義」（『宇宙』三巻七号）七月／「梵文漢訳、法華経普門品偈碑」（久米民之助博士発願建立、箱根強羅日本専売公社紅葉間庭内）七月／「新時代と新仏教」（『現代仏教』二七・二八号）七・八月／New Age and New Buddhism（*Y.E.*, vol. 2, No. 2-3）七・八月／「理智の泉としての仏教」（『沼津日日新聞』八日）八月／『印度仏蹟実写附解説・仏伝考』（大塚巧芸社刊）八月／「女性美ということを」（『アカツキ』二巻八号）八月／『仏伝』（大雄閣）八月／Discovery of Hiuen Tsang's Memorials（*Y.E.*, vol. 2, no. 3）八月／「法の文芸」（『浄土教報』一六七二号）八月／「印度歴史の特異性」（『日印協会会報』三八号）八月／「仏蹟写真」（『中外日報』二日）九月／「東亜仏教大会高楠教育事業部長の報告」（『東亜仏教大会記要』）九月／「生々の意欲より智々の自楽へ」（『現代仏教』二九号）九月／「女性美」（『紫紅』二号）九月／「智の女性としての和宮」（『縁山』〈掲載巻号数不明〉）九月／「智の女性としての和宮親子内親王」（『アカツキ』二巻九号）九月／Civilization without History（*Y.E.*, vol. 2, no. 4）九月／「生前死後の安慰」（『真宗の世界』六巻一一号）一〇月／「玄奘の上表記の発見」（『東方仏教』一巻六号）一〇月／「理想とは何ぞや」（『アカツキ』二巻一〇号）一〇月／「初転法輪より第五の五百年まで（一）～（五）」（『中外日報』八一二三～八一二七号、八～一〇・一二・一三日〈五回連載〉）一〇月／『洗心道場』（出版社不明）一〇月／『宇宙の声としての仏教』（大雄閣）一〇月／「別識の仏教より常識の仏教へ」（『現代仏教』三〇号）一〇月／Buddha's Wisdom and Mercy（*Y.E.*, vol. 2, no. 5）一〇月／*Riunosuke Akutagawa, A Spider's*

Web, translated into English by Alf. Hansey（*Y.E.*, vol. 2, no. 5） 一〇月／Buddhism of Enlightenment: Answers to Questions concerning Buddhism（*Y.E.*, vol. 2, no. 5）一〇月／「涅槃と菩提」（『東方仏教』一巻七号）一一月／「自我の実現より無我の実現へ」（『現代仏教』三一号）一一月／「人格とは何ぞや」（『アカツキ』二巻一一号）一一月／『仏教聖典』（前田慧雲・南条文雄共編・高楠順次郎校訂、三省堂）一一月／「玄奘の上表記の発見」（『浄土教報』一六八五号）一一月／「仏の開拓せられたる方面」（『アカツキ』二巻一二号）一二月／「別識の仏教より常識の仏教へ」（『日印協会会報』三九号）一二月／「外現性より内含性へ」（『現代仏教』三三号）一二月

一九二七（昭和二）

「仏陀」（『東亜の光』二〇巻一号）一二月／「闘争の世界より平和の世界へ」（『現代仏教』三三号）一月／「釈尊の成道」（『アカツキ』三巻一号）一月／「人類生活の両面と仏教（一）～（三）」（『文化時報』一・五・七日〈三回連載〉）一月／Einleitender Bericht des Vorsitzenden des Direktoriums（『日独文化協会雑誌』）一月／Europe Ripe for Buddhism（*Y.E.*, vol. 2, no. 8）一月／「世間道より世上道へ」（『現代仏教』三四号二月／Eight Fundamental Principles of Buddhism（*Y.E.*, vol. 2, No. 9-12）二月／「親鸞教の特異点」（『教壇』二巻二号）二月／「無統計界より統計界へ」（『現代仏教』三五号）三月／「女性美」（『女性文化』一巻三号）三月／「印度は我国に何を与えしか」〈獅子王無畏名義〉（『現代仏教』三五・三七号）三・五月／Bukkyo no gendaiteki igi（『Romazi sekai = ローマ字世界』一七巻三号）三月／「真田君の活動と仏教徒奮起についての済世軍――故主管一週忌東京本部に於ての講演筆記」（『仏教済世軍』一一巻四号）三月／「大聖釈尊の

根本理想」（『中央仏教』四月号）四月／「釈尊降誕の現代的意義」（『宇宙』二巻四号）四月／「一般教養としての菩薩道」（『現代仏教』三六号）四月／「唯我独尊の追憶」（『アカツキ』三巻四号）四月／「仏陀」（『仏教思想九講』甲子社）四月／「仏教の現代的意義」（『教壇』二巻五号）四月／「序」〈花井卓蔵・山科礼蔵・高楠順次郎連名〉（『桜南遺稿』大雄閣書房）五月／「特殊教養としての大乗教」（『現代仏教』三七号）五月／「理想郷としての仏教教団」（『現代仏教』三八号）六月／「教育の根底としての三性主義」（『現代仏教』三九号）七月／「大自然の説法」（『紫紅』四年一号）七月／Western Civilization versus Indian（*Y.E.*, vol. 3, no. 2）七月／「仏教主義教育の根本方策」（『現代仏教』四〇号）八月／「青葉の旅」〈獅子王無畏名義〉（『現代仏教』四〇号）八月／「憶念の心」（『仏教精神』四六巻八号）八月／Western Civilaization versus Indian（『日印協会会報（*Journal of the Indo-Japanese Association*）』四一号）八月／「国民の自覚（人物力量の士を優遇せよ、学閥打破の大烽火）」（『現代』第一付録）九月／「島地大等師の面目」（『現代仏教』四一号）九月／「東西の連鎖としての文化事業」（『現代仏教』四一号）九月／「真俗不二」（伊藤長次郎編『真俗二諦観集』ぐりあ・そさえて）九月／「倫理運動としての仏教」（『現代仏教』四二号）一〇月／「序」（南篠文雄著『懐旧録』大雄閣）一〇月／「法身の説法」（『紫紅』四年二号）一〇月／「大自然の説法」（『アカツキ』三巻一〇号）一〇月／「富士休養学園の建設」（『アカツキ』三巻一〇号）一〇月／「法身の説法」（『アカツキ』三巻一一号）一〇月／「人類の完全位の表現」（『教学週報』五九号）一〇月／「仏教の現代的意義」（『教学週報』六〇号）一〇月／「法隆学問寺」（『性相』第一輯）一一月／Bunyu Nanjio (Obituary Notes)（*Proceedings of the Imperial Academy*, vol. 3, no. 9）一一月／「断片的より組織的に」（『現代仏教』四三号）一一月／Monochromism versus Polychromism（*Y.E.*, vol. 3, no. 6）一一月／「仏教と理想（上）・（下）」（『仏教済世軍』一一巻一一・一二号）一一月／「既に成したることと当に為すべきこと」（『現代仏教』四四号）一二月／「安慧造唯識三十頌釈論に於ける疑問」（『現代仏教』四四号）一二月／「南條博士の霊前に捧ぐ」（『現代仏教』四四号）一二月／「最澄と空海」（『紫紅』四年三号）一二月／「序」（山崎精華著『仏陀をめぐりて』大雄閣）一二月

一九二八（昭和三）

East and West（*Y.E.*, vol. 3, no. 8）一月／「仏誕生満二千五百年大祝祭の準備」（『現代仏教』四五号）一月／「（若き人達の為に）仏教と基督教（一）・（二）」〈獅子王無畏名義〉（『現代仏教』四五・四六号）一・二月／「若き人たちの為に――仏教と基督教（一）」（『アカツキ』四巻一号）一月／「理の世界と智の世界（一）」（『アカツキ』四巻二号）二月／「形の厭世と心の厭世」（『現代仏教』四六号）二月／Difference between Buddhism and Christianity（*Y.E.*, vol. 3, no. 9-10）二月／「往相廻向と還相廻向」（『現代仏教』四七号）三月／「武蔵野女子学院第一回生を送る」（『紫紅』四年四号）三月／「還りさきまさむ春」（『心の花』三二巻三号）三月／「九條武子夫人の霊前に捧ぐる歌」（『現代仏教』四七号）三月／「九條武子夫人にささぐる歌」（『アカツキ』四巻三号）三月／「理智の主義（上）・（下）」（『浅草寺時報』一二・一三号、三月四日・四月四日）三・四月／「花祭とルンピニ楽園」（『現代仏教』四八号）四月／「仏誕生満二千五百年大祝祭の準備」（『仏教文化』二巻三号）四月／「理の世界と智の世界（二）」（『アカツキ』四巻四号）四月／「仏の誕生」（『教学週報』八二号）四月／「心眼を開け（最新教学講座）」（『教学週報』八五号）四月／「降誕会に即する三つの喜び」（『アカツキ』四巻五号）五月／"OsoEko" and "GensoEko"（*Y.E.*, vol. 3, no. 11）四月／「真宗と耶蘇教との相違点」（『仏教精神』四七巻五号）五月／「釈尊降誕の現代的意義（一）～（三）」（『文化時報』三～五日〈三回連載〉）五月／「我国最初の女帝としての推古天皇」（『現代仏教』四九号）五月／「東西の文化的連鎖としてのシルヴァン・レヴィ博士」（『現代仏教』四九号）五月／The Flower Fête and the Lumbini Chorus（*Y.E.*, vol. 3, No. 12）五月／Literary Achievement of the Late Dr. Nanjio（*Y.E.*, vol. 3, no. 12）五月／『仏教読本（聖徳太子、聖徳太子十七条憲法）』（大雄閣）五月／『仏教人文主義』（高楠順次郎校閲・シルヴァン・レヴィ著・山田龍城訳、大雄閣）五月／「若き人々の為に――仏教と基督教（二）」（『アカツキ』四巻六号）六月／「古代に於ける日印の接触」（『現代仏教』五〇号）六月／「南国行」（『現代仏教』五〇号）六月／「室戸行」（『現代仏教』五一号）七月／「思想国難に対する覚悟」（『現代仏教』五一号）七月／「宗教融和の可能性」（『アカツキ』四巻七号）七月／「導きとしての光明」（『紫紅』五年一号）七月／「宗教教育に就て」（『教学週報』九五号）七月／「仏教と法律との関係」（『教学週報』九六号）七月／How to Combat Dangerous Thought（*Y.E.*, vol. 4, no. 3）八月／「富士休養学園のなすべきこと」（『現代仏教』五二号）八月／「導きとしての光明」（『アカツキ』四巻八号）八月／「高楠先生のおはなし」（『アカツキ』四巻八号）八月／「天平時代に於ける日印文化の交渉」（『寧楽』一〇号）八月／「宗教融和の可能性」（『宇宙』三巻八号）八月／「（講演）仏教の組織」（帝国学士院講堂に於いて文部省主催開催第一回「思想問題に関する講演会」一一・一三日）八月／「宗教とは何ぞや」（『仏教精神』四七巻九号）九月／「富士休養学園楽山荘の開館」（『アカツキ』四巻九号）九月／「組織体としての仏教（一）～（三）」（『現代仏教』五三～五五号〈三回連載〉）九～一一月／「仏教に於ける廻向の思想」（『国民精神』一六巻一一号）一〇月／Opening of Y.W.B.A. Summer House（*Y.E.*, vol. 4, no. 5）一〇月／『聖典を中心としての仏教』（破塵閣）一〇月／「天平時代を中心として印度と日本との関係」（朝日新聞社編『天平乃文化』朝日新聞社）一〇月／「戒と定と慧」（『アカツキ』四巻一〇号）一〇月／「仏の心」（『アカツキ』四巻一一号）一一月／「仏教の根本義」（『仏教文化』二巻五号）一一月／「古代に於ける日印の接触」（『日印協会会報』四四号）一一月／「中道の教としての仏教」（『現代仏教』五六号）一二月／「追憶序文」（壇野清子『幼き霊よ』、壇野清子）一二月／「仏身」（『紫紅』五年二号）一二月／『和訳　安慧造唯識三十頌釈論』（出版社不明）一二月／Le Voyage de Kanshin en Orient (*Bulletin de l'École française d'Extrême-Orient*, vol. 28)

一九二九（昭和四）

「聖者の系統としての如来」（『現代仏教』五七号）一月／「嗚呼長谷部隆諦君」〈獅子王無畏名義〉（『現代仏教』五七号）一月／「仏身」（『アカツキ』五巻一号）一月／「親鸞聖人の特異性」（『宇宙』四巻一号）一月／「婦人問題に就いて」（『教壇』四巻一号）一月／「大乳病に罹る」〈獅子王無畏名義〉（『現代仏教』五八号）二月／「法性の伝統としての法」（『現代仏教』五八号）二月／「序」（『南條目録補正目録索引』）二月／「弘法大師の霊格（大師の降世）」（栂尾密道編『弘法大師と日本文化』六大新報社）二月／「九條武子夫人の追想」（『アカツキ』五巻二号）二月／「仏法」（『アカツキ』五巻二号）二月／「五類の説法」（『現代仏教』五九号）三月／「仏教古代の日曜学校」（『アカツキ』五巻三号）三月／『主義の親鸞聖人』（信道叢書第三集、信道会館）三月／「智の宗教としての仏教」（『国民精神』一七巻四号）四月／「大乳病に就いて」〈獅子王無畏名義〉（『現代仏教』六〇号）四月／「六和の教義」（『現代仏教』六〇号）四月／「浄土と天国」（『アカツキ』五巻四号）四月／『昭和法宝総目録　第二巻』（大正一切経刊行会）四月／「「ヤング・イースト」の悲哀」（『現代仏教』六一号）五月／「序」（岡本かの子『散華抄』大雄閣）五月／『Hôbôgirin ＝法宝義林』〈高楠順次郎・シルヴァン・レヴィ共編〉（一巻（一九二九）、二巻（一九三〇）、三巻（一九三七）、四巻（一九六七）、五巻（一九七九）、六巻（一九八三）、七巻（一九九四）、八巻（二〇〇三）、別一（一九三一）、別二（一九七八））五月／「人間としての釈尊」（『アカツキ』五巻五号）五月／「文明国民は排他的胸奥の扉を開いて仏教を迎う」（『教学週報』一三四号）五月／『人文の基調としての仏教』（大雄閣）六月／「菩薩位と平凡位」（『教壇』四巻六号）六月／「釈尊四度の出山」（『現代仏教』六二号）六月／「超人間としての釈迦如来の特異性」（『アカツキ』五巻六号）六月／「普性と別性」（『現代仏教』六三号）七月／The Young East in a Sad Plight（*Y.E.*, vol. 4, no. 8）七月／「難陀は遂に救われたり」（『アカツキ』五巻七号）七月／『昭和法宝総目録　第一巻』（大正一切経刊行会）七月／「摩登伽女は救われたり」（『アカツキ』五巻八号）八月／「仏教の組織」（文部省専門学務局編『現代の思想と其の動き』寶文館）八月／「釈尊四度の降魔」（『現代仏教』六四号）八月／「親鸞聖人の特異性」（『朝鮮仏教』六四号）八月／『仏教の何ものたるを知らぬ智識階級の為に——理の世界と智の世界』（大雄閣）八月／「魔王の手」（『アカツキ』五巻九号）九月／「西洋人の見地より見たる仏教」（『現代仏教』六五号以下この月より昭和七年一一月に及ぶ二九回連載）九月～／Buddhist Idea of Chastity（*Y.E.*, vol. 4, no. 9）一〇月／「岡本かの子女史の「散華抄」」（『東京朝日新聞』四日）一〇月／「自己の獅子たることを発見する時機」（『アカツキ』五巻一〇号）一〇月／『巴利語仏教文学講本』（本体と字書の二冊、丙午出版社）一〇月／「相互敬愛」（『アカツキ』五巻一一号）一一月／「仏自内証の法」（『朝鮮仏教』六六号）一一月／「あけぼの・成せしものは成すべきものの第一歩である」（『紫紅』六年一号）一一月／「（一問一答）帝大名誉教授　高楠順次郎博士（上）・（下）」（『読売新聞』一〇・一一日）一一月／*The Date of*

Vasubandhu, The Great Buddhist Philosopher（Indian studies : in Honor of Charles Rockwell Lanman, Harvard University Press）

一九三〇（昭和五）

「成道の仏」（『アカツキ』六巻一号）一月／「悟後の進出」（『アカツキ』六巻二号）二月／「世親菩薩の年代（上）・（下）」（『現代仏教』七〇・七一号）二・三月／「南條文雄博士之碑」（南条博士記念刊行会編『大蔵経南條目録補正索引』南条博士記念刊行会）二月／「（講演）東洋文化史における仏教の地位」（『外務省文化事業部講演』）二月／Buddhism Viewed from the Standpoint of Westerner（*Y.E.*, vol. 4, no. 10）三月／「涅槃の夕」（『アカツキ』六巻三号）三月／「仏法について」（『朝鮮仏教』七〇号）三月／「勝鬘経義疏訳」（高楠順次郎・萱原得成共訳『世界聖典全集　三経義疏（上）』）三月／「涅槃の幕」（『アカツキ』六巻四号）四月／「序」（沢井常四郎『経学者平賀晋民先生』大雄閣書房）四月／「四方七歩の宣言」（『アカツキ』六巻五号）五月／「序」（オルデンベルク著・高楠順次郎・河合哲雄共訳『ウパニシャットより仏教まで』大雄閣）五月／「東洋文化史に於ける仏教の地位（其の一）」（『日華学報』一三号）五月／「神社と宗教（上）～（下）」（『中外日報』七～九日〈三回連載〉）六月／「仏教の現代的意義」（『文化時報』二日）七月／『尼波羅入国記』〈高楠順次郎校訂・長谷部隆諦著〉（出版社不明）七月／「序」（高楠順次郎校閲・長谷部隆諦著『長谷部水哉遺稿集』長谷部隆諦師遺稿刊行会）七月／「涅槃の意義」（『教壇』五巻七号）七月／「処世六然」（『済世』一四巻八号）七月／「見る道と修むる道」（『紫紅』七年一号）七月／「印度大史詩マハーバーラタの出版」（『日印協会会報』四七号）七月／「東洋文化史に於ける仏教の地位（其の二）」（『日華学報』一四号）七月／「（講演）

東洋文化史における仏教の地位」（外務省文化事業部、一五日）七月／「東洋文化史に於ける仏教の地位（其の三）」（『日華学報』一五号）八月／「生命の永遠性」（『信道』掲載巻号数不明）八月／「楽山荘の行くべき道」（『アカツキ』六巻六号）一〇月／「口絵説明（一・二）：蓮池の摩耶夫人、無憂樹（アソーカ）の花」（『アカツキ』六巻六号）一〇月／『六方礼――教育勅語発布四十年記念』（大雄閣）一〇月／「仏の所得の法と所説の法」（『教壇』五巻一〇号）一〇月／「仏教の現代的意義」（『宇宙』五巻一一号）一一月／「『後の黄禍図』目ざして進め（一）・（二）」（『浄土教報』一八七八・一八七九号）一一月／「六方礼」（『アカツキ』六巻七号）一二月／「完全な仏教徒」（『読売新聞』七日）一二月

一九三一（昭和六）

「平生業生」（『アカツキ』七巻一号）一月／「仏教以前の印度思想」（『教育学術界』六二巻四号）一月／「縁の世界」（『アカツキ』七巻二号）二月／「高楠博士の宗教教育説」（『済世』一五巻三号）二月／「覚悟と希望」（『紫紅』七年二号）二月／「仏教の根本義」（『読売新聞』二二日）三月／「平生業成」（『雪頂』二号〈臨時号〉）三月／「史蹟屠牛木供養塔記」（『獣肉時報』）四月／「碑文　屠牛木供養塔記」（伊豆下田、玉泉寺）四月／「心の平和」（『アカツキ』七巻四号）四月／「進歩的意見の所有者」（『前田慧雲師語録』第五編・追悼編）四月／「尾島氏に答う。仏教の根本義の駁論に就て（一）～（五）」（『読売新聞』一四～一八日〈五回連載〉）四月／『仏教の根本思想』（大雄閣）四月／「如来の心」（『済世』一五巻四号）四月／「釈尊の苦行と思想（一）～（四）」（『文化時報』一五～一七、一九日〈四回連載〉）五月／「（講演）仏教における親鸞聖人の地位」（ラジオ放送講演、一五～一九日）五月／「何故に無我主義を根本問題とせざるか、井上博士等に答う

(上)・(下)」(『読売新聞』一三・一四日)五月／「口絵説明(一一・一二:五群比丘帰仏、鹿野苑初転法輪塔)」(『アカツキ』七巻五号)五月／「全日本仏教青年会連盟発会式に臨みて」(『アカツキ』七巻五号)五月／「口絵説明(一三:霊鷲山上提婆の投石)」(『アカツキ』七巻六号)六月／「苦を安ずるもの」(『アカツキ』七巻六号)六月／「仏教済世軍の役割」(『済世』一五巻六号)六月／「仏基の宗教哲学的論争」(『現代仏教』八二号)六月／「宝雲抄、東伏見邦英伯著を読む」(『東京日日新聞』八日)六月／「涅槃」(『宇宙』六巻六・七・九号)六月〜九月／『見真大師』(『大雄叢書』第一四輯、大雄閣)六月／『児童の宗教性訓育』(出版社不明)七月／「大聖世尊」(『現代仏教』八三号)七月／「口絵説明(一四:王舎城北門酔象の調伏)」(『アカツキ』七巻七・八号)七月／「無憂華は咲香る」(『アカツキ』七巻七・八号)七月／「宗教と教育の問題」〈獅子王無畏名義〉(『現代仏教』八三号)七月／「生命の意義」(『現代仏教』八四号)八月／「橋倉氏の質問に答う」(『現代仏教』八四号)八月／「「仮名遣改定案に関する修正意見」紹介の辞」(『中等教育』八月号〈『中等教育会会誌・中等教育』七〇号〉)八月／「仏教の現代的意義(一)・(二)」(『新興』一四巻一二・一三号)八月／「(巻頭言)偶感」(『東洋学苑』三巻二号)八月／「釈尊の理想」(『教壇』六巻九号)九月／「図絵解説・菩提樹下の降魔」(『済世』一五巻九号)九月／「生命は一なりとの意義」(『現代仏教』八五号)九月／「口絵説明(一五:韋提希夫人の請仏)」(『アカツキ』七巻九号)九月／「犠牲の精神」(『アカツキ』七巻九号)九月／「口絵説明(一六:舎衛城指鬘外道の帰仏)」(『アカツキ』七巻一〇号)一〇月／「理想としての菩薩の誓願」(『アカツキ』七巻一〇号)一〇月／「信道会館の黎明(信道創立四〇周年記念に題す)」(『信道』二一巻一二号)一〇月／「全世界の塩」(『信道会館創立四〇周年記念誌』)一〇月／「大自然の説法」(大日本連合女青編『女性と公共生活』)一〇月／「梵僧指空禅師と達磨大師の画像」(蘇峰先生古稀祝賀記念刊行会編『蘇峰先生古稀祝賀、知友新稿』民友社）一一月／「仏教の現代的意義」（『宇宙』六巻一一号）一一月／「仏教の苦観・禅観・解脱観（上）・（下）」（『正法輪』七三一・七三二号）一一月／「仏教の本質（四法印と二重教団）」（『現代仏教』八六号）一一月／「口絵説明（一七：祇園精舎愛の教化）」『アカツキ』七巻一一号）一一月／「血肉の使命と智慧の使命」（『アカツキ』七巻一一号）一一月／「質問解答（真宗と読経等他鉢八件）」（『アカツキ』七巻一一号）一一月／「待望の秋に際会して」（『婦人』二七巻一一号）一一月／「仏教の何ものたるを知らぬ知識階級の為に」（『よろこび』五巻一一号）一一月／「序」（望月信亨編『仏教大辞典　第一巻』仏教大辞典発行所）一一月／「家庭の光」（出典不明）一一月／「釈尊涅槃の実相」（『正法輪』七三三号）一二月／「大乗仏教」（『現代仏教』八七号）一二月／「聖徳太子の幼児」（『紫紅』八年一号）一二月／「学園を巣立ちし人々に対して」（『紫紅』八年一号）一二月／『梵蔵和英合璧浄土三部経』（高楠順次郎・マクスミューラー英訳・河口慧海蔵和対訳・荻原雲來梵和対訳、大東出版社）一二月

一九三二（昭和七）

「人格に現るる理想と社会に現るる理想」（『現代仏教』八八号）一月／「求道から成道まで」（『アカツキ』八巻一号）一月／「質問解答」（『アカツキ』八巻一号）一月／「来るべき時代の仏教」（『新更』三巻一号）一月／「時代の覚醒――在家仏教について」（『禅宗』三九巻一号）一月／「口絵説明（一八：倶尸那伽羅城涅槃堂）」（『アカツキ』八巻二号）二月／「仏を見るもの」（『アカツキ』八巻二号）二月／「質問解答（基督教の神と仏教の仏との違い他五件）」（『アカツキ』八巻二号）二月／「質問解答（キリスト教の神と仏教の仏との違い他五件）」（『よろこび』六巻二号）二月／「全人格的活動の人」（大日本仏教済世軍編『真田増丸先生言行

録』大日本佛教濟世軍文書宣傳部）二月／「仏教の坐禅」（『禅の生活』一一巻二号）二月／「血肉の使命」（『現代仏教』八九号）二月／「仏陀のエスペラントに就いて」（『現代仏教』八九号）二月／「口絵説明（一九：沙羅樹の花）」（『アカツキ』八巻三号）三月／「仏教と幼児教育」（『アカツキ』八巻三号）三月／「質問解答（宗教と道徳他五件）」（『アカツキ』八巻三号）三月／「血肉の使命」（『よろこび』六巻三号）三月／「仏教と戦争」（『現代仏教』九〇号）三月／「口絵説明（二〇：無憂樹下の聖誕）」（『アカツキ』八巻四号）四月／「中道を行くもの」（『アカツキ』八巻四号）四月／「質問解答（自然と真知他一件）」（『アカツキ』八巻四号）四月／「大正一切経の完成」（『現代仏教』九一号）四月／「口絵説明（仏身の荼毘処）」（『アカツキ』八巻五号）四月／「仏教は何故に二重教団なりや」（『アカツキ』八巻五号）五月／「質問解答」（『アカツキ』八巻五号）五月／「平和と戦争」（『現代仏教』九二号）五月／「質疑応答（不殺生主義と戦争他三件）」（『よろこび』六巻五号）五月／「家庭の光」（『よろこび』六巻六号）五月／「阿闍世王の上演：藤秀璻氏の劇作に就いて（上）・（下）」（『読売新聞』一八・一九日）五月／「口絵説明（二一：須弥壇左右双鹿二乗標）」（『アカツキ』八巻六号）六月／「仏誕生二千四百九十八年の出典」（『アカツキ』八巻六号）六月／「質問解答」（『アカツキ』八巻六号）六月／「研究としての仏教」（『現代仏教』九三号）六月／『人間学としての仏教』（大雄閣）六月／「序」「仏誕二千四百九十八年の根拠」（『仏教思想』七巻六号）六月／『中等教科書仏教辞典』（高楠順次郎監修、大雄閣）六月／「逝ける画伯桐谷洗鱗氏（上）・（下）」（『読売新聞』二一・二二日）七月／「中道実相の教」（『現代仏教』九四号）七月／「富士山とヒマーラヤ山」（『アカツキ』八巻七号）七月／「盂蘭盆の起源」〈雪頂名義〉（『アカツキ』八巻七号）七月／「質疑応答、蛇が蛙を呑む他七件」（『よろこび』六巻八号）七月／「序」（得能正通編『備後叢書　第八巻』備後郷土史会）八月／「智慧の文殊」（『アカツキ』

八巻八号）八月／「嗚呼桐谷洗鱗画伯」（『アカツキ』八巻八号）八月／「質問解答（阿弥陀経他一件）」（『アカツキ』八巻八号）八月／「自然と真如」（『現代仏教』九五号）八月／「形式の破壊」（『アカツキ』八巻九号）八月／「質問解答」（『アカツキ』八巻九号）九月／「凡人格と超人格」（『現代仏教』九六号）九月／「忠君愛国から見たカトリック教と仏教」（『教学新聞』一九日）九月／「口絵説明（仏法標章（一）一：明星標、二：卍字標、三：三寶輪標、四：法螺標、五：三界標）」（『アカツキ』八巻一〇号）一〇月／「菩薩の理想」（『アカツキ』八巻一〇号）一〇月／「家庭講座　婦人としての自力更生（仏教婦人懇話会に於ける高楠博士講話概要）」（『アカツキ』八巻一〇号）一〇月／「質問解答（宗教と道徳他二件）」（『アカツキ』八巻一〇号）一〇月／「仏教の人格主義（一）～（三）」（『よろこび』六巻一〇～一二号〈三回連載〉）一〇月／「即是道場」（『現代仏教』九七号）一〇月／「人間の道」（『現代仏教』九八号）一一月／「仏に近きもの」（『アカツキ』八巻一一号）一一月／「質問解答」（『アカツキ』八巻一一号）一一月／「質疑応答（仏教の説法）」（『よろこび』六巻一一号）一一月／「亡児八十男の追懐」（常光浩然編『愛児の思い出』出版社不明）一一月／「日本の達磨大師像に就て」（『日印協会会報』五二号）一二月／Mahayana Buddhism and the West（*Contemporary Japan : a review of Japanese Affairs*, vol. 1, no. 3）一二月／「ソビエト露国の新探検」〈沢井洵名義〉（『現代仏教』九九号）一二月／「三宝鳥を聴く」〈高楠雪頂名義〉（『現代仏教』九九号）一二月／「出家の年時と成道の年時」（『現代仏教』九九号）一二月

一九三三（昭和八）

「仏教の無階級主義（一）～（三）」（『文化時報』一二三八五～一二三八七号〈三回連載〉）一月／「第二教団の完

成」（『現代仏教』一〇〇号）一月／「第十年の春を迎えて」（『アカツキ』九巻一号）一月／「仏教の海外進出」（『アカツキ』九巻一号）一月／「質問解答（自力と他力他三件）」（『アカツキ』九巻一号）一月／「仏教の平等主義（一）～（七）」（『よろこび』七巻一～四、六～八号〈七回連載〉）一月／「人は更正する」（『紫紅』九年一号）一月／「よせがき一句」（『紫紅』九年一号）一月／「涅槃は誕生なり」（『アカツキ』九巻二号）二月／「釈尊第四の更正」（『現代仏教』一〇一号）二月／「今村恵猛君を悼む」〈高楠雪頂名義〉（『現代仏教』一〇一号）二月／「即是道場（一）・（二）」（『道友』二・三月号）二月／「序」（高亀哲宗編『私の質問に対する高楠博士の答』出版社不明）二月／「仏伝の芸術化は可能なりや」（『現代仏教』一〇二号）三月／「渡辺海旭君を悼む」〈高楠雪頂名義〉（『現代仏教』一〇二号）三月／「巻頭言」（『東洋学苑』特別号〈東洋大学と学祖井上先生〉）三月／『親鸞聖人』（東京仏教学会）三月／「創造を勗めよ」（『アカツキ』九巻四号）四月／「質問解答」（『アカツキ』九巻四号）四月／「東方の光としての仏教」（『現代仏教』一〇三号）四月／「（講演集）今釈迦慈雲尊者」（『慈雲尊者鑽仰会講演集』第二輯）四月／『理の世界と智の世界』（新更会刊行部）四月／「はしがき」（望月圭介述『国の礎――葉かげ集』武蔵野女子学院高等女学校）四月／「血肉、智慧、慈悲の三使命に生きた釈尊」（『教学週報』二九二号）四月／「連盟脱退の詔書」（『アカツキ』九巻五号）五月／「仏教発祥の地に輝く日本の芸術」〈雪頂外子名義〉（『アカツキ』九巻五号）五月／「質問解答」（『アカツキ』九巻五号）五月／「日曜学校」（『新仏教音楽』五号）五月／「独尊の仏と互尊の人」（『アカツキ』九巻六号）五月／「質問解答」（『アカツキ』九巻六号）六月／「校長先生のお話（二）」（『葉かげ学報』二号）六月／「煩悩と愛尽の境地（一）・（二）」（『文化時報』二五四四・二五四五号）七月／「理の世界と智の世界」（『新更論集』一巻）七月／『仏教とは何ぞや』（大雄閣）七月／「書道」（『アカツキ』九巻七号）七月／

「明治仏教の大勢」（『現代仏教』一〇五号）七月／「明治仏教に影響を与えた西洋の仏教学者」（『現代仏教』一〇五号）七月／「仏教の真価は文化の完成に光を放つ」（『朝鮮仏教』九〇号）七月／「動の世界」（『現代仏教』一〇六号）八月／「ダンマパーラ居士の訃音」（『現代仏教』一〇六号）八月／「東洋学府の前途」（『東洋大学学報』一三号）八月／「仏教と実生活」（『現代』〈掲載巻号数不明〉）八月／「人間の尊さと尊さを信ずる心」（『アカツキ』九巻九号）八月／「徳島遊記」〈雪頂外子名義〉（『アカツキ』九巻九号）九月／「清算時の覚悟」（『現代仏教』一〇七号）九月／「人間の宗教」（『よろこび』七巻九号）九月／「無題の一文並書（法身無象無不象。金口無言無不言）」（『奉行録』）九月／「無憂華は咲香る」（『糸の友』片倉製糸）九月／「過海大師東征伝」（『日本上代文学講座』四巻）九月／「宣伝と覆蔵」（『現代仏教』一〇八号）一〇月／「女性の最高教育」（『アカツキ』九巻一〇号）一〇月／「祇園精舎を中心として（一）～（三）」（『よろこび』八巻一〇～一二号〈三回連載〉）一〇月／「日本精神によって物質文明の弊を救え」（『東京日日新聞』二五日）一一月／「大人格に顕るる理想（一）・（二）」（『よろこび』七巻一一・一二号）一一月／「碑文　小川静吉翁頌徳碑」（八日）一一・一二月／「仏教女性」（『現代仏教』一〇九号）一一月／「日本精神とは」（『アカツキ』九巻一二号）一二月／「印度哲学の世界的価値」（『新更論集』二巻、新更会刊行部）一二月／「出家並に成道の年時に就て（上）・（下）」（『正法輪』七五九・七六〇号）一二月

一九三四（昭和九）

「（文明の進歩は宗教の衰微を来すものや否や）文明とは？　宗教とは？」（『是非対抗現代名士大討論集』大日本雄弁会講談社）一月／「仏誕二千五百年は来る」（『現代仏教』一一〇号）一月／「「あかつき」発刊第十周

年」（『アカツキ』一〇巻一号）一月／「大人格に顕るる理想（三）」（『よろこび』八巻一号）一月／「大蔵経「ピタカ」」（『ピタカ』一号）一月／「無宇一切経と有字一切経」（『正法輪』七八四号）一月／「熱河八大寺における大発見」〈雪頂外子名義〉（『現代仏教』一一〇号）一月／「日本精神と仏教」（『道友』二〇巻一号）一月／「（漢詩寄稿）歩榴邸師兄韻」（常盤大定著『檀林返照』）一月／「二千五百年の一転機」（『現代仏教』一一一号）二月／「仏誕二千五百年の記念事業」（『アカツキ』一〇巻二号）二月／「教育に顕るる生の理想（一）〜（三）」（『よろこび』八巻二・五・六号）二〜六月／「智慧の使命」（『現代仏教』一一二号）三月／「日本に対する認識」（『アカツキ』一〇巻三号）三月／「日本精神」（『よろこび』八巻三・四合併号）三月／「（講演）日本精神の内容」（第五二回啓明会講演、二月二四）二月／『東方の光としての仏教』（大雄閣）四月／「仏誕二千五百年の回顧」（『現代仏教』一一三号）四月／「仏教女子青年会創始第十周年と大聖降誕二千五百年大祝祭」（『アカツキ』一〇巻四号）四月／「降魔と自証」（『慧日大聖尊（釈迦牟尼仏）』）四月／「仏伝の芸術化」（『水甕』二一巻四号）四月／「仏伝の芸術化」（『日本精神文化』一巻三号〈日本仏教芸術号〉河出書房）四月／「仏誕二千五百年」（『浄之園』二巻四号）四月／「仏誕二千五百年」（『短歌研究』三巻四号）四月／「碑文　高浦豊太郎碑文」（出典不明）四月／「汎太平洋仏青会議」（『現代仏教』一一四号）五月／「今日の仏誕日二千五百年の記念」（『読売新聞』四月八日）四月／「奉公の心」（『アカツキ』一〇巻五号）五月／「発刊の辞」（常盤大定・福井又造・尾上八郎共編『釈教歌詠全集　第一巻』河出書房）五月／「弘法大師の密教」（『現代仏教』一一四号）五月／「日本民俗の二大使命」（『中央仏教』一八巻五号）五月／「仏誕二千五百年を迎えて」（『済世』一八巻五号）五月／「仏誕二千五百年の回顧」（『朝鮮仏教』一〇〇号）六月／『東西思想二千五百年の清算』（『大雄叢書』第一七輯、大雄閣）五・六月／「（講演集）日本精神の内容」（『啓明会第五二回講演集』六月二二日）六月／「日本精神の内容」（『ルンビニ叢書』第一輯、ルンビニ聖苑）六月／「日本精神の内容」（『鎌田共済会雑誌』一一巻二号）六月／「非常時の対策」（『現代仏教』一一五号）六月／「奉公の意義」（『アカツキ』一〇巻六号）六月／「序」（高楠順次郎・佐々木信綱・福井久蔵共編『釈教歌詠全集第二巻』河出書房）六月／「汎太平洋仏青会議」（『アカツキ』一〇巻七号）七月／「序」（高楠順次郎・佐佐木信綱共選・見尾勝馬編『散華法楽集』大雄閣）七月／「教育の危機」（『現代仏教』一一六号）七月／「東郷元帥の偉大性」（『現代仏教』一一六号）七月／「現代日本国民としての根本的覚悟（二）」（『道友』二〇巻七号）七月／「仏誕二千五百年」（神戸仏誕奉讃会）七月／「仏教の理想主義（二）」（『よろこび』八巻八号）七月／「人格的理想教としての仏教」（『現代仏教』一一七号）八月／「海外仏教事情に就いて」（『海外仏教事情』一巻一号）八月／「仏教自覚による救済」（『中央仏教』一八巻九号）八月／『親鸞聖人』（『日本精神講座』七巻、新潮社）九月／「一味和合の衆団としての仏教」（『現代仏教』一一八号）九月／「日本精神のあるべきようは」（『アカツキ』一〇巻九号）九月／「高楠博士第一講」（『よろこび』八巻九号）九月／「高楠博士第二講」（『よろこび』八巻九号）九月／「新教育に於ける仏教の適応性」（『ピタカ』九号）九月／「大乗仏教の精神」（『大法輪』一巻一号）一〇月／「感恩の念なき教育」（『アカツキ』一〇巻一〇号）一〇月／「祇園精舎を中心として（一）〜（三）」（『よろこび』八巻一〇〜一二号〈三回連載〉）一〇月／「南伝大蔵経の全訳」（『ピタカ』一〇号）一〇月／『大正新脩大蔵経』全百巻（大正一三年五月〜昭和九年一一月）一〇月／『昭和法宝総目録』第三巻（大蔵出版株式会社）一一月／「人格教育としての仏教」（『現代仏教』一一九号）一一月／「新らしい教育と新らしい仏教」（『アカツキ』一〇巻一一号）一一月／「仏誕生二千五百年より仏涅槃二千五百年まで」（『アカツキ』一〇巻一二号）一二月／「二千五百年の清算」（『道交』釈迦降誕二千五百年記念号

〈降誕会記念会講演概要・昭和九年五月一九日講演〉）一二月／「二千五百年の思想清算」（『駒澤大学仏教学会年報』五巻二号）一二月／『仏教に現われたる互尊独尊』（日本互尊社）一二月／「開会の辞」（『仏誕二千五百年記念学会紀要』、仏誕二千五百年記念仏教学大会〈昭和九年一二月二日・東京帝国大学法文経第二号館教室に於いて〉）一二月／「仏誕二千五百年、全仏教徒に訴う（上）～（下）」（『読売新聞』一・四・五日〈三回連載〉）一二月／「仏教紀年奉讃、世紀の提唱・衆聖点記の伝説、仏誕二千五百年の意義」（『大阪朝日新聞』二日）一二月／「序」（金子元臣編著『戯曲　悉達太子と耶蘇陀羅妃』河出書房）一二月／『アジア民族の中心思想』（大蔵出版）一二月／「仏成道二千四百七十年」（『現代仏教』一二〇号）一二月／「仏陀奉讃世紀」（『道友』二〇巻一二号）一二月／「感謝の教育としての仏教」（『興隆』創刊号）一二月／「我観日本精神」（『仏教年鑑』昭和一〇年）一二月／「聖徳皇太子の憲法」（『紫紅』一〇年一号）一二月／Buddhism: The Fountain Head of Intellect（*Y.E.*, vol. 4, no. 11・12）七月・一二月

一九三五（昭和一〇）

「印度思想、現代思想、仏教思想」（『新更論集』三巻、新更会刊行部）一月／「大谷光瑞師に望む――光瑞全集を手にして」（『読売新聞』二六日）一月／「児童の宗教性訓育（上）・（下）」（『現代仏教』一二一・一二二号）一・二月／「夢殿の理想」（『アカツキ』一一巻一号）一月／「菩薩の行」（『よろこび』九巻一号）一月／「（講演集）東洋文化史における仏教の地位」（外務省文化事業部、一五日）一月／「聖業を完成して」（『ピタカ』三年一号）一月／「「大正新脩大蔵経」全百巻完成の辞」（『ピタカ』三年一号）一月／「印度・支那・現代思想・仏教思想」（『新更会論集』分冊）一月／「坐禅の本領」（『国本』一五巻一号）一月／「聖徳太子の偉

業」（『日本精神講座　一〇巻』新潮社）二月／「聖求と非聖求」（『アカツキ』一一巻二号）二月／「五根五力」（『よろこび』九巻二号）二月／「本生経総説」（『南伝大蔵経』三九巻）二月／「発刊の辞」（南伝大蔵経発刊の辞、内客見本、一五日）二月／「南伝大蔵経」早わかり』（大蔵出版）二月／『仏教に現われたる互尊独尊』（大雄閣）二月／「正法のために」（『ナアレフ本願寺教団創立三五周年記念誌』）三月／「南伝大蔵経刊行の辞」（『ピタカ』三年三号）三月／「四つの奉公（一）・（二）」（『よろこび』九巻三・四号）三月／「阿弥陀経」（『聖典講讃全集』第四巻、小山書店）三月・四月／「四つの奉公心」（『紫紅』一一年〈母校創立十周年記念号〉）三月／「人格教育としての仏教」（『教育と宗教』七巻三号）三月／「理智的進修教としての仏教」（『現代仏教』一二三号）四月／「仏教修道の根本（一）・（二）」（『文化時報』三〇五五・三〇五六号）四月／「仏陀画譜」（『現代』）四月／「釈尊の生涯」（ラジオ講演〈一～一〇日〉、『朝の修養』二編三輯〈三〇日〉）四月／「智慧の使命（一）～（五）」（『教学新聞』二〇・二一日、二三～二五日〈五回連載〉）四月／『仏教の何たるかを知らぬ人の為に』（大雄閣）四月／「仏誕二千五百一年」（『アカツキ』一一巻四号）四月／「本生話文学に就いて」（『ピタカ』三年四号）四月／「新教育に於ける仏教の適応性」（信道会館）四月／「序」（木村泰賢著・高楠順次郎校閲『小乗仏教思想論』明治書院）四月／「八聖道に就て」（『国本』一五巻四号）四月／「真俗不二」（神子上恵竜編『真俗二諦観』顕道書院）四月／「貞操は片務的か」（『女性の光』一一巻五号）五月／「仏教の根本義に就いて」（『新興日本新聞』一日）五月／「国家の要求する奉公心」（『アカツキ』一一巻五号）五月／「仏誕二千五百年の奉讃」（仏誕二千五百年記念学会編『仏教講話』改造社）五月／「人格的理想教（一）・（二）」（『正法輪』八一七・八一八号）五月／「東大梵文学講座三十五周年記念祝賀会高楠博士懐旧談」（『教学新聞』六月一七日）六月／「聖なる人格」（『アカツキ』一一巻六号）六月／「人格教育に就て」

（『よろこび』九巻六号）六月／Buddhism: The Fountain Head of Intellect（*Y.E.*, vol. 5, no. 2）六月／「口絵解説」（『アカツキ』一一巻七号）七月／「主我性と没我性」（『アカツキ』一一巻七号）七月／「種々説法」（『よろこび』九巻七号）七月／「南伝一切経」（『現代仏教』一二五号）八月／「仏教より見たる恋愛観」（『アカツキ』一一巻八号）八月／「日本仏教劇団後援会趣意書」（『国際仏教通報』一巻五号）八月／「（講演）仏教に依れる時代思潮の批判」（小倉仏教講習会に於いて、三日）八月／「新教育における仏教の適応性」（『正法輪』八二三号）八月／「仏陀の教説」（『東京朝日新聞』二二日）九月／『仏教を理解する為に』（信道会館）九月／「勝鬘夫人の信仰」（『アカツキ』一一巻九号）九月／「法輪塔の建立」（『アカツキ』一一巻九号）九月／「人格の完成と宗教」（『日本婦道講座　第三巻』婦女界社）九月／「般若」（『鎌田共済会雑誌』一二巻三号）九月／「明治以後仏教の変遷に因みて」（『信道』一〇巻九号）九月／「仏教と戦争（一）～（五）」（『教学新聞』一二・一三、一五～一七日〈五回連載〉）一〇月／「（講演）今年の釈尊成道会と「大釈尊劇」の公演」（全日本仏育連盟）一〇月／「智の内包とその外延」（『現代仏教』一二六号）一〇月／「順調に育った女性」（『アカツキ』一一巻一〇号）一〇月／「皇紀二千六百年を迎える用意」（『よろこび』九巻一〇号）一〇月／「（賛辞）四海の光」（『キング』一一巻一三号）一〇月／「大乗仏教の精神（一）・（二）」（『正法輪』八二八・八三〇号）一一月／「一切皆苦の思想（一）～（三）」（『文化時報』三三二八～三三三〇号〈三回連載〉）一一月／「師範学校教科書若しくは参考書としての仏教綱要書の編纂」（『中外日報』二〇日）一一月／「世界最第一の学び易き語」（『現代仏教』一二七号）一一月／「成道の礼讃としての大釈尊劇」（『アカツキ』一一巻一一号）一一月／「智仁勇」（『よろこび』九巻一一号）一一月／「皇紀二千六百年を目ざして」（『処女の友』一八巻一一号）一一月／「仏陀伽耶請来観世音菩薩の石像」（『観音』五巻二号）一一月／「仏誕二千五百年」

（『仏教学の諸問題』岩波書店）一二月／『皇紀二千六百年の用意』（大阪毎日新聞社）一二月／「仏誕二千五百年紀念仏教学大会 閉会の辞」（『仏誕二千五百年紀念学会紀要』仏誕二千五百年紀念学会）一二月／「昭和十年を顧みて」（『アカツキ』一一巻一二号）一二月／「シルヴアン・レヴィ博士を悼む」（『ピタカ』三年一二号）一二月／「一心制意」（『よろこび』九巻一二号）一二月／「神社と宗教」（『神社制度調査会資料（二）』神社制度調査会）

一九三六（昭和一一）

「昭和十一年の春を迎う」（『アカツキ』一二巻一号）一月／「私の尊敬する歴史上の女性」（『アカツキ』一二巻一号）一月／「巴利語と巴利三蔵」（『ピタカ』四年一号）一月／「教と学」（『よろこび』一〇巻一号）一月／「シルヴァン・レヴィ博士の死を悼む」（『宗教研究』新一三巻一号）一月／「二千五百年の清算」（『法眼〔点字〕』二巻一号）一月／「シルヴァン・レヴィ博士を悼む」（『海外仏教事情』三巻一号）一月／「釈迦如来と阿弥陀如来」（『法縁』一九巻一号）一月／「レヴイ博士に就て」（『あみ・ど・ぱり（Amis de Paris）』三巻一号）一月／「〔心境を写す〕＝三・「我行精進　忍終不悔」の先生の書」（『読売新聞』五日）一月／「国体明徴の先決問題」（『アカツキ』一二巻二号）二月／「日本の仏教（高楠先生の説）」（『よろこび』一〇巻一号）一月／「互尊」（『よろこび』一〇巻二号）二月／「性は誠なり」（『紫紅』一二年）三月／「同慶節に於ける校長講話」（『紫紅』一二年）三月／「ファッショと日本全体主義」（『よろこび』一〇巻三号）三月／The Nature of Buddhism（*Contemporary Japan : a review of Japanese Affairs*, vol. 4, no. 4）三月／「花祭話題の七要素」（『アカツキ』一二巻四号）四月／「不確定性原理」（『よろこび』一〇巻四号）四月／「〔講演〕聖徳太子讃仰」（大報恩会講話において講演〈昭和一一年四月五日〉）四月／「不確定性」（『アカツキ』一二巻五号）五月／「戒と定と慧」（『よろこび』一〇巻五号）五月／「温故知新とは」（『茶道月報』三〇五号）五月／『アジア民族の中心思想　印度編』（大蔵出版）五月／『生の実現としての仏教』（大雄閣）六月／『釈尊の生涯』（大雄閣）六月／「時代思想の転機」（『現代仏教』一二八号）六月／「質疑応答、自然性と倫理法との関係」（『現代仏教』一二八号）六月／「不確定性」（『アカツキ』一二巻六号）六月／「知識と智慧」（『よろこび』一〇巻六号）六月／Indeterminacy or Uncertainty Principle（*Y.E.*, vol. 6, no. 2）六月／「南伝大蔵経是非」（『ピタカ』四年六号）六月／「我が国体に就いて」（『東京工芸時報臨時号（東京高等工芸学校学芸部）』一五巻二号）六月／「没我性と無我性」（『現代仏教』一二九号）七月／「質疑応答、不確定原理と仏教」（『現代仏教』一二九号）七月／「盂蘭盆の節会」（『アカツキ』一二巻七号）七月／「南伝仏教講座、一、総説」（『ピタカ』四年七号）七月／「仏教より観たる時代思潮（一）〜（一〇）」（『文化時報』三四二一〜三四三〇号〈一〇回連載〉）七月／「仏教より見た時代思潮（一）〜（一四）」（『中国新聞』〈一四回連載〉）七月／「血の文化と智の文化」（『現代仏教』一三〇号）八月／「質疑応答、偶然即必然」（『現代仏教』一三〇号）八月／「偶感」（『日華仏教研究会年報』一年）八月／「生命の問題」（『教育と宗教』八巻八号）八月／「原子の秘密」（『現代仏教』一三一号）九月／「質疑応答、自性輪身・彼岸・盂蘭盆」（『現代仏教』一三一号）九月／「近きもの遠きもの」（『アカツキ』一二巻九号）九月／「波動」（『よろこび』〈創立一〇周年記念増大号〉一〇巻九号）九月／『国民教育に対する要望』（日本放送協会）九月／「「日本仏教の本質」について講演」（よろこび会一〇周巻記念式典）九月／『相関性原理』（浜松高等工業学校）九月／The Turn of Thought（*Y.E.*, vol. 6, No. 3）九月／「国民教育に対する要望」（『現代仏教』一三二号）一〇月／「質疑応答、血の文化と智

の文化 他二件」（『現代仏教』一三二号）一〇月／「法輪塔の建設」（『アカツキ』一二巻一〇号）一〇月／「無題」（『よろこび』一〇巻一〇号）一〇月／「現代仏教の批判」（『仏教思想』一一巻一〇号）一〇月／「日本諸学振興委員会につき仏教諸学者に与う」（『中外日報』一一一三四号）一〇月／「仏教の真精神としての真宗」（『真宗の世界』一六巻一〇号）一〇月／「日本諸学振興会」（『現代仏教』一三三号）一一月／「質疑応答、人民戦線」（『現代仏教』一三三号）一一月／「教育学会の瞥見」（『アカツキ』一二巻一一号）一一月／「血の文化と智慧の文化」（『よろこび』一〇巻一一号）一一月／「仏教の縁起性原理」（『現代仏教』一三四号）一二月／「質疑応答、三輪空施」（『現代仏教』一三四号）一二月／「六十年前の日独親善」（『現代仏教』一三四号）一二月／「仏心と凡心」（『アカツキ』一二巻一二号）一二月／「深く考える教」（『よろこび』一〇巻一二号）一二月／「仏教の見方、考え方、教え方」（『鉄道と文化』）一二月／「印度教と仏教」（『日印協会会報』六〇号）一二月／「安田善次郎君を弔う」（『安田同人会誌』一二八号）一二月／「序」（木村泰賢著『原始仏教思想論』（『木村泰賢全集　第三巻』）明治書院）一二月／Histoire du Buddhisme au Siam（『国際仏教通報』vol. 2, no. 12）一二月／The Influence of Indian Culture on the East（*Y.E.*, vol. 6, no. 4）一二月

一九三七（昭和一二）

「仏教の相即性原理」（『現代仏教』一三五号）一月／「質疑応答、神道について」（『現代仏教』一三五号）一月／「新日本主義」（『アカツキ』一三巻一号）一月／「未定」（『よろこび』一一巻一号）一月／「私の生立と信仰」（『よろこび』一一巻一号）一月／「自内証の理想」（『法縁』二〇巻一号）一月／『大正大蔵経索隠刊行趣意書』一月／『巴利語仏教文学講本』（丙午出版社）一月／「聖徳太子より学ぶべき仏教の実際化」（『現代

仏教』一三六号）一月／「新日本主義と仏教の国家観（一）～（一四）」（『読売新聞』一、三、五～一〇、一二～一七日〈一四回連載〉）一月／「質疑応答、仏教が門前払いするもの」（『現代仏教』一三六号）一月／「対立の世界とその統一の力」（『アカツキ』一三巻二号）二月／「『大正大蔵経索隠』刊行後援会記事」（『ピタカ』五年二号）二月／「仏教の全貌（一）～（六）」（『よろこび』一一巻二・三、五～八号〈六回連載〉）二月／「国体明徴の本義（二）」（『久遠の日本』創刊号）二月／「（講演）日本精神と仏教」（昭和会館に於いて、五日）二月／「（講演）皇国日本の全体主義と仏教の相関性原理」（新潟医科大学に於いて、四日）二月／『相関性原理』（浜松高等工業学校）三月／「日本仏教の全貌をいかに描写すべきか」（『現代仏教』一三七号）三月／「一切経索引発刊に関して」（『現代仏教』一三七号）三月／「質疑応答、文化生物学」（『現代仏教』一三七号）三月／「人格の表現としての芸術」（『アカツキ』一三巻三号）三月／「序」（藤岡勝二著『方便語録』天来書房）三月／「亡児八十男の追懐」（村田勤・鈴木龍司編『子を喪へる親の心』岩波書店）三月／「序」（木村泰賢著『阿毘達磨論の研究』（『木村泰賢全集　第六巻』）明治書院）三月／My Concern in the Tripitaka（*Y.E.*, vol. 7, No. 1）三月／「芸術日本の創造」（『現代仏教』一三八号）四月／「釈尊と女性――花祭り」（『アカツキ』一三巻四号）四月／「仏教各宗の帰着」（『よろこび』一一巻四号）四月／「花祭の種々相（上）・（下）」（『教学新聞』八・九日）四月／Sylvain Lévi et son œuvre. Études sur la pensée religieuse au Japon（*Bulletin de la Maison franco-japonaise*, tome 8, nos. 2-4、日仏会館）四月／「改正教授要目と仏教に就いて」（『高等学校高等科修身科哲学概説科教授要目研究協議会講演集』）五月／「質疑応答、仏教では何故、祈禱がいけないか」（『現代仏教』一三九号）五月／「仏教と女性（一）・（二）」（『現代仏教』一三九・一四〇号）五・六月／「仏教の教うる原理」（『アカツキ』一三巻六号）六月／「紹介、神尾弌春著『契丹仏教文化史考』」（『現代仏教』一四〇号）六月／「質疑応答、十七条憲法と五条御誓文」（『現代仏教』一四〇号）六月／「シルヴァン・レヴィ博士を憶う」（『現代仏教』一四一号）七月／「世界教育大会」（『アカツキ』一三巻七号）七月／「南伝大蔵経」（『ピタカ』五年八号）七月／「質疑応答、ウパニシャット」（『現代仏教』一四一号）七月／「新日本における仏教はいかに動くべきか（一）・（二）」（『現代仏教』一四一・一四二号）七月・八月／「仏陀は霊魂の不滅を説きしや」（『現代仏教』一四三号）九月／「自然の動きと人間の動きとその動きに基づく宗教」（『アカツキ』一三巻九号）九月／「仏教の実現（一）」（『宝章』一三巻一三二号）九月／「釈尊帰城の春」（『紫紅』一三年）九月／「仏教と戦争」（『響流』一〇巻九号）九月／「第一回聖徳太子悲田祭紅雲台新築落成式に於ける高楠校長の講話梗概」（『紫紅』一三年）九月／「世界の動きと日本の動きと仏教の動き」（『現代仏教』一四四号）一〇月／「全体主義に適応せる国民性の表現」（『アカツキ』一三巻一〇号）一〇月／「理想としての日本精神」（『よろこび』一一巻一〇号）一〇月／「日本精神の全体的発揚」（『文部時報』五九九号）一〇月／「仏教の全体性原理」（昭和一二年一〇月九日公開講演）一〇月／Der neue Nipponismus und die Staatsauffassung des Buddhismus（übersetzt von Kozo Mori）（森孝三訳、Japanisch-Deutsches Kultur-Institut（日独文化協会））一〇月／「仏教の全体性原理」（『現代仏教』一四五号）一一月／「非常時局に処するの道」（『アカツキ』一三巻一一号）一一月／「仏教の全体性原理」（『よろこび』一一巻一一号）一一月／「血の文化と智の文化」（『青年仏徒』二巻一〇号）一一月／Buddhism and War（*Y.E.*, vol. 7, no. 3）一一月／「日本精神の全体的発揚」（『現代仏教』一四六号）一二月／「戦後の覚悟」（『よろこび』一一巻一二号）一二月

一九三八（昭和一三）

「日本民族の優越性」(『現代仏教』一四七号)一月／「大日本帝国と大英帝国」(『アカツキ』一四巻一号)一月／「業力不滅と霊魂不滅」(『法縁』二一巻一号)一月／「全体性原理」(『よろこび』一二巻二号)一月／「仏教の全体性原理」(高楠順次郎・西田幾多郎・佐佐木信綱共著『教学叢書　第二輯』教学局)二月／「支那における文化工作」(『現代仏教』一四八号)二月／「血の文化　智の文化」(『済世』二二巻二号)二月／「人種問題に対する仏教者の認識」(『現代仏教』一四九号)三月／「仏教の全体性原理(上)・(下)」(『アカツキ』一四巻二・三号)二・三月／「時局と仏教を語る座談会」(『真宗の世界』一八巻三号)三月／「日本民族の優秀性(一)・(二)」(『よろこび』一二巻四・五号)三月／「仏教の全体性原理」(『日本諸学振興委員会研究報告』第二篇)三月／「不確定性原理は果して人心を不安に陥らしむるか」(『現代仏教』一五〇号)四月／「道の日本」(『アカツキ』一四巻四号)四月／「スメラアジアかスメルアジアか」(『アカツキ』一四巻五号)五月／「全体主義としての日本及仏教」(『大法輪』五巻五号)五月／「「日本の優秀性」についての講演」(山形県会議事堂)五月／「スメル民族の優秀性」(『現代仏教』一五一号)五月／「防共国の支柱としての仏教」(『現代仏教』一五二号)六月／「見方」(『よろこび』一二巻六号)六月／「スメラアジアかスメルアジアか」(『日印協会会報』六五号)六月／『スメラアジアかスメルアジアか』(高楠順次郎〈著作権発行者〉)六月／『仏教の見方　考え方　教え方』(興教書院)七月／『釈迦如来より親鸞聖人へ』(盛岡・赤沢号)七月／『釈迦如来より親鸞聖人へ』(同朋舎)七月／「防共国の支柱としての仏教」(『アカツキ』一四巻七号)七月／「スメラアジアかスメルアジアか(スメラ亜細亜かスメル亜細亜か)」(『よろこび』一二巻七号)七月／「日本の優越性」(『禅の生活』一七巻七号)七月／「転輪聖王と転法輪」(『現代仏教』一五三号)七月／「涅槃性原理」(『現代仏教』一五四号)八月／「日本民族は如何なる優秀性を有するか」(『紫紅』一四年)八月／「意志

の自由」(『よろこび』一二巻八号)八月/「見方」(『同胞』四二二号)八月/The New Japanism and Buddhist View on Nationality (*Y.E.*, vol. 8, no. 1) 九月/「鈴木徳蔵「信仰随筆」に題字」九月/「日本民族の優秀性」(『文化日本』二巻九号)九月/『新日本主義と仏教の国家観』(大雄閣)九月/「新日本主義と仏教の国家観」(『現代仏教』一五五~一五九号〈四回連載〉)九月~昭和一四年一月/「親鸞聖人の八大主義」(『アカツキ』一四巻九号)九月/「涅槃性原理」(『日華仏教研究会年報』三年)九月/「日本の優越性」(『求道』一巻六号)九月/「日本仏教の使命」(『仏教研究』二巻五号)一〇月/「皇国日本の偉さ(一)~(五)」(『布哇報知』ヒロ別院に於いて記念講演〈掲載日不明〉)一〇月/「仏教の進みと文化の進み(一)」(『同胞』四二四号)一〇月/「海外へ行くものの心」(『現代仏教』一五六号)一〇月/「ハワイ通信(二月九日ホノルル)」(『現代仏教』一五六号)一〇月/「涅槃性原理」(『アカツキ』一四巻一一・一二合併号)一一月/「海外へ行くものの心――船中便り」(『アカツキ』一四巻一一・一二合併号)一一月/「仏教日本(一)・(二)」(『求道』一巻七・八号)一一月/「日本の優秀性」(『現代仏教』一五七号)一一月/「ハワイ通信(一〇月一日ホノルル)」(『現代仏教』一五七号)一一月/『アジア民族の中心思想　支那・日本篇』(大蔵出版)一一月/Buddhism: The Fountain Head of Intellect (*I.B.S., Publication series* no. 1 : The International Buddhist Society (国際仏教協会), Tokyo) 一一月/「智慧と慈悲」(『よろこび』一二巻一二号)一二月/「人道」(『教団時報』)一二月/「荻原雲来博士の世界的業績に就いて」(荻原博士記念会編『独有雲来師余影』荻原博士記念会)一二月

一九三九(昭和一四)

「日系市民の水準を高める事に努力せよ」（『火山新聞』一日）／「第二世の中より天才出でよ、日本留学二世女子教育方針」（『布哇毎日』〈掲載日不明〉）一月／「日本の優秀性」（『アカツキ』一五巻一号）一月／「布哇管見」（『アカツキ』一五巻一号）一月／「大乗仏教」（『法縁』二二巻一号）一月／「現実生活と仏教信仰」（『求道』二巻一号）一月／「生と死」（『同胞』〈掲載巻号数不明〉）一月／「東西文化の岐路」（『布中タイムス』第一〇年八四号）一月／「ハワイ通信――雪頂博士より豚児へ（昭和一三年一一月一五日ホノルル発）」（『現代仏教』一五八・一五九合併号）一月／「布哇管見（一）～（四）」（『布哇報知』〈掲載日不明〉）二月／『日本精神』（有光社）二月／「東西文化の岐路」（『現代仏教』一六〇号）二月／「実生活に顕れたる理想」（『アカツキ』一五巻二号）二月／「母の国」（『同胞』四二八号）二月／「大乗仏教の精神」（『仏教文化』一四巻三九号）二月／「ハワイ通信（太平洋だより）」（『現代仏教』一六〇号）二月／「海南島其他占拠地の日本に対する事共（上）～（下）」（『中外日報』三月三一日、四月一・二日〈三回連載〉）二月／「東西文化の岐路」（『アカツキ』一五巻三号）三月／「太平洋便り（昭和一四年一月九日ホノルル発）」（『アカツキ』一五巻三号）三月／「ハワイ便り」（『アカツキ』一五巻三号）三月／『一茶翁と勧農の詞』（山田忠雄・藤村作・高楠順次郎共編、信州国語漢文研究会）三月／「理想生活の実現」（『同胞』〈掲載巻号数不明〉）三月／「日本仏教の使命」（『現代仏教』一六一・一六二合併号）四月／「悉達太子の誕生」（『アカツキ』一五巻四号）三・四月／「花祭りの意義」（『日布時事』〈掲載巻号数不明〉）四月／「相背ける精神の結合」（『現代仏教』一六三号）五月／「非智円融、理の世界と智の世界」（『アカツキ』一五巻五号）五月／「ハワイ便り」（『アカツキ』一五巻五号）五月／「仏教の全体性原理」（『真理』五巻五号）五月／「日本民族精神と仏教」（『文化時報』一日）五月／『道を求めて』（大東社）六月／「仏教の八根本義（上）」（『新命月刊』五号）六月／「主義の親鸞聖人」（『済世』二三巻六号）六月／「以文制文」（『現代仏教』一六四号）六月／「相背ける精神の統合」（『アカツキ』一五巻六・七合併号）七月／「ハワイ便り」（『アカツキ』一五巻六・七合併号）七月／「相背ける精神の統合」（『校友会誌』布哇中学校布哇高等女学校校友会、一九三九年版）六月／「ハワイ通信」（『現代仏教』一六四号）六月／「相背ける精神の統合」（『現代仏教』一六五号）七月／「スメル民族の四中心（昭和一三年七月二日国史回顧会第九〇回公演会に於いて）」（『国史回顧会紀要』四〇号）七月／「念仏成仏是真宗（二）」（『教団時報』四八三号）七月／「皇国日本の三要素」（『求道』二巻七号）七月／「人釈迦と仏釈迦」（『紫紅』一五号）八月／「ハワイ通信」（『紫紅』一五号）八月／「性は誠なり」（『アカツキ』一五巻九号）九月／「所感」（斎藤正雄編集『香風』）九月／「仏教の根本原理」（『海外仏教事情』六巻一号）九月／「東西文明の融合、布哇で何をしたか（一）～（三）」（『教学新聞』一〇月一・三・一〇日〈三回連載〉）一〇月／「布哇土産、仏教哲学の絶叫」（『中外日報』一〇月一五日）一〇月／「八月一五日ホノルル発、故旧先亡者追悼会、施主・高楠博士書信」（『アカツキ』一五巻一〇号〈追悼号〉付、故高楠しも夫人絶筆書信）一〇月／「仏教を如何に説くかの問題」（『禅の生活』一八巻一一号）一〇月／「（講演）仏教の全貌」（日本倶楽部に於いて、二三日）一〇月／「仏教を受入れる西洋の用意」（『求道』二巻一一号）一一月／「私情と公事」（『龍北先生追憶集』花岡苑）一一月／「仏教と理学のこと」（『海外仏教事情』六巻二号）一一月／「布哇より帰りて」（『ピタカ』七年九号）一一月／「母の国」（『婦人と修養』一一月／「ハワイの第二世に仏教を」（『求道』第二巻一二号）一二月／「布哇より帰りて」（『アカツキ』一五巻一二号）一二月／「釈尊の二大遺産」（『よろこび』一三巻一二号）一二月／「釈尊伝」（『現代』〈掲載巻号数不明〉）一二月／「布哇の一年（上）・（下）」（『中国新聞』）一二月／「十七条憲法第十六章（上・中・下、高楠順次郎先生講演）」（出典不明）一二月／Life questions and Buddhism（*Cultural Nippon*, Vol. 7, no. 4）一二月

一九四〇（昭和一五）

「アロハの島に咲いた仏教の精華」（『教団時報』一日、昭和一三年一一月〜一四年一二月）／「外国文化の移入と其の発展」（『啓明会九七回講演集』啓明会、日本工業倶楽部に於いて講演・二四日）一月／「ハワイの現在と日本の将来」（『よろこび』一四巻一号）一月／「仏陀の二大遺産」（『ピタカ』八年一号）一月／「布哇の仏教を語る」（『同胞』〈掲載巻号数不明〉）／「「日本宗教の特質」について」（ラジオ放送）一月／「東西思想の異点」（東大講堂、三一日）一月／「皇紀二千六百年記念映画日本仏教史「大乗の国」の真髄」（『東宝映画』四巻一号）一月／『仏教の真髄』〈第一書房〉二月／「西洋文明二千六百年の道程」（『アカツキ』一六巻二号）二月／「東西思想の特質」（『よろこび』一四巻二号）二月／「二千六百年に於ける女性の行く道」（『アカツキ』一六巻三号）三月／「久遠の日本」（『求道』三巻二号）二月／「皇運の無窮」（『求道』三巻三号）三月／「文化創造の二大原理」（『よろこび』一四巻三号）三月／「久遠の日本、長偈五十六句咏蘇迷盧族」（『久遠の日本』〈創刊号〉）三月／「日本宗教の特質」（『ラヂオ（ラジオ）講演・講座』一〇一号）三月／「国体と仏教」（『よろこび』一四巻四号）三月／『大乗の国』（山中厚嗣著・高楠順次郎校閲、東宝国策映画協会）四月／「大蔵経索隠の発刊」（『ピタカ』八年四号）五月／「直観の方法」（『よろこび』一四巻五号）五月／「日本宗教の特質」（『アカツキ』一六巻六号）六月／「仏教の応理性と現観性」（『よろこび』一四巻六号）六月／「力の玄妙」（『ピタカ』八年五号）六月／「我が国体と仏教」（『信道』一五巻五号）六月／「追憶の辞」（『高松悟峰和上語録』）六月／「日本民族の宗教性と其の特質」（『文化時報』四五八三号、四日）六月／「文化創

造の原動力」(『日印協会会報』七二号)七月/「二代近藤友右衛門翁」(『信道』〈掲載巻号数不明〉)七月/「日本学に就いて」(『よろこび』一四巻七号)七月/「盆の話」(『よろこび』一四巻八号)八月/「文化創造の二大原動力」(『信道』一五巻八号、未完、〈昭和一五年四月七日日曜講演〉)八月/「支那に於ける包容性」(『アカツキ』一六巻七・八号)八月/「高楠家墓碑銘」(東京・杉並・和田堀廟所)八月/「理想主義」(『真宗青年読本 上巻』出版社不明)九月/「宇宙線」(『アカツキ』一六巻九号)九月/『大正新脩大蔵経索隠第一巻 阿含部』(大蔵出版社)九月/「個別性と全体性」(『よろこび』一四巻一〇号)一〇月/「芸術」(『美術思潮』九号)一〇月/「哲学の話」(一五・一六日〈陸軍予科士官学校〉)一〇月/「新体制と旧体制(時局寸言)」(『アカツキ』一六巻一一号)一一月/「縁起性原理」(『よろこび』一四巻一一号)一一月/「仏教の原理たるべき根本義」(『アカツキ』一六巻一二号)一二月/「新体制と旧体制」(『鎌田共済会雑誌』一七巻四号)一二月/「序」(渋谷亮泰編『昭和現存天台書籍綜合目録 上巻』明文社)一二月/「無定性原理」(『よろこび』一四巻一二号)一二月/「印度文化の検討」(『日印協会会報』七四号)一二月

一九四一(昭和一六)

「日本文化の優秀性」(『アカツキ』一七巻一号)一月/「来るべき世界を支配するもの」(『偕行社記事』七九六号)一月/「文化創造の二大原動力」(『京城国際文化協会パンフレット 一』)一月/「序」(逸見梅栄著『印度古代美術――資料と解説』第一青年社会)一月/「菩薩と仏」(『法縁』二四巻一号)一月/「血の文化としての皇道日本」(『よろこび』一五巻二号)二月/「理想を語るもの」(『アカツキ』一七巻三号)二月/「元冠襲来の歳、南伝大蔵経の完成」(『ピタカ』九年二号)三月/「涅槃性原理」(『よろこび』一五巻三号)

三月／「創立十五周年を迎えて」(『紫紅』一六号) 三月／「大谷尊由台下の追憶」(『紫紅』一六号) 三月／「彼岸について」(『よろこび』一五巻四号) 四月／「現観性の哲学」(『響流』一四巻四号) 四月／「外国文化の移入と其の発展」(啓明会編『日本文化の発達』啓明会事務所) 四月／「聖徳太子鑽仰」(『日本上代文化の研究』――『性相』第一〇特別号、法相宗勧学院) 四月／『南伝大蔵経』(全七〇冊、大蔵出版) 四月／「現観性の哲学」(『アカツキ』一七巻五号) 五月／「日本の現実主義」(『よろこび』一五巻五号) 五月／「精神文化の地盤としての哲学」(『偕行社記事　特号』八〇一号) 六月／「入我我入」(『よろこび』一五巻六号) 六月／「知識の源泉」(『よろこび』一五巻七号) 七月／「南伝大蔵経」(『大東亜』一〇巻六号) 九月／「現実の認識(一)～(四)」(『信道』一六巻九～一二号〈二〇日の日曜講演録〉〈四回連載〉) 九月／「日本民族精神と仏教」(『正法輪』九一五号) 九月／「来るべき世界を支配するもの」(『アカツキ』終刊号) 一〇月／「犠牲と捨身」(『よろこび』一五巻一〇号) 一〇月／「生存競争と相互扶助」(『よろこび』一五巻一一号) 一一月／「仏教哲学概論(一)～(四)」(『鎌田共済会雑誌』一八巻三号～一九巻二号) 一一月／「文化とは何か」(『よろこび』一五巻一二号) 一二月／「東西思潮の合流」(『仏教研究』五・六合併号) 一二月／「応理性の仏教」(『精神文化』一四巻一・二冊) 一二月

一九四二(昭和一七)

「涅槃と往生」(『法縁』二五巻一号) 一月／「現観性の仏教」(『精神文化』一四巻三冊) 一月／「往古の南方文化と真如法親王」(『読売新聞(読売報知)』二八日) 一月／「応理性哲学思想としての仏教」(『日華仏教研究会年報』五年) 二月／『東西思潮と日本』(第一書房) 二月／「古代スメール族と日本文化」(『教学新

聞』八日）三月／「馬来印度文明と日本中史」（『教学新聞』一二日）三月／「仏教通論（応理性哲学思想　第二　句別性原理）」（『精神文化』一四巻五冊）三月／「仏教通論（応理性哲学思想　第三　縁起性原理）」（『精神文化』一四巻六冊）四月／「物質の君臨を覆せ、印度精神文化の顕現」（『朝日新聞』二七日）四月／「南方の文化と日本」（『よろこび』一六巻五号）四月／「指導者スメラ民族、大東亜諸民族の啓発（上）」（『朝日新聞』八日）五月／「崑崙人種の活用、大東亜諸民族の啓発」（『朝日新聞』九日）五月／「仏教通論（応理性哲学思想　第四　無定性原理）」（『精神文化』一四巻七冊）五月／Our National Intuitive Power（*Contemporary Japan : a review of Japanese Affairs*, vol. 11, no. 5）五月／「仏教通論（応理性哲学思想　第五　観心性原理）」（『精神文化』一四巻八冊）六月／「盂蘭盆会の意義」（『法華』二九巻七号）七月／「日本歴史」（『よろこび』一六巻七号）七月／「東洋民族の死闘」（『中央仏教』二六巻七号）七月／「仏教通論（現観性哲学思想第七　相即性原理）」（『精神文化』一四巻一〇冊）八月／『大東亜海の文化』（中山文化研究所）八月／「南洋仏教文化と真如法親王」（『仏教研究――南方圏の宗教特集』六巻二・三合併号）八月／「南洋仏教文化と真如法親王」（仏教研究会編『南方圏の宗教』大東出版社）八月／「印度文化の本質」（『国際文化――印度文化事情特集号』二一号）九月／「印度の話」（『よろこび』一六巻九号）九月／「東西思潮の合流」（東北帝国大学卒業記念講演〈昭和一七年九月二七日〉）九月／「仏に近きもの」（『よろこび』一六巻一〇号）九月／『聖徳太子御伝叢書』（高楠順次郎・望月信亨編、金尾文淵堂）九月／「印度文明と仏教文化」（『科学文化――特集『インド文化の探求』』二巻一〇号）一〇月／「大東亜共栄圏の文化振興と宗教政策」（『大法輪』九巻一〇号）一〇月／「スメル族の動き」（『思想』二四五号）一〇月／「仏教の大覚性原理」（『精神文化』一五巻一冊）一一月／「説法の五類別（一）・（二）」（『よろこび』一六巻一一・一二号）一一・一二月／「我に近きも

の」（『精神文化』一五巻一二冊）一二月／「南條文雄博士頌徳記念碑選文」（東京・浅草・本願寺境内、昭和一七年一二月九日建立）一二月／「嗚呼南條博士」（『南條先生』南條先生頌徳記念会）一二月

一九四三（昭和一八）

「道蔵刊行趣意」（内容見本）一二月／「大東亜共栄圏と宗教」（『中央仏教』二七巻一号）一月／「理の西洋と道の東洋」（『よろこび』一七巻一号）一月／「天平時代を中心として印度と日本との関係」（朝日新聞社編『天平の文化　下』朝日新聞社、再版）一月／「大聖ガ翁の死の抗議」（『読売新聞（読売報知）』二八日）二月／「大東亜共栄圏の文化振興と宗教政策（一）・（二）」（『よろこび』一七巻二・三号）二・三月／『世紀に輝くもの』（大蔵出版）三月／「無作心紫紅団の創始」（『葉かげ』三号（附同窓会会員名簿〈昭和一七年九月一〇日現在〉）三月／「仏教別論（一）（現観性一体観の無差別的応用　第一〇　全体性原理　華厳宗）」（『精神文化』一五巻六冊）四月／『聖徳太子三経御疏』（高楠順次郎・望月信亨編、金尾文淵堂）四月／『大東亜の宗教文化』（文部省）四月／「興亜仏教の指導理念」（『青年仏徒』八巻一号）四月／「大東亜共栄圏の宗教政策（一）・（二）」（『済世』二八巻四・五号）四月／「世紀に輝くもの（一）・（二）」（『よろこび』一七巻四・五号）四・五月／「仏教別論（第一一　現相性原理　天台宗）」（『精神文化』一五巻七冊）五月／「南方共栄圏について」（『よろこび』一七巻六号）六月／「至れるものとしての仏教」（『信道』一八巻六号）六月／「自然界の説法」（『よろこび』一七巻七号）七月／「南洋文化と日本との関係」（『中央仏教』二七巻七号）七月／「序」（手島益雄著『広島県先賢伝』東京芸備社）七月／「相即性」（『よろこび』一七巻九号）九月／「仏教別論（現観性別相　第一四　方相性原理　念仏宗）」（『精神文化』一五巻一二冊）一〇月／「南伝仏教の特異

性」（『観世音』七巻九号）一〇月／「宗教と背後の勢力」（『よろこび』一七号一〇号）一〇月／「宇宙創造論について」（『よろこび』一七巻一一号）一〇月／「釈尊の生誕（一）」（『よろこび』一七巻一一号）一一月／『アジア文化の基調』（東京万里閣）一一月／「碑文　浪曲相輪塔碑」（東京・浅草・待乳山聖天）一一月／「世界観の相違」（『よろこび』一七巻一二号）一二月／「聖徳太子讃仰」（暁烏敏編『わが信念の伝統　第三冊』明達寺）一二月

一九四四（昭和一九）

「釈尊の少青年時代」（『よろこび』一八巻一号）一月／「日本仏教の要諦」（『啓明会紀要』二八号）一月／「神代話と神話」（『よろこび』一八巻終刊号）三月／「亜細亜は一なり」（『精神文化』一六巻五冊）三月／「大東亜に於ける仏教文化の全貌」（『宗教文化叢書　二』文部省教学局）三月／「印度建国の地盤（上）〜（下）」（『読売新聞（読売報知）』二四・二六・三〇日〈三回連載〉）五月／『知識民族としてのスメル族』（教典出版）一〇月／「玄奘三蔵追憶の辞」（南条玄奘三蔵記念塔落成式、一〇日）一〇月／「今釈迦慈雲尊者」（樹下快淳編『慈雲尊者』大日本雄弁会講談社）一〇月／「印度先住民族の強力性」（『日印協会会報』八八号）一一月

一九四五（昭和二〇）没後

「文化性馬来族の本土、崑崙国たるセレベス」（『中山文化研究所紀要』五冊）九月／「スメル族とコルム族」（『中山文化研究所紀要』五冊）九月／「タゴール哲学後評」（『中山文化研究所紀要』五冊）九月／「東西思潮

の合流」(『中山文化研究所紀要』五冊)九月/「明治天皇御下賜の一切経」(『中山文化研究所紀要』五冊)一〇月

一九四六(昭和二一)没後一年

『新文化原理としての仏教』(大蔵出版、博士逝去の直前に組版を焼失、一ヵ年後遺著として出版)九月/Buddhism as a Philosophy of 'Thusness' (*Philosophy East and West*, edited by Charles A. Moore, Princeton University Press)

一九四七(昭和二二)没後二年

『仏教の根本思想』(大藏出版)一月/*The Essentials of Buddhist Philosophy* (University of Hawaii, 1947. ハワイ大学が中心となり、かの地の内外関係者の尽力で、往年の講録を編纂したもの。Second edition 1949, Office Appliance Co., Ltd., Honolulu; Third edition 1956, Office Appliance Co., Ltd., Honolulu.)七月

一九五二(昭和二七)没後七年

『仏教の根本原理(仏教文庫・第一五)』(東成出版社)一一月

一九五三(昭和二八)没後八年

『仏教と基督教(仏教文庫・第一六)』(東成出版社)六月

一九五九（昭和三四）没後一四年

「六方礼」（『信道』〈復刊〉一五巻一号）一月

一九六一（昭和三六）没後一六年

「花祭りに因んで――勝鬘夫人のこと」（『信道』〈復刊〉一七巻四号）四月

一九六二（昭和三七）没後一七年

「生命の永遠性」（『信道』〈復刊〉一八巻五号）四月

年代不明著作

「序」（野依秀市『野依秀市自叙伝』野依秀市自叙伝）五月／『印度教と仏教』（出版社不明）／*Questions concerning Buddhism*（The Junior Department of the Young Men's Buddhist Association）／「林邑八楽跋頭舞」（高野辰之『日本演劇史』、『史学雑誌』一八編六・七抄録）／「東西思想の分岐点について」（講演年不明）／「諦判性原理」（講演年不明）／「仏の婦人に対する態度」（講演年不明）／「仏教と社会」（講演年不明）

略号一覧

Bulletin de l'École Francaise d'Extrême Orient (Hanoi)=**B.E.F.E.O.** / Encyclopaedia of Religion and Ethics

(James Hastings ed., Edinburgh)=**E.R.E.** / The Journal of the Royal Asiatic Society of Great Britain & Ireland (London)=**J.R.A.S.** / The Young East (Tokyo)=**Y.E.**

執筆者紹介（生年／現職）—掲載順

石上和敬（いわがみ かずのり）	1963年／武蔵野大学副学長・同附属幼稚園長
高山秀嗣（たかやま ひでつぐ）	1974年／武蔵野大学仏教文化研究所客員研究員・国立音楽大学非常勤講師
日野慧運（ひの えうん）	1981年／武蔵野大学人間科学部准教授
新作慶明（にいさく よしあき）	1983年／武蔵野大学経営学部准教授
春近　敬（はるちか たかし）	1978年／大正大学等非常勤講師
前田壽雄（まえだ ひさお）	1974年／武蔵野大学通信教育部教授
松岡佑和（まつおか ひろかず）	1984年／武蔵野大学経済学部准教授
岩田真美（いわた まみ）	1980年／大阪大谷大学文学部教授
欒　殿武（らん ひろたけ）	1963年／武蔵野大学グローバル学部教授
真名子晃征（まなこ あきまさ）	1984年／武蔵野大学仏教文化研究所客員研究員
大澤広嗣（おおさわ こうじ）	1976年／文化庁宗務課専門職
チャールズ・ミュラー (MULLER, Albert Charles)	1953年／東京大学名誉教授
村石恵照（むらいし えしょう）	1941年／武蔵野大学客員教授
碧海寿広（おおみ としひろ）	1981年／武蔵野大学文学部教授

高楠順次郎と近代日本

二〇二四年（令和六）十一月二十日　第一刷発行

編　者　武蔵野大学　高楠順次郎研究会

発行者　吉川道郎

発行所　株式会社　吉川弘文館
郵便番号一一三―〇〇三三
東京都文京区本郷七丁目二番八号
電話〇三―三八一三―九一五一（代）
振替口座〇〇一〇〇―五―二四四番
https://www.yoshikawa-k.co.jp/

印刷＝株式会社　三秀舎
製本＝株式会社　ブックアート
装幀＝河村　誠

ISBN978-4-642-03937-6